岩波文庫

33-622-3

エミール

下

ルソー著
今野一雄訳

Rousseau

ÉMILE OU DE L'ÉDUCATION

1762

目次

モンモランシーでルソーが書斎につかっていた離れ屋

第五編

わたしたちは青春時代の最後の場面にたどりついた。しかしまだ幕をおろすところにはきていない。

大人(おとな)が独身でいるのはよくない。エミールはもう大人だ。わたしたちはかれに妻を約束した。かれに妻をあたえなければならない。その妻はソフィーだ。どんなところにソフィーは住んでいるのか。どこへ行けばソフィーはみつかるのか。彼女をみつけるためには、彼女を知らなければならない。彼女はどういうものか、まずそれを知ることにしよう。そうすれば、彼女の住んでいる場所がもっとよくわかるだろう。さらに、彼女をみつけたとしても、それでなにもかもすんだことにはならない。ロックは述べている、「わたしたちの貴公子はいまや結婚しようとしている。だから、かれを愛人のかたわらに残して、わたしたちは立ち去るべきだ」と。そこでロックは筆をおいている。わたしはどうかといえば、わたしは貴公子を教育する光栄をもたないが、そういうことでもロックをみならうようなことはしまい。

ソフィー――女性について

エミールが男であるようにソフィーは女でなければならない。つまり、その種（しゅ）と性の構造にふさわしいすべてのものをもっていて、自然と道徳の秩序のうちにその地位を占めていなければならない。そこで、はじめに、女性とわたしたち男性の一致する点と相違する点をしらべてみよう。

性に関係のないあらゆる点においては、女は男と同じである。同じ器官、同じ必要、同じ能力をもっている。機械は同じ方式で組み立てられ、部品も同じで、一方の動きかたは他方の動きかたと同じだし、格好も同じようなものだ。そして、どういう関連のもとに考えてみても、両者のあいだには多少のちがいがあるというだけのことだ。

性に関係のあるあらゆる点においては、女と男には、どこを見ても関連があり、どこを見ても相違がある。両者を比較することのむずかしさは、両者の構造にみられる、性に属するものとそうでないものとを決定することのむずかしさによる。比較解剖学によれば、いや、たんなる観察によっても、両者のあいだには性に関係がないように見える一般的な相違がみいだされる。じつはそれは性に関係があるのだが、その関係をわたしたちは認めることができない。その関係はどこまでひろがっているのか、わたしたちにはわからないのだ。わたしたちが確実に知っているただ一つのことは、両者に共通のものはすべて種に属するということ、ちがっているものはすべて性に属するということだ。この二重の観点から、わたしたちは両者のあいだにじつに多くの類似と対立をみいだすのであって、二つの存在をひじょうにちがったふうに組み立てながら、それらをひじょうによく似たものにつくりあげることができたというのは、自然の驚異の一つといえるだろう。

そういう類似と相違は、当然、道徳的なことに影響をあたえる。これは明らかなことで、経験と一致しているし、男女の優劣とか平等とかいうことについての議論のむなしさを証明してもいる。それぞれの性は、別々の使命に従って自然の目的にむかっていくのだが、それでは両者がたがいにもっとよく似ていたばあいよりも完全ではないとでもいうのだろうか。共通にもっているものから考えれば、両者は平等なのだ。ちがっている点から考えれば、両者は比較できないものなのだ。完全な女性と完全な男性とは容貌と同じように精神も似ているはずはないし、完全性には程度のちがいということはありえない。

性のまじわりにおいてはどちらの性も同じように共同の目的に協力しているのだが、

同じ流儀によってではない。そのちがった流儀から両性の道徳的な関係における最初のはっきりした相違が生じてくる。一方は能動的で強く、他方は受動的で弱くなければならない。必然的に、一方は欲し、力をもたなければならない。他方はそんなに頑強に抵抗しなければそれでいい。

この原則が確認されたとすれば、女性はとくに男性の気に入るようにするために生まれついている、ということになる。男性もまた女性の気にいるようにしなければならないとしても、これはそれほど直接に必要なことではない。男性のねうちはその力にある。男性は強いということだけで十分に気に入られる。これは恋愛の法則ではない、ということはわたしもみとめる。しかしこれは自然の法則であって、恋愛そのものにさえ先行することだ。

女性は、気に入られるように、また、征服されるように生まれついているとするなら、男性にいどむようなことはしないで、男性に快く思われる者にならなければならない。女性の力はその魅力にある。その魅力によってこそ女性は男性にはたらきかけてその力を呼び起こさせ、それをもちいさせることになる。男性の力を呼び起こす最も確実な技巧は、抵抗することによって力の必要を感じさせることだ。そうなると欲望に自尊心がむすびついて、一方は他方が獲得させてくれる勝利を勝ち誇ることになる。そういうことから攻撃と防禦、男性の大胆さと女性の臆病、そして、強い者を征服するように自然が弱い者にあたえている武器、慎しみと恥じらいが生じてくる。

自然は差別なしに両性のどちらにも同じように相手に言い寄ることを命じている、だから、最初に欲望をいだいた者が最初にはっきりした意志表示をすることにもなる、などとだれに考えられよう。それはなんという奇妙な、堕落した考えかただろう。そういうもくろみは男女にとってひじょうにちがった結果をもたらすのに、男女がいずれも同じような大胆さでそれに身をゆだねるのが当然のことだろうか。共同のいとなみの受け持ちには大へんなちがいがあるのだから、自然が男性に命じている節制を、慎しみが女性に命じていなかったとしたら、やがては両者いずれもが身を滅ぼす結果になるということ、そして人類は自己を維持するためにあたえられている手段によって滅亡してしまうにちがいないということはだれにでもわかるはずだ。女性は容易に男性の官能を揺り動かすことができるし、男性の心の底にもうほとんど消えてしまった欲情の残り火をかきたてることさえできるのだから、この地上のどこかの不幸な国に、哲学がそういう風潮をもたらしたとしたら、とくに男よりも女がたくさん生まれる熱帯の国では、男性は女性にいじめられて、結局、その犠牲となり、みんな死に追い込まれるような目にあいながら、どうしてもそれに抵抗することができない、ということになるだろう。

動物の牝にはそういう恥じらいはみられないとしても、どういう結果になるというのか。動物の牝も、人間の女性と同じように、そういう恥じらいがブレーキとなっている際限のない欲望をもっているのだろうか。動物の牝では、欲望は必要にともなって生じるにすぎない。必要がみたされれば、欲望は消えてなくなり、牝はもう牡をつきのけるようなふりをするのではない、本気でそうするのだ。動物の牝はアウグストゥスの娘がやっていたこととはまったく反対のことをしている。舟に荷が積まれれば、もう乗客をうけつけようとしないのだ。まだあいているときでも、喜んでうけいれる時期は短いあいだのことで、その時期はすぐに過ぎてしまう。本能が牝を刺激し、本能が牝を抑制する。人間の女性に恥じらいをなくさせてしまったとしたら、そういう消極的な本能に代わるものがどこにあるのだろう。女が男に関心をもたなくなるときを待つというのは、男がもうなんの役にもたたなくなるときを待つことだ。

至高の存在者はあらゆる点で人類に名誉をあたえることを欲した。人間に際限のない好みをあたえながらも、同時にそれを規制する掟(おきて)をあたえて、人間が自由であるように、そして自己を支配できるようにしている。人間を放恣(ほうし)な情念にゆだねながらも、その情念に理性をむすびつけて、それを指導させている。女性を無制限な欲望にゆだねながらも、その欲望に恥じらいの念をむすびつけて、それを抑制させているのだ。そのうえ、人間の能力を正しくもちいることに現実的な報賞を、つまり、まじめにすることを行動の規則とするときまじめなことにたいしてもつことになる趣味を、むすびつけている。こういうことは動物の本能よりましなことだと思われる。

そういうわけで、女性は、男性と同じ欲望を感じていてもいなくても、また、男性の欲望を満足させてやりたいと思っていてもいなくても、かならず男性をつきのけ、拒絶するのだが、いつも同じ程度の力でそうするのではなく、したがって、いつも同じ結果に終わるわけでもない。攻めるほうが勝利を得るためには、攻められるほうがそれを許すか命令するかしなければならない。攻撃する者が力をもちいずにはいられなくするために、攻撃される者はどれほど多くのたくみな方法をもちいることだろう。あらゆる行為のなかでこのうえなく自由な、そしてこのうえなく快いその行為は、ほんとうの暴力というものを許さない。自然と道理はそういうことに反対している。自然は弱い者にも、その気になれば、抵抗するのに十分な力をあたえているのだし、道理からいえば、ほんとうの暴力は、あらゆる行為のなかでもっとも乱暴な行為であるばかりでなく、その目的にまったく反したことなのだ。というのは、そんなことをすれば、男性は自分の伴侶(はんりょ)である者にむかって戦いをはじめることになり、相手は攻撃してくる者の生命を犠牲にしても自分の体(からだ)と自由を守る権利をもつことになるし、また、女性だけが自分のおかれている状態の判定者なのであって、あらゆる男が父親の権利をうばいとることができるとしたら、子どもには父親というものはいなくなるからだ。

そこで、性の構造にもとづく第三の帰結が導きだされる。それは、強者は見かけは支配者だが、じっさいには弱者に依存しているということだ。そして、こういうことは女性にいんぎんな社会のたわいないしきたりによるのでもなければ、保護者の傲慢な寛大さによるのでもなく、変わることのない自然の掟（おきて）の一つによるのだ。自然は、女性には容易に欲望を刺激する能力をあたえ、男性にはそれほど容易に欲望を満足させる力をあたえないで、男性をいやでもおうでも女性の気分に依存させ、男性もまた女性の気に入るようにして、自分を強者にしてくれることを相手が承知してくれるように努力しないわけにはいかなくしているのだ。そこで勝利を得たばあい、男性にとってなによりも快く感じられることは、弱い者が力に負けたのか、それとも相手は意志によってなびいたのか、よくわからないことだ。だから女性がいつもつかう巧妙な手は、自分と相手とのあいだにそういう疑問をいつでも残しておくことなのだ。この点においては女性の精神は完全にその構造に対応している。自分の弱さを恥ずかしく思うどころか、女性はそれを名誉にしているのだ。女性のやわらかい筋肉には抵抗力がない。女性はほんの軽い荷物でさえもちあげることができないようなふりをする。強い人間だったとしたら女性は恥ずかしく思うにちがいない。なぜそうなのか。それは、きゃしゃに見せかけるためばかりではない、もっと巧妙な心がけをもっているからだ。女性は必要に応じて弱い者になる口実と権利をあらかじめ手に入れようとしているのだ。

わたしたちの不徳によって獲得された知識の進歩は、この点についてわたしたちのあいだにあった古い見解をすっかり変えてしまったし、暴力行為などほとんど必要がなくなってからは、また男たちがそんなことをもう信用しなくなってからは、乱暴な行為はもうほとんど人のうわさにものぼらなくなっている。(三) ところが遠い古代のギリシャやユダヤではそれはひじょうにありふれたことだった。というのは、そういう古い見解は素朴な自然状態においてもたれていたのであり、放縦の経験だけがそれをくつがえすことができたからだ。こんにちでは乱暴な行為の話をきくことが少なくなっているとしても、これはたしかに、男たちがいっそう節度を守るようになったからではなく、かれらがそれほど信じやすくなくなったからであり、また、昔なら単純な民衆をなっとくさせたかもしれないような苦情も、こんにちでは人をなぶりものにする連中の笑いを招くだけのことになるからだ。黙っていたほうがずっとましなのだ。「申命記」にこんな掟がある。ことが町なかで起こったばあいには、犯された娘も犯した者といっしょに罰せられる。しかし、ことが野原で、つまり人里はなれたところで起こったばあいには、男のほうだけが罰せられる。「娘は叫んだけれども、だれもそれを聞きつけなかったからである」*とその掟は述べている。この好意的な解釈は、人通りのあるところでおそわれることにならないように、と娘たちに教えていた。

こういう意見の相違が習俗におよぼす作用はいちじるしい。近代社会の女性にたいするいんぎんさはそこから生まれてきた。男性は自分の快楽がこれまで考えていた以上に女性の意志に依存していることを知り、女性の御機嫌をとりむすぶことによってその意志をとりこにし、女性は男性の御機嫌とりに十分むくいてやる、ということになったのだ。

ごらんのように、こうして肉体的なことが知らずしらずのうちにわたしたちを道徳的なことに導いていき、また、両性の粗野なまじわりからしだいにこのうえなくやさしい恋愛の掟が生まれてくる。女性の権力は男性がそれを望んだからではなく、自然がそう望んでいるからこそ女性にあたえられているのだ。それは女性が手に入れたようにみえた時よりもまえからあたえられていたのだ。テスピオス王の五十人の娘を犯したつもりでいたあのヘラクレスもオムファレーのところで糸をつむぐようなことをしなければならなかったし*、力のあるサムソンもデリラほどには強くなかった*。そういう権力が女性にはある、そして女性からそれをとりあげることはできない。たとえ女性がそれを悪用するとしても、である。それを失うことになるばあいがあるとしたら、女性はとうの昔にそれを失っていたにちがいないのだ。

性の結果についていえば、両性のあいだにはぜんぜん似たところはない。雄(おす)はある瞬間に雄であるにすぎないが、雌(めす)は一生を通じて、あるいはとにかく若い時代を通じて、雌なのだ。あらゆることがたえず女性にその性を思い出させるし、その役目を十分に果たすためにはそれにふさわしい構造をもっていなければならない。妊娠中には身をいたわらなければならない。出産のときには安静が必要だ。子どもを哺育するためにはあまり体を動かさないでじっと坐っている生活が必要だ。子どもを育てるには、忍耐とやさしい心づかい、どんなことにも失望させられない熱意と愛情が必要だ。女性は子どもとその父親をむすびつけるものとなる。女性だけが父親に子どもへの愛を感じさせ、その子をわが子と呼べる確信を父親にあたえる。家族ぜんたいの和合を維持していくためにはどれほど多くの愛情と心づかいが女性に必要なことだろう。しかも、そういうことがすべて徳性であってはならない、好みでなければならない。こういう好みがなければ、人類はまもなく消滅してしまうにちがいない。

両性の相互的な義務のきびしさは同じではないし、また同じではありえない。この点について男性は不公平な差別をしていると女性が不平をいうとしたら、女性はまちがっている。この差別は人間がつくりあげたものではない。あるいはとにかく、それは偏見がつくりだしたものではなく、理性がつくったものだ。両性のうち、自然から子どもという預かりものを委託されている方は、他方にたいしてその責任をもたなければならない。もちろん、誓約を破ることはどちらにも許されていないし、女性のきびしい義務にたいするただ一つの報賞を妻にあたえようとしない不実な夫はすべて、正しくない残酷な男だ。けれども不貞の妻はそれ以上のことをする。そういう女は家族をばらばらにし、自然の絆（きずな）をすべて断ち切るのだ。夫の子でない子どもを夫にあたえて、みんなをだまし、不貞をはたらいたうえにさらに裏切り行為に走るのだ。こういう罪悪はあらゆる混乱、あらゆる罪悪につながっているのではなかろうか。世にも恐ろしい状態があるというなら、自分の妻に信頼をもたず、このうえなくやさしい心の動きにも身をゆだねることができないみじめな父親、わが子をだきしめながらも、他人の子を、自分の不名誉の証拠となるものを、自分のほんとうの子の財産をうばいとる者を、だきしめているのではないかと疑惑を感じている不幸な父親の状態がそれだ。そんなことになったら、家庭というものはどうなるのか、罪ふかい妻のために、たがいに敵対しながら、愛し合っているようなふりをしなければならない、ひそかな敵の集まりになってしまうのではないか。

だから、妻は、忠実であるだけではなく、夫や身近な人たちから、すべての人から、忠実な妻だと考えられることが必要だ。つつしみぶかく、細心で、控え目にすることが、そして、自分の良心にたいしてと同じように、他人にたいしても、美徳のしるしを見せることが必要だ。とにかく、父親は、子どもを愛する必要があるというなら、子どもの母親を尊敬する必要がある。こういうわけで、見かけということさえ女性の義務の一つになるのであって、女性にとっては名誉とか評判とかいうことも、貞潔ということと同じように、欠くことのできないものになっている。こうした原則から、両性の道徳的な差別にともなって、義務とたしなみについての一つの新しい動機が生じ、それはとくに女性に、素行、態度、動作についてできるだけ細心の注意をはらうことを命じている。男女は平等だし、その義務も同じだ、などと大ざっぱなことを主張するのは、むなしいせりふをならべたてているだけのことで、右のようなことに答えられないかぎり、それはぜんぜん意味のないことだ。

こういう強固な一般法則にたいする反駁として例外的なことをもちだすのは、まことに堅実な論法ではないか。あなたがたは言う、女性はかならずしも子どもを産むものではない、と。なるほど。しかし、女性に固有の使命は子どもを産むことなのだ。世界にある百ばかりの大都市では、女性たちはふしだらな生活をしていて、ほとんど子どもを産まないからといって、あなたがたは、女性の役目はあまり子どもを産まないことにある、などと主張するつもりなのか。都市を遠くはなれた田舎では、女性たちはもっと単純な、もっと貞潔な生活を送っているのだが、そういう田舎が都市に住む貴婦人たちの不妊症のつぐないをしてくれないとしたら、あなたがたの都市はどうなってしまうことだろう。四人か五人しか子どもを産まない女は多産とはいえないとされている地方がどれほどあることか。(三)とにかく、こういう女性、ああいう女性はあまり子どもを産まない、といったところで、それがどうだっていうのか。そのために女性の役目は母になることではなくなるだろうか。そして、一般的な法則によってこそ、自然と習俗はそういう役目をはたさせることになるのではないか。

妊娠からつぎの妊娠までのあいだをどんなに長く仮定してみたところで、女性は、危険をともなわずに、そんなに急激に、かわるがわるに、生活法を変えられるだろうか。きょうは赤ん坊に乳をやり、あしたは戦争に出るというようなことができるだろうか。その体質や好みを、カメレオンが色を変えるように、変えられるだろうか。急に家庭の仕事をほうりだし、家の外へ出て、大気に身をさらし、戦争の労苦、苦難に耐えるというようなことができるだろうか。あるときは臆病で、(四)あるときは勇敢に、あるときは虚弱で、あるときは頑健になれるだろうか。青年でも、パリで育った者は軍務に耐えることはむずかしいというのに、太陽に面(おもて)をこがしたこともなく、行軍に加わることさえおぼつかない女性が、五十年のあいだ弱々しい生活をしていたあとで、軍務に耐えられるだろうか。男性でもこの骨の折れる職業をやめる年ごろになって、女性がそれにたずさわることができるだろうか。

ある国々では女たちはほとんど苦しみを感じることもなく子どもを産み、世話らしい世話もやかないで子どもを養っている。たしかにその通りだ。しかし、そういう国では、男たちはどんな季節にも半身はだかで歩き、猛獣を押し倒し、リュックのように小舟を背負い、七、八百里もあるところへ猟にでかけ、戸外で大地の上に眠り、信じられないくらい骨の折れることに耐え、なにひとつ食わずに何日間もすごしている。女が頑丈になれば、男はもっと頑丈になる。男が柔弱(にゅうじゃく)になれば、女はさらに柔弱になる。二つの項が同じ程度に変化すれば、その差はいぜんとして同じだ。

プラトンは「国家篇」のなかで、女にも男と同じ訓練をさせている。それは当然のことだと思う。かれの国家では個々の家族を廃止してしまったので、婦人をどうしたらいいかわからなくなったプラトンは、女を男にしなければならなくなったのだ。このすばらしい天才はあらゆることを考え合わせ、いっさいのことを予想していた。かれは、おそらくだれももちだそうとは考えつかなかったような異議にたいしてさえ回答しようとした。ところが、もちだされる異議にたいするかれの回答はまちがっていたのだ。あのいわゆる婦人の共有ということについてはわたしはなにも語るまい。多くの人がくりかえしているこの非難は、そういう人がプラトンをぜんぜん読んでいないことを証明している。わたしは、いたるところで差別なしに男女に同じ職務、同じ仕事をさせ、とてもがまんのならない弊害を生みださずにはおかない、社会的混乱について語るのだ。このうえなくやさしい自然の感情にたいする破壊行為について語るのだ。自然の感情によってのみ人為的な感情は維持されるのに、そこでは、自然の感情は人為的な感情のために犠牲にされているのだ。契約による結びつきをつくりあげるためには自然の手がかりはいらないのか。身近な者にたいして感じる愛は国家にたいしてもたなければならない愛の根源ではないのか。小さな祖国、それは家族なのだが、この小さな祖国を通して人の心は大きな祖国に結びつけられるのではないのか。よい息子、よい夫、よい父親が、よい市民となるのではないのか。

男と女とは、性格においても、体質においても、同じようにつくられてはいないし、同じようにつくられるべきでもないということが証明されれば、男と女とは同じ教育をうけるべきではないということになる。男と女とは、自然の指示にしたがって、協力して行動しなければならないが、同じことをなすべきではない。仕事の目標は共通だが、仕事そのものはちがっている。したがってまた、仕事を方向づける好みもちがっている。

自然の男子を育てあげる努力をしたあとで、わたしたちの仕事を未完成に終わらせないために、こんどは、自然の男子にふさわしい女性はどんなふうに育てられなければならないかをみることにしよう。

いつも正しく導かれることを望むなら、いつも自然の指示に従うがいい。女性の特徴となることはすべて自然によって決められたものとして尊重されなければならない。あなたがたはたえず言う、女にはわたしたち男にはないこれこれの欠点がある、と。あなたがたは傲慢な心にだまされているのだ。そういうことは、あなたがたにあれば欠点になるのだが、女性にあっては美点なのだ。女性にそういうことがなかったら、なにごともそれほどうまくいくまい。そういういわゆる欠点が変質しないようにするがいい。しかし、それをなくさせようとしてはなるまい。

女性のほうでも、わたしたち男性は、女性をくだらないもの、嬌態をまきちらすようなものに育てあげている、いつもたわいないことで女性をおもしろがらせ、そんなことでいっそう容易に主人の地位にとどまろうとしている、などと言ってたえず愚痴をこぼしている。女性はわたしたちが非難している欠点をわたしたちのせいにしているのだ。なんというばかげたことだ。いったいいつから男が娘たちの教育に頭をつっこむことになったのか。母親が好きなように娘を育てるのをだれがじゃましているのか。娘たちの行く学校がないとは、たいへん不幸なことですわ。とんでもない。男の子の行く学校もなければどんなによかったことだろう。そうすれば、かれらはもっとちゃんとした、道理にかなった教育をうけられるのだ。あなたがたのお嬢さんはつまらないことで時間をむだにするように強制されているのだろうか。生活の半ばを、あなたがたにみならって、身じまいについやすようなことを心ならずもさせられているのだろうか。あなたがたの思うとおりにお嬢さんを教え、教えさせることをあなたがたはさまたげられているのだろうか。お嬢さんが美しければわたしたち男性の気にいる。ちょっとしなをつくった優美な姿がわたしたちの心をそそる。あなたがたから教わった技巧がわたしたちをひきつけ、わたしたちの心を喜ばせる。趣味のいい衣裳をつけたお嬢さんを見てわたしたちは好ましく思う。わたしたちを征服する武器を研ぎすますひまをわたしたちは十分にお嬢さんにあたえてやる。こういうことになるのはわたしたち男性が悪いからだろうか。そんなら、お嬢さんを男のように育てることにすればよろしい。男性は喜んでそれに同意するだろう。お嬢さんが男と同じような者になろうとすれば、それだけ男性を支配することができなくなるだろう。そして、そうなったときにこそ、男性はほんとうに主人になれるのだ。

両性に共通にある能力も、すべてがどちらにも同じ程度にあたえられているわけではない。しかし、全体においてみれば、その差は相殺されている。女は女としてすぐれており、男と考えれば劣っている。女の権利を利用していれば、いつも女は有利な立場にある。男の権利を奪おうとすれば、かならず女は男よりも低いところにとどまる。人は例外的なことでしかこの一般的な真理を反駁できない。それは女性の味方をする紳士諸君がいつももちだす論法だ。

女性に男性の美点となることを学ばせ、女性に固有のものをなおざりにさせるのは、だから、明らかに女性の不利になるようにすることだ。ずるい女性は十二分にそれを見ぬいているから、そういうことにだまされはしない。わたしたちの有利な立場を手に入れようとしながらも、そういう女性は自分のものを捨てようとはしない。けれども、そういうことをしていると、その二つのものは両立しないのだから、どちらも完全に手に入れることができずに、女性は自分の地位より低いところにとどまって、しかもわたしたちの地位に身をおくこともできず、こうして自分のねうちを半ば失ってしまうことになる。思慮ふかい母親よ、わたしのことばを信じていただきたい。あなたのお嬢さんをりっぱな男にしようとして、自然を否認するようなことをしてはならない。りっぱな女にするのだ。そうすれば、お嬢さん自身にとっても、わたしたち男性にとっても、はるかにねうちのあるものになることは確実だと思っていい。

だからといって、女性はどんなことについても無知でいるように育てるべきだ、ただ家事のつとめだけをさせておくべきだ、ということになるだろうか。男性は自分の妻を女中にすることになるのだろうか。かれは妻のかたわらにあって人と人とのまじわりから生まれるいちばん大きな魅力を感じないことになるのだろうか。いっそうよく自分に服従させるために、妻がなにか感じたり、知ったりするのをいっさい妨げようとするのだろうか。妻をまったくの自動人形にすることになるのだろうか。もちろん、そんなふうであってはならない。あんなに快い、あんなに微妙な才気を女性にあたえている自然は、そんなことを命じてはいない。はんたいに、自然は、考えること、判断すること、愛すること、知ること、顔と同じように精神をみがくこと、そういうことを女性に望んでいる。それらは女性に欠けている力の代わりになるように、そしてわたしたち男性の力を導くように、自然があたえている武器なのだ。女性は多くのことを学ばなければならない。しかし、女性にふさわしい知識だけを学ぶべきだ。

女性の特別の使命を考えてみても、女性の傾向を観察してみても、その義務を考慮してみても、あらゆることが一致して、同じように、女性にふさわしい教育の形態をわたしに指示してくれる。女と男はたがいに相手のためになるように生まれついているが、相互の依存状態は同等ではない。男はその欲望によって女に依存している。女はその欲望とその必要によって男に依存している。わたしたちは女なしでも生きていけるかもしれないが、女がわたしたちなしで生きていくのはもっとむずかしい。女が必要なものを手に入れるには、その本来の状態におかれるには、わたしたちがそれを女にあたえることが、それをあたえる気になることが、女にそうしてやるだけのねうちがあると評価することが必要なのだ。女はわたしたちの感情に、そのすぐれた点にわたしたちがみとめる価値に、その魅力や美徳にたいしてわたしたちがはらう尊敬の念に依存している。自然の掟そのものによって、女は、自分の利害も、子どもの利害も、男の判断に左右される。女は尊敬される価値があるというだけではたりない。尊敬されなければならない。美しいというだけでは十分でない。快く思われなければならない。貞淑であるというだけではたりない。貞淑な女とみとめられなければならない。女の名誉は素行だけできまるものではなく、評判できまるもので、恥しらずな女といわれても平気でいられるような者がりっぱな女とされるようなことはまずありえないことだ。男は、よいことをするばあい、自分の考えにだけ依存していて、公衆の判断を無視することができる。けれども女は、よいことをするだけでは、そのつとめの半分しか果たすことにならないので、他人が自分をどう考えるかということも、じっさいに自分がどういう者であるかということにおとらずだいじなことなのだ。そこで、女子の教育法は、こういう点では、男子のそれとは反対にならなければならない。人々の意見というものは、男性にとっては美徳を葬る墓場になるのだが、女性にとっては美徳の光栄の座になるのだ。

母親の健康な体質はまず子どものすぐれた体質を決定するものとなる。女性の心づかいは人間の初期の教育を決定するものとなる。さらに、女性によって、男性の品行、情念、趣味、楽しみ、幸福そのものさえも左右される。そこで女性の教育はすべて男性に関連させて考えられなければならない。男性の気に入り、役に立ち、男性から愛され、尊敬され、男性が幼いときは育て、大きくなれば世話をやき、助言をあたえ、なぐさめ、生活を楽しく快いものにしてやる、こういうことがあらゆる時代における女性の義務であり、女性に子どものときから教えなければならないことだ。こういう原則にさかのぼって考えないかぎり、人は目的から遠ざかることになり、女性にあたえる教訓は女性自身の幸福にもわたしたち男性の幸福にもいっさい役にたたないことになる。

もっとも、どんな女性でも男性に気に入られたいと思うし、またそう思うべきだが、すぐれた男性、ほんとうに好ましい男性に気に入られたいと思うことと、女性のまねをして男性の名誉と女性の名誉をともにけがしているくだらないやさ男に気に入られたいと思うこととのあいだには大へんなちがいがある。自然も理性も男性のうちに見られる女性的なものを女性に好ませることはできないし、女性もまた、男性の流儀をとりいれることによって、男性に好きになってもらおうとすべきではない。

だから、女性らしい、つつましく、しとやかな態度を捨てて、そういう軽薄な男の態度をまねるとしたら、女性は、その使命に従っていることにならないばかりでなく、使命を放棄していることになる。奪いとるつもりでいる権利を自分から捨てることになる。女性たちはこう言っている、こんなふうにしなければ、あたしたちは男に気に入られないだろう、と。そういう女性たちはうそをついている。気ちがい男を愛する女は、気ちがい女でなければならない。そういう男をひきつけたいという欲求は、そんなことに夢中になる女の好みをはっきりと示している。ばかげた男が世の中にいないとすれば、その女はいそいでそういう男をつくりだすにちがいない。そして、女のばからしさを男がつくりだすことよりも、むしろ男のばからしさを女がつくりだすことのほうが多いのだ。ほんとうの男性を好む女性、そういう男性に気に入られたいと思う女性は、その考えにふさわしい方法を選ぶ。女はその本来の条件によって嬌態を示す。しかし、女の嬌態はその意図によって形と手段を変える。その意図を自然の意図にしたがって規制することにしよう。そうすれば、女性は、女性にふさわしい教育をうけることになる。

ほとんど生まれたばかりの小さい女の子でも、身を飾るものを好む。かわいらしい子であるだけでは満足しないで、かわいらしい子だと思われたいと思う。ちょっとしたしぐさにも、そういう気持ちがもう女の子の心に宿っていることがわかる。そして、女の子は、人の言うことをすこしでも理解するようになるとすぐに、人にこう思われますよ、と言ってやることによって、指導することができる。男の子にそういう理由をもちだすのはまったく考えのないやりかたで、それは男の子にたいしてはとうてい女の子のばあいのような力をもつことにはならない。束縛されていなければ、また、なにかおもしろいことがあれば、男の子は、人がどう思おうと全然気にしない。ただ時の力と、骨を折ることによってのみ男の子も同じ掟(おきて)に従わせることができる。

どこからそういう最初の教えが娘たちにあたえられるにしても、それは有益な教えである。肉体はいわば魂に先だって生まれるのだから、最初の教養は肉体についての教養でなければならない。この順序は男女に共通である。しかし、その教養の目的はちがう。一方においてはその目的は体力を発達させることであり、他方においては魅力を育てることである。もっとも、この二つの力はそれぞれの性に排他的にあるわけではなく、ただ、順位が逆になっている。女性はなにをするにしても優美に見えるように十分の力を必要とする。男性はなにをするにしてもやすやすとできるように十分の器用さを必要とする。

女がひどく柔弱な生活をしていると男も柔弱になってくる。女は男と同じように頑丈であるべきではないが、男のために、女から生まれてくる男もまた頑丈であるように、丈夫でなければならない。この点においては、修道院に入れるほうが父親の家にとどまっているよりも好ましい。修道院では、寄宿生は、うける教育は粗雑だが、活発に動いたり、走ったり、戸外や庭園で遊戯をしたりすることが多いのだが、父親の家にいる娘は、いろいろと細かく気をつかって育てられ、いつも御機嫌をとられるか叱られるかで、閉めきった部屋のなかでたえず母親に見守られながらじっとしていて、立ち上がることも、歩くことも、話をすることも、息をすることもできないし、ひとときも自由にさせられず、遊んだり、跳ねたり、走ったり、叫んだりして、その年ごろに自然の快活さに身をゆだねる機会もない。いつも、有害なだらけた状態におかれているか、筋の通らないきびしさのうちにおかれていて、なにごとも道理にかなった方針でなされることはない。そんなふうにしているからこそ、子どもの肉体も心もそこなわれていくのだ。

スパルタの少女たちは、少年たちと同じように、戦争ごっこをしていたが、これは戦争に行くためにではなく、将来、戦争の苦しみに耐えられるような子どもを産むためだった。しかし、こういうことにわたしは賛成しているわけではない。国家に兵士をあたえるためには母親が鉄砲をかついだり、プロシャ式の訓練をしたりする必要はない。それにしても、全体的にみれば、ギリシャの教育はこの面においてはたいへん筋が通っていたと思う。少女たちはしばしば公衆のまえに姿を見せていた。少年たちにまじってではなく、少女たちだけで集まっていた。お祭りをしたり、犠牲を捧げたり、儀式を行なったりするときには、ほとんどいつでも、主だった市民の家の娘たちの群れが、頭に花をかざり、讃歌をうたい、舞唱隊をつくり、籠や瓶や捧げものをもって、ギリシャ人のすさんだ感覚に、かれらの低級な体育の悪い効果を弱めるのに役だつ、愛すべき光景をくりひろげるのだった。そういう習慣が男性の心にどんな印象をあたえたにしても、とにかくそれは、楽しい、節度のある、健康な訓練によって、女性に、幼いうちにすぐれた体質をあたえるすぐれた方法であり、また、悪い風習に染まるようなことにならずに、人を楽しませたいというたえざる欲求によって女性の趣味を刺激し、育てるすぐれた方法であった。

それらの若い女性は、ひとたび結婚すると、もう公衆のまえに姿を見せることはなかった。家に閉じこもって、家事と家族の世話にかかりきっていた。これこそ自然と理性が女性に命じている生きかたなのだ。だからこそ、そういう母親たちから、この地上でもっとも健全で、もっとも頑丈で、もっともよくできた男たちが生まれたのだ。そして、いくつかの島は悪評を得たにしても、それでもやっぱり、ローマ人もふくめて、世界のすべての国民のなかで、古代ギリシャ以上に、女性が貞淑な女性であるとともに愛すべき女性でもあり、美しさと品行の正しさとをあわせもっていた国民の名をあげることはできない。

よく知られているように、体をしめつけないゆったりした衣服は、ギリシャの男にも女にも、その彫刻に見られるような美しいプロポーションをあたえていた。それはいまでも芸術の手本になっている。わたしたちのあいだではゆがめられた自然はそういうものを芸術に提供することをやめてしまったのだ。わたしたちの手足をやたらにしめつけているゴシック風のあらゆる拘束、あの数々の束縛、そういうものをギリシャ人は一つも身につけていなかった。現代の女性たちが体つきを目だたせるよりもむしろごまかすためにつかっている針金ではったコルセット、ギリシャの女性はそういうものをもちいることを知らなかった。あのコルセットの濫用は、イギリスでは信じられないほどひろまっているのだが、しまいには人間を退化させることになるのではないかと考えずにはいられないし、そういうことで見ばえをよくしようと考えるのは悪い趣味だとさえ言いたい。まるで雀蜂のように体が二つに区切られた女の姿を見てもいいとは思われない。それは見た目にも不快だし、いやなことを想像させる。ほっそりとした体にも、あらゆるほかのことと同じように、釣り合いというものがあり、限度があって、その限度をこえれば、ほっそりした体も醜く感じられるにちがいない。その醜さは衣服をつけていないばあいにははっきり目に映るだろう。それなのに、衣服をつけているばあい、美しく見えることになるだろうか。

女性たちががんこにそんなふうに鎧で身を固めようとする理由をせんさくする勇気はわたしにはない。だらりと下がった乳房、ふとった腹、等々、これはたしかに、二十歳の女性のばあいにはたいへんみっともない。しかし、三十歳の女性なら、もう不愉快にはならない。それに、わたしたちがどう考えようと、いつでも自然の望むとおりの者にならなければならないのだし、その点で男性の目はだまされることもないのだから、どんな年ごろの女性にしろ、そういう醜さも、四十歳の小娘のばかげた気どりほどにはいやな感じをもたせないものだ。

自然を拘束し強制することはすべて悪い趣味に属することだ。これは身につけるものについても精神の飾りとなるものについても言えることだ。生命、健康、道理、快適な生活、これらがすべてに先行しなければならない。優美な姿には安らかな感じがなければならない。繊細な感じとは弱々しい感じではないし、人に好感をもたれるには不健康であってはならない。なやましげな様子はあわれみを催させる。しかし、快楽と欲望は健康な新鮮さをもとめる。

子どもは男の子でも女の子でもいろいろ同じようなことをして遊ぶが、それは当然だ。

かれらは大きくなってからも同じような遊びをしているではないか。かれらにはまたかれらを区別する固有の趣味がある。男の子は動きと音をもとめる。太鼓、こま、おもちゃの馬車などを好む。女の子はむしろ目を喜ばせるもの、飾りになるものを好む。鏡、宝石、えり飾り、とくにお人形が好きだ。お人形遊びは女性に特有の遊びだ。これこそ明瞭に女性の使命にもとづいて決定された好みだ。人に気に入られる技術の物理的な面は服装にある。そして、これがこの技術について子どもが学べることのすべてだ。

小さい女の子が一日じゅうお人形を相手にしているのを見るがいい。ひっきりなしに衣裳を変え、いくたびとなく服をきせ、ぬがせ、よく似合っても似合わなくてもかまわずに、たえず新しい組み合わせの身の飾りを工夫している。指には器用さが欠けているし、趣味も形づくられていないが、好みがもうはっきりとあらわれている。そういう果てしない仕事をしているうちに時は知らない間にすぎていく。何時間たっても、子どもはぜんぜん気がつかない。食事をすることさえ忘れている。食べものよりも身を飾るものにうえているのだ。しかし、とあなたがたは言うだろう、その子はお人形に衣裳をきせているので、自分の身なりをととのえているのではない、と。たしかにそうだ。その子にはお人形は見えるが、自分は見えない、自分のためにはなにもすることができない、その子はまだできあがっていない、才能も体力もない、まだなにものでもなく、すべてはお人形のうちにあって、そこにあらゆる嬌態を見せているのだ。その子はいつまでもそういうことにうちこんではいまい、やがては自分自身がお人形になるときがくる。

つまりこんなふうに基本的な趣味がはっきりあらわれてくる。あなたがたはただそれについていき、それを規制すればいい。たしかに女の子は、お人形に衣裳をきせ、その袖口やネッカチーフやひだ飾りやレースをじょうずにつくれるようになりたいと心から思っている。そういうことをこちらの好きなようにさせようとすると、それは子どもにとってとてもつらく感じられるもので、子どもはむしろなんでも自分で工夫してつくるほうがずっと気楽だということになる。そこで子どもがうけることになる最初の授業の理由がわかってくる。最初にすべきことは仕事をいいつけることではない。親切に見守っていることだ。そして、じっさい、女の子というものは、ほとんどみんな、読み書きを学ぶのをいやがるが、針をもつことは、かならず喜んで学ぶ。女の子は小さいときから大きくなったときの自分の姿を想像し、そういう才能はいずれ自分の身を飾るのに役に立つ、と考えて喜んでいるのだ。

ひとたびそういう道がひらけてくれば、それをたどっていくのはやさしい。裁縫、刺繡、レース編みはひとりでにやってくる。つづれ織りとなると、それほど少女たちの好みに合わない。家具類は少女たちからあまりにも離れたところにある。それは直接自分の身に関係のあるものではなく、ほかのいろいろな意見に左右されるものだ。つづれ織りは大人の女性の楽しみごとだ。年のいかない娘はそれに大きな喜びを感じることはあるまい。

そうした意志にもとづく進歩は、容易にデッサンにまでのびていくだろう。この技術は趣味のいい服装をする技術にとって関係のないことではないからだ。しかしわたしは、女の子が風景を描くようなことはさせたくない。人物はなおさらのことだ。樹木の葉、果実、花、衣裳のひだ、服装に優雅な輪郭をあたえたり、適当な図案がみつからなかったときに自分で刺繡の図案をつくったりするのに役にたつだけのこと、女の子にはそれだけで十分だ。一般的にいって、人間には実用的な知識だけを学ばせることがだいじだとすれば、それは女性にはなおさらだいじなことだ。女性の生活は、それほど骨の折れるものではないにしても、いっそうまめに世話をやくことにある、またはそうあるべきだし、それに、いろいろなことをあれこれとすることが多いし、そのつとめを怠ってなんらかの才能に好んで身を入れるようなことは許されないからだ。

おどけ者がなんと言おうと、良識は男女いずれにも同じようにある。女の子は一般に男の子よりも従順だが、それでも、女の子にたいしてはいっそう大きな権威をもって臨まなければならない。このことはすぐにまた述べる。とはいっても、有益であることが子どもにわからないことはなにも要求してはいけない。母親の技巧は、なにをいいつけるにしても、それが有益であることを娘にわからせてやることにあるが、これは、女の子は男の子よりもはやく知恵がつくから、なおさら容易にできることだ。この規則は、女性から、男性についても同様なのだが、役にたつことをなにひとつもたらさない、どうでもいいような勉強、しかも、そういう勉強をした者をほかの人々にとっていっそう気持ちのいい人間にすることにさえならないような勉強だけではなく、役にたつことであっても、その年ごろにふさわしくなく、もっと年齢が進んでからも役にたつとは子どもに考えられないような勉強を、すべて遠ざけることになる。わたしは、男の子に読むことをはやくから学ばせるのを望んでいないが、女の子に、読むことがなんの役にたつかよくわからせるまえに、それを学ぶように強制することは、なおさら望んでいない。ところで、読むことの有用性を子どもに教えるふつうのやりかたでは、人は、子どもの考えではなく、むしろ自分の考えに従っている。いずれにしても、女の子が読んだり書いたりすることをそんなにはやくから知る必要がどこにあるのか。そんなにはやくから家事の責任をもつことになるのだろうか。このいまわしい知識を利用しないで悪用するということにならない娘はひじょうに少ない。それに、女の子はみんな多少とも好奇心がつよすぎるものだから、強制されなくても、ひまと機会があれば、かならずそれを覚えることになる。女の子はなによりも算数を学ぶべきだろう。計算すること以上に、有益なことがどんな時期にもはっきりと感じられることはないし、長いあいだの練習を必要とすること、なかなかまちがいをしないようになれないことはないからだ。算術で計算しなければおやつの桜んぼをもらえないとしたら、女の子はすぐに計算を覚えることになる、それは保証してもいい。

読むことよりもさきに書くことを学び、ペンで書くまえに針で書きはじめた幼いひとをわたしは知っている。そのひとははじめ、すべての文字のうちOのほかにはつくろうとはしなかった。ひっきりなしに大きなOや小さなOを、いろんな太さのOをつくり、大きなOのなかに小さなOをつくり、そしていつも逆の書きかたをしていた。困ったことに、ある日、熱心にその有益な練習をしているとき、そのひとは鏡に映っている自分の姿を見て、そのぎごちない姿勢のために、自分が、ミネルワ*の化身のように、みにくい様子をしていたので、ペンをほうりだし、それからはOを書く気がしなくなった。そのひとの弟は姉と同じように文字を書くことを好まなかった。しかし、なぜいやがったかといえば、じっとしていなければならなかったからで、そのためにみっともなく見えるからではなかった。そのひとは、新しい工夫(くふう)のおかげで、また文字を書くようになった。その幼いひとは気むずかしやでおしゃれだったから、自分の下着類を妹たちにきられるのをいやがった。そのひとのにはしるしをつけておいたのだが、それからはだれもしるしをつけようとしなかったので、自分でつけなければならなくなった。あとはおわかりだろう。

少女たちに仕事をいいつけるばあいには、いつでも正しい理由を告げるがいい。しかし、かならずそうするように命令するがいい。なんにもしないでいることと、いうことをきかないこととは、女の子にとってなによりも有害な欠点で、そういうくせがついてしまうと、なによりも改めることがむずかしい。女の子はよく気をくばり、よく働くようでなければならない。それだけではない。はやくから束縛に甘んじなければならない。この不幸は、女の子にとってそれが不幸といえるならばだが、女性にかならずついてまわることで、それをまぬがれれば、かならず、はるかにつらい不幸に苦しまなければならない。女性は一生のあいだ、けっして解放されることのない、このうえなくきびしい束縛に、つまり礼節という束縛をうけることになる。女の子はまず拘束されることになれさせて、それがけっしてつらく感じられないようにしてやらなければいけない。あらゆる気まぐれを抑えて、それを他人の意志に従わせなければならない。いつも仕事をしていたいと思っているなら、ときにはなんにもしないでいるように強制しなければなるまい。散漫な態度、たわいない好み、うつり気、こういうことは、女性の最初の趣味がそこなわれ、そのままにしておくことから、容易に生じてくる欠点である。そういう悪い習慣をもたせないようにするために、とくに自制することを教えるがいい。こんにちの無分別な制度にあっては、まじめな女性の生活は自分自身にたいする永久の戦いである。わたしたち男性の不幸の原因となった女性がその不幸をともに苦しむのは当然のことだ。

少女たちが仕事にたいくつしたり、遊びごとに夢中になったりすることのないようにするがいい。そういうことは一般の教育では起こりがちのことだが、そこでは、フェヌロンが述べているように、*一方にはいやなことばかり、他方にはおもしろいことばかりあるようになっているのだ。この二つの不都合のうち、前者は、すでに述べた規則に従っていれば、一緒にいるひとがいやにならないかぎり、ありえないことだろう。自分の母親あるいは女中が好きな少女は、一日じゅうその傍らで仕事をしていても、けっしてたいくつすることはないだろう。おしゃべりをするだけでつらい感じはいっさいなくなるだろう。ところが、監督しているひとがやりきれない感じをあたえると、そのひとの目のまえですることはなにもかも同じようにいやになってくる。世の中のだれと一緒にいるよりも母親と一緒にいることをいっそう喜ばないような少女が、将来りっぱな女性になれるというのはひじょうにむずかしいことだ。それにしても、女の子のいつわりのない感情を知るためには、彼女たちをよく研究しなければならないのであって、彼女たちが言ってることを信用してはならない。女の子はおせじを言い、ごまかし、はやくから仮面をかぶることを知っているからだ。母親を愛するように命令すべきでもない。愛情は義務から生じるものではないし、こういうことでは強制してもなんにもならないからだ。愛着、心づかい、たんなる習慣が娘に母親を慕わせることになる。しかし、きらわれるようなことをしてはだめだ。母親があたえる束縛も、じょうずにやれば、愛着を弱めるどころではなく、かえってそれを強めるだけだろう。服従は女性にとって自然の状態なので、女の子は自分が服従するように生まれついていることを感じているからだ。

女の子はあまり自由をもたない、あるいはもつべきではないということ、まさにそのことのために、女の子はあたえられる自由を濫用することになる。女の子は、あらゆることで極端に走るもので、男の子よりもさらにはげしいやりかたで遊びごとに熱中する。これが右に述べた第二の不都合だ。そういうはげしさは抑制されなければならない。それは女性に特有のいくつかの不徳の原因になるからだ。たとえば、とくに、気まぐれな熱狂だが、そのために女性は、あるものにきょうは夢中になっているかと思えば、あしたは見向きもしなくなる。うつり気な好みは極端な好みと同じく女性に有害なものだが、これらはどちらも同じ源から生じてくる。快活な気分、笑い、さざめき、陽気な遊戯をとりあげてはならない。しかし、あることにあきて別のことをはじめるというようなことをさせてはならない。一日のひとときでも、もう限度を知らないというようなことを女性に許してはいけない。遊戯を中途でやめさせられ、ほかのことをさせられても、不平を言わないような習慣をつけさせるがいい。こういうこともたんなる習慣によって十分できることなのだ。習慣は自然を助けているにすぎないのだから。

そういう習慣的な強制から、一生を通じて女性に必要な従順な性質ができあがる。女性には、あるいは一人の男性に、あるいは人々の判断に、服従しなくてもすむようになるときはないし、人々の判断に超然としていることは許されないのだ。女性の基本的な、そしてもっともたいせつな美点は、やさしくするということだ。男性という不完全な存在、しばしば多くの不徳をもち、いつも欠点だらけの存在に服従するように生まれついている女性は、正しくないことにさえがまんをし、夫が悪いときでも不平をいわずに耐え忍ぶことをはやくから学ばなければならない。夫のためにではなく、自分のために、女性はやさしくしなければならないのだ。女性の恨みごととしつこさはいつも自分の苦しみを大きくし、夫のたちの悪いやりかたをひどくさせるだけだ。男性は女性が自分を征服することになるのはそういう武器によってではないことを知っている。天が女性を人に取り入ることがじょうずで説得力に富んだ者にしたのは、わめきたてる者にするためにではない。弱い者にしたのは、命令させるためにではない。やさしい声をあたえたのは、悪口を言わせるためにではない。容貌を繊細につくったのは、怒りに顔を醜くさせるためにではない。腹を立てると女性は自分を忘れてしまう。女性が不平を言うのはしばしば正しいことだ。しかしわめきたてるのはどんなばあいでもまちがっている。男も女も自分の性にふさわしい調子をもちつづけなければならない。やさしすぎる夫は妻をなまいきな女にすることがある。ところが、どんな荒っぽい男でも、怪物でないかぎりは、妻のやさしい態度はかれをなだめ、いずれはかれを征服することになる。

娘はいつでも従順でなければならないが、母親はいつでもきびしい母であってはならない。幼い女性を従順な娘にしようとして、愚鈍な女にしようとして、不幸な娘にしてはいけない。はんたいに、ときには、いいつけを守らなかった罰をまぬがれるためにではなく、服従をまぬがれるために、多少の技巧をもちいるようなことをさせてもさしつかえないだろう。必要なことはその依存状態をつらいものにすることではない。それをわからせればいいのだ。ずるさは女性に自然にそなわっている才能だ。そして、自然のあらゆる傾向は当然よいもの、正しいことと確信しているわたしは、そういう才能もほかの才能と同じように育てるべきだと考えている。その悪用を防ぐことだけが必要なのだ。

こうした考察の正しさについては、あらゆる誠実な観察者の検討にまかせよう。この点については大人になった女性をしらべてもらいたくない。こんにちの窮屈な制度はいわば性に才気を鋭くすることをやむなくさせているかもしれないのだ。少女たちを、いわば生まれたばかりの幼い少女をしらべてもらいたい。その少女を同じ年ごろの少年とくらべてみるがいい。もし、少年が、少女にくらべてみるとき、のろまで、うかつな、愚か者に見えなかったら、明らかにわたしはまちがっているのだ。つぎに、一つだけ、まったく子どもらしい素朴なことを例にとりあげるのを許していただきたい。

食卓でなにかほしいと言うことを子どもに許さないのはごくふつうのことだ。人々は、やたらに無用な戒律をあたえることによって、子どもの教育にもっともよく成功すると信じているからだ。あれこれのものをほしがるとき、やるにしても、やらないにしても、かんたんにすむことではないか[五]。期待させることによって欲望を刺激し、かわいそうに、子どもにたえずつらい思いをさせるようなことをしなくてもいいのではないか。よく知られていることだが、あるりこうな少年は、そういうきまりを守らされていたが、食卓で自分の存在を忘れられたとき、塩がほしいと言うことを思いついた、という話がある。塩がほしいと言っても、じつは肉がほしいのだろう、と少年をからかうこともできたろう、などとは言うまい。少年を忘れていたのはまったく残酷なことで、たとえ、公然ときまりに反したことをして、あっさり、ぼくはおなかがすいてたまらない、と言ったところで、叱られることになったとは考えられない。それにしても、わたしの見ているまえで、六歳になる女の子がどんなふうにやってのけたか。その子ははるかに困難な状況におかれていた。というのは、彼女は、いつも、直接にも間接にも、なにかほしいと言うことを固く禁じられていたばかりではなく、ただ一皿を除いて、ほかの料理はどれも食べていたのだから、きまりを守らないのは赦しがたいことになったろうから。ところで、その食べていない一皿を人はやるのを忘れていたのだが、彼女はそれが食べたくてたまらなかったのだ。

そこで、いいつけを守らないといって叱られずに、自分が忘れられたのに気がついてもらうために、彼女は指をつきだして、そこにある料理を点検し、一つ一つ指さしていきながら、大きな声で、「あたし、これは食べたわ、これも食べたわ」と言った。そして、自分が食べなかったものについては、はっきりわかるように、なにも言わずにすませようとしたので、だれかがそれに気がついて言った。「それは食べたの？」――「いいえ。」食いしん坊の少女はさり気なく答えて、目を伏せた。あとは言うまい。くらべてみるがいい。こういう手が女の子の巧妙なやりかただ。さっきのは男の子のすることだ。

現実にあるものはよいものだし、どんな一般法則も悪いことではない。女性にあたえられているそういう特別の才覚は女性に足りない力のまったく正当なつぐないとなる。そういうものがなければ女性は男性の伴侶ではなく、奴隷になってしまうだろう。そういうすぐれた才能によってこそ、女性は男性と同等の地位をたもち、服従しながらも男性を支配しているのだ。女性にはあらゆる不利なことがある。わたしたち男性の欠点、女の臆病な性質、弱さ。女性にとって有利な点はその巧妙さと美しさだけだ。女性がそれらをみがくのは当然のことではないか。けれども美しさはいつもあるものではない。それはさまざまの偶然的なことのために破壊され、歳月とともに消えていく。習慣はその効果を失わせる。才気だけが女性のほんとうの救いの道なのだ。といっても、それは、世間で高く評価されているあのばかげた才気ではない。あんなものは幸福な生活のためになんの役にもたたない。あんなものではなく、女性の状態にふさわしい才気、わたしたち男性の状態から利益をひきだし、男性自身の有利な立場を利用する技術、それが女性の救いの道だ。こういう女性の才覚はわたしたち男性にとってもどんなに有益なものか、それは男女の交際にどれほど魅力をそえることか、子どものはげしさを押さえるのにどんなに役にたつことか、乱暴な夫を静め、そういうものがなければ不和にそこなわれることになる和やかな家庭生活を維持するうえにどれほどのことをしているか、それを人は知らない。悪がしこくてたちのよくない女はそれを悪用している。それはわたしもよく知っている。しかし、不徳が悪用しないものがあるだろうか。悪い人間がときに有害なことにつかうからといって、幸福に役だつ道具をぶちこわすようなことはしまい。

衣裳は人目をひくことはできても、人はその人自身によってのみほかの人を喜ばせる。わたしたちの着ているものはわたしたちそのものではない。あまり服装に凝るとかえってみっともないことになる、というのはよくあることだし、着ているひとをもっともよく目立たせる服装はもっとも目立たない服装であるばあいもよくあることだ。女子の教育はこの点においては完全にまちがっている。人は女の子に褒美として身を飾るものをあたえる約束をし、凝った衣裳を好ませるようなことをしている。女の子が花やかな衣裳をつけると、「なんて美しいんでしょう！」と言う。まったくはんたいに、いろいろとある身の飾りは、欠点を隠すためにあるにすぎないということ、そして、美しいひとのほんとうの勝利はそのひと自身の美しさによって輝かしく見えることだということを、彼女たちにわからせなければなるまい。流行を好むのは悪い趣味だ。顔は流行とともに変わるものではないし、形はいつでも同じなのだから、よく似合うことがわかったものは、いつまでも似合うのだ。

若いお嬢さんが身を飾りたてて、孔雀（くじゃく）のように得意になっているのを見たとしたら、そんなふうに姿を変えていることに、そして、人がそれをどう思うかしらと考えて、わたしは不安そうな様子をみせるだろう。わたしはこう言うだろう。ああいう装飾品はあのひとをあまりにも飾りすぎる。きのどくなことです。あのひとはもっと簡素なものを身につけることもできると思いますか。これこれのものをしなくても十分あのひとは美しいのでしょうか、と。そう言えば、たぶん、そのひとは、自分から、飾りをとりのけた自分を見てもらいたいと言うだろう。そうしたとき、賞める余地があれば、賞めてやれるのだ。そのひとがこのうえなく簡素な服装をしているときでなければ、わたしはけっしてそんなに賞めるようなことはしまい。飾りは体の美しさを補うものにすぎない、自分は人に気に入られるためにはなにかの助けを必要としていることを暗にみとめている証拠にすぎない、と考えることになれば、そのひとは衣裳を誇るようなことはしないで、かえってそれを恥ずかしく感じるだろう。そして、いつもより着飾っているときに、「なんて美しいんでしょう!」と人が言っているのを聞くと、顔を赤くしてくやしがるだろう。

それに、飾りを必要とするひともいるにはいるが、豪華な装いがどうしても必要になるひとはいない。金のかかる飾りは身分のために必要な無用の品で、人のために必要なものではない。それは偏見にもとづくものにすぎない。目に立つおしゃれもときには喜ばれることもあるが、けっしてけばけばしいものであってはならないし、ユノーはウェヌス*より豪奢な装いをしていたのだ。美女ヘレネーをごたごた飾りたてて描いたへたな画家に、アペレウス*は「きみは彼女を美しく描けないものだから、豪華な姿に描いている」と言った。わたしはさらに、このうえなく花やかな飾りは、たいていのばあい、みにくい女のしるしであることを知った。そういうこと以上にくだらない虚栄心をもつことはできまい。よい趣味をもち、流行を気にしない若いお嬢さんにリボンや薄いきれやモスリンや花をあたえるがいい。宝石のネックレスやダイヤモンドやレースはなくても、(六)彼女が身につける飾りはデュシャプト*の店にあるこのうえなくすばらしいあらゆるがくたより百倍も彼女を魅力的に見せるだろう。

もともとよいものはいつでもよいものなのだし、できるだけいつでもいちばんいいようにしなければならないのだから、服装のことをよく知っている女性は、よいものを選んで、いつでもそれをもちいている。そして、まいにち変えるようなことはしないから、どれにきめたらいいのかわからないでいる女性のように衣裳のことを気にすることはない。身の装いについてまともな心がけをもっているひとはおしゃれなどほとんど必要としない。ちゃんとした家のお嬢さまがたはめったに大がかりなお化粧などしない。仕事や勉強で一日をすごしている。それにもかかわらず、一般に、そういうひとたちは、紅などつけないが、貴婦人たちと同じくらい入念に、しかもしばしばいっそうよい趣味で、身じまいをしている。お化粧の弊害は人が考えている程度のものではなく、それは虚栄心よりもむしろたいくつであることから生じることが多い。化粧室に六時間もいるような女性も、三十分しかいない女性よりきれいになって出てくるわけではないことを知らないのではない。ただ、たまらなく長い時間をそれだけ減らすことになるし、すべてにたいくつしているよりは自分を楽しんでいるほうがましなのだ。身じまいということがなければ、おひるから九時までの生活をどうしたらいいのだろう。自分のまわりに女たちを寄せ集め、その女たちをいらいらさせておもしろがる、それだけでも大したことだ。その時間でなければ会うことがない夫と顔を合わせることもさけられる。これはさらに大したことだ。それから、商人や骨董屋がそこへやってくる。くだらない諸君がやってくる。くだらない作家がやってくる。詩や小唄やパンフレットをもってくる。身じまいということがなければ、こういったものをそんなにたくさん寄せ集めることはとてもできまい。それにむすびついているただ一つの現実的な利益は、ちゃんと衣裳を着ているときよりも多少気ままにおしゃべりができる口実になることだ。とはいえ、そういう利益も人が考えているほど大きなものではないだろうし、化粧室の女性もちゃんとしたことを言っているかぎりはなにも得することにならない。女子教育は心配せずに女性にまかせるがいい。女性に同性の世話を好ませるがいい。つつしみ深い心をもたせるがいい。家事に気をくばり、家のなかの仕事に心をむけることができるようにならせるがいい。時間のかかる身じまいなど自然と見られなくなるだろう。しかも女性はそのためにずっとよい趣味で身じまいをしていることになるだろう。

幼い女性が大きくなるにつれて最初に気がつくことは、そういう外部的な魅力だけでは十分ではないということ、自分自身に魅力がなければならないということだ。自分に美をあたえることはけっしてできないし、そんなにはやくから愛嬌をふりまくことができるようにもなれない。しかし、動作に快い様子を、声に人の心をそそるような調子をあたえ、落ち着いた態度をとり、軽快に歩き、優美な姿態を示し、あらゆることで自分に有利なことを考えてする、そういうことははやくからやってみることができる。声はひろがり、しっかりしてきて、よく透るようになる。腕は発達し、足どりはたしかになり、どんな服装をしていても人に自分のほうを見てもらえるようにする技術があることに気がつく。そうなるともう針と手仕事だけが問題ではなくなる。これまでもたなかった才能があらわれてきて、はやくもその効用を感じさせることになる。

きびしい教師たちが少女たちには歌もダンスも、楽しい芸ごとはなにも習わせないように望んでいることはわたしも知っているが、これはおかしなことだと思う。そういうことをいったいだれに習わせるつもりなのか。男の子にか。とくにそういう才能をもたなければならないのは男なのか、女なのか。どちらでもない、とその教師たちは答えるだろう、世俗の歌はすべて罪になる、ダンスは悪魔が考えだしたものである、少女は仕事とお祈りだけを楽しみにすべきである、と。十歳の子どもにとって奇妙な楽しみではないか。わたしとしては、子どものころたえず神にお祈りを捧げるように強制されている幼い聖女たちは、みんな、青春期をまったく別のことにすごすのではないか、そして、結婚すると、娘のころむだについやしたと考えられる時をできるだけとりかえそうとするのではないかと心配でたまらない。どういうことが女性にふさわしいかということと同時に、どういうことがその年齢にふさわしいかということも考慮しなければならない。幼い娘はおばあさんと同じような生活を送るべきではない。いきいきと、快活に、好きなように、遊びたわむれ、歌をうたい、ダンスをし、その年齢にふさわしいけがれのない楽しみを味わいつくさなければならない。わたしはそう考えている。落ち着いてきて、もっとまじめな態度をとるようになる時期は、いつでも、もうそんな時期になったかと思われるにちがいないのだ。

しかし、そういう変化が必要になるということさえ、真実のことだろうか。それもまたわたしたちの偏見の結果ではなかろうか。わたしたちは貞淑な女性たちに陰気な義務ばかり押しつけることによって、結婚生活を男性にとって楽しいものにすることができるものをなにもかも遠ざけてしまったのだ。黙りこくった雰囲気が家庭を支配しているのを感じて、男が家から出て行くとしても、あるいは、そういう不愉快な境涯にはいることにあまり心をそそられないとしても、驚くにはあたるまい。あらゆる義務を極端におしすすめることによって、キリスト教はそれを実行不可能なこと、むなしいことにしている。歌やダンスや、世間のあらゆる楽しみを禁じることによって、女性を家のなかでは無愛想で口やかましい、やりきれないものにしている。結婚にあんなにきびしい義務を課している宗教はほかにはないが、結婚の神聖な約束がまったく無視されているのを許している宗教もほかにはない。それは妻が愛すべきものになるのを妨げようとやっきになったために、夫を無関心にしてしまったのだ。「そういうことになってはならない！」それはわたしにもよくわかっている。しかし、わたしは言おう、そういうことになるのは当然だった、結局のところ、キリスト教徒も人間なのだから、と。わたしとしては、アルバニアの若い女性がイスパハンの後宮にはいるために人に喜ばれる才能をみがくのと同じ心がけで、イギリスの若い女性もいずれもつことになる夫を喜ばせるためにそういう才能をみがくことを望みたい。人は言うだろう、夫というものはそういった才能にはたいして関心をもたない、と。たしかにその通り。その才能が夫を楽しませるためにもちいられないで、夫の顔をつぶす恥知らずな青年を家にひっぱりこむえさに役だつにすぎないなら、その通りだ。けれども、そういう才能を身につけている貞淑な愛すべき妻が、それを夫の楽しみに捧げるとしても、夫の幸福な生活をさらに幸福なものにすることにならないと考えられるだろうか、夫が疲れた頭をかかえて仕事部屋から出てきたとき、休養をもとめて外へでかけて行くのをやめさせることにならないと考えられるだろうか。そんなふうに仲よくしている家庭、それぞれの人が自分のものを共同の楽しみに提供することができる幸福な家庭を、だれも知らないということはあるまい。そういう家庭にかならずみられる信頼と親しみは、そこに味わわれるけがれのない快い楽しみは、外の楽しみの騒々しい気分を十分につぐなうことにならないかどうか、言ってもらいたいものだ。

わたしたちは人に喜ばれる才能をあまりにも技術的なことにしてしまっている。それを一般化しすぎている。なにもかも規則ずくめにして、幼いひとにとってもともと楽しみごと、陽気な遊びにすぎないことを、ひどくたいくつなことにしてしまっている。年をとったダンスの先生が、それとも音楽の先生が、なにかにつけても笑いたくなるような幼いひとのところへ、しかつめらしい様子でやってきて、たわいない知識をあたえるために、教理問答を教えるときよりもっと衒学的でもったいぶった口調で話をする、そういった情景よりもこっけいなことを思い浮かべることはできない。たとえば、歌をうたう技術にはどうしても楽譜が必要なのだろうか。音符などぜんぜん知らなくても、音声をなめらかに、正確にしたり、じょうずにうたうこと、さらに、伴奏をすることさえも、学んだりすることができるのではなかろうか。同じ種類の歌がどんな声でもうまくうたえるだろうか。同じ方法がどんな人にもあてはまるだろうか。同じ姿勢、同じ足どり、同じ動作、同じ身ぶり、同じ踊りが、ぴちぴちした小柄な褐色の髪の女にも、なやましげな目をした大柄な金髪の美女にも、どちらにもふさわしいなどとは、人がなんと言おうと、わたしにはとても信じられないだろう。だから、そういう二人に先生が正確に同じ教えかたをしているのを見たとしたら、この人は型どおりにやっているが、自分の芸術についてなにも知らないのだ、とわたしは言おう。

少女たちには、男の先生でもいいか、それとも女の先生をつけたほうがいいか、と人はたずねる。わたしにはわからない。少女たちは男の先生も女の先生も必要としないようであってほしい。心から習いたいと思っていることを自由に学ぶようであってほしい。それに、わたしたちの都会にたえずうろついている、はでななりをしたふざけた連中の姿が見られなくなるようになってほしいものだ。ああいう連中とつきあうことが、年のいかない少女たちにとって、かれらの授業が有益である以上に有害でないとは、どうも考えられない。かれらに特有のことば、かれらの話しぶり、態度が、たわいないことにたいする最初の趣味を若いお弟子さんたちにあたえることにならないとは、どうも考えられない。そういうことを、かれらはひじょうに重要なことと考えているのだが、かれらにならってお弟子さんたちも、遠からずそういうことだけに心をむけるようになるのだ。

楽しみだけを目的としている芸ごとでは、だれでも、なんでも、幼いひとの教師になることができる。父親、母親、兄、姉、友だち、女中、鏡、そしてなによりもそのひと自身の趣味が教えてくれる。はたから、教えてあげよう、などと言ってはいけない。当人のほうから教えをもとめるようでなければいけない。気ばらしになることをつらいことにすべきではないし、とくにこういう種類の勉強では、上達の第一歩は上達したいという気になることだ。それに、どうしても正規の授業が必要だとしても、それをあたえる人は男がいいか女がいいかということは、わたしには決められない。男のダンスの先生が、年のいかない女性のお弟子さんの白いきゃしゃな手をとるというようなことをしなければならないものか、スカートをつまみあげ、うわ目をつかい、腕をひろげ、ぴくぴくする胸をつきだす、といったようなことをお弟子さんに教えなければならないものか、わたしにはわからない。しかし、わたしとしては、ぜったいにそういう職業をしたいとは思わないだろう、ということはよくわかっている。

器用さと才能とによって趣味がかたちづくられる。趣味によって精神は知らずしらずのうちにあらゆる種類の美の観念にめざめ、やがてはそれに関連する道徳的な観念にめざめる。これはたぶん、たしなみと節度ということにたいする感情が女の子では男の子よりもはやくから感じられるようになる理由の一つだ。そういう早熟な感情は付き添いの女たちのおかげだと考えるのは、そういう女たちの教えかたと、人間の精神の歩みをまったく知らないものといわなければなるまい。話をする才能は人を喜ばせる技術において第一の地位をしめている。習慣によって感覚が慣れてしまうことにそれだけが新しい魅力をそえることができる。肉体をいきいきさせるだけでなく、いわば肉体をよみがえらせるのは精神であり、精神が容貌に生気をあたえ、変化をあたえるのは感情と観念の継起によってである。そして、精神が語らせることばによってこそ注意力は気をそらされることなく、ながいあいだ同じ対象に同じ興味をもちつづける。わたしは考えるのだが、すべてこうした理由によって、少女たちは早くから気持ちのいいちょっとしたおしゃべりをすることを覚え、まだ意味がよくわからないうちにさえ、話に抑揚をつけるので、男性ははやくから、むこうはこちらの言うことがまだ理解できないころから、少女たちの言うことに耳をかたむけて楽しんでいる。* 男性は少女たちの知恵のあらわれに気をつけていて、感情のあらわれるときを見ぬこうとしている。

女性のことばはなめらかである。女性は男性よりもいっそうはやくから話をし、いっそう容易に、気持ちのいい話しかたをする。おしゃべりをしすぎると非難されてもいる。しかし、女性のおしゃべりは当然のことで、わたしはそういう非難をあえて賞讃にかえてもいい。女性にあっては口と目は同じようによく動くが、それは同じ理由による。男性は知っていることを言うが、女性は人を喜ばせることを言う。男性は話をするには知識を必要とし、女性は趣味を必要とする。一方は役にたつことを、他方は楽しませることを主な目的とすべきだ。双方の話は真実性ということのほかには共通の形をもつべきではない。

だから、男の子のばあいとちがって、女の子のおしゃべりは、「それはなんの役にたつのですか」というきびしい質問*によってたしなめるべきではなく、「それは人にどんな感じをあたえるでしょうか」という別の質問をしなければならないが、これに答えることはいっそうやさしいわけではない。幼いころには、まだよいことと悪いことを区別することができず、だれの審判者でもないのだから、少女たちは、相手に喜ばれることのほかにはけっしてなにも話さないということを掟(おきて)としてまもらなければならない。ところで、この規則の実行をいっそうむずかしくしているのは、この規則はいつでも、けっしてうそをつかないこと、という基本的な規則にしばられていることだ。

そこにはまだほかにもむずかしいことがあると思うのだが、しかしそれはもっと年齢が進んでからのことだ。少女たちにとっては、現在のところは、真実を語るということには、真実でも品の悪いことは言わないということのほかには問題はありえない。しかし、そういう品の悪いことは、もともと女の子はきらいなのだから、教育によってそういうことは言わないように教えるのはやさしい。わたしのみとめるところでは、一般に、世間のつきあいにあっては、男性の礼儀はいっそう親切にすることにあり、女性の礼儀は好意を示すことにある。このちがいは教えられたことではなく、自然にそうなっているのだ。男性はいっそう役にたとうとしているようにみえるし、女性は喜ばせようとしているらしい。そこで、女性の性格がどうであろうと、女性の礼儀にはわたしたち男性の礼儀よりもうそが少ないことになる。それは女性にはじめからある本能を拡張しただけのことだ。ところが、ある男が自分の利益よりもわたしの利益を重くみているようなふりをするばあいには、どんな大げさなやりかたでうそを飾りたてても、その男がうそをついていることは確実だとわたしには思われる。こういうわけで、女性には礼儀をまもることはほとんど苦にならない。したがってまた、少女たちにとっても、礼儀正しい女性になるように修業するのはつらいことではない。最初の教えは自然からあたえられ、技術に残されていることは、ただその教えについていき、わたしたちのしきたりに従って、どういう形でそれを外にあらわさなければならないかを決めるだけだ。女性どうしの礼儀については、事情はまったくちがってくる。このばあいには女性たちはひどくぎごちない様子と冷たい態度を示し、たがいに牽制しあいながら、それほど気をつかってやりきれない思いを隠そうともせず、うわべを飾るようなことはほとんどしないで、まじめにうそをついているようにみえる。それにしても、幼いひとたちはたがいにもっとうちとけた友情を心から感じていることもときにはある。その年齢にあっては、快活な気分がすぐれた天性のかわりになっている。そして自分に満足している少女たちは、あらゆる人に満足を感じている。彼女たちは、男たちの見ているまえで、いっそううれしげに口づけをかわしたり、いっそうやさしみをこめて愛撫し合ったりして、男たちをうらやましがらせるような愛のしるしを見せつけ、罰をうける恐れもなしにかれらの欲望を刺激して、誇らしい気持ちになっている、ということも、よく見られることだ。

少年に無遠慮な質問を許すべきではないとしたら、少女にはなおさらのこと、そういう質問は禁じなければならない。女の子のばあいには、好奇心を満足させてやったり、遠ざけてやらなかったりすると、まったくくらべものにならない重大な結果になる。女の子には人が隠している秘密を感じとる鋭い能力と、それを発見する才能があるからだ。

しかし、少女たちには質問させないで、こちらからいろいろ質問することにすればいい。しゃべらせるように気をくばることにしたらいい。らくに話をする練習をさせるために、すぐに返事ができるようにするために、頭と舌がよくはたらくようにするために、からかっても別に危険なことはないうちに、少女たちをからかうことにしたらいい。いつも陽気なことになりながらも、巧みにあんばいされ、じょうずに導かれるそういう会話は、その年齢にとって魅力のある遊びごとになり、幼いひとたちの純真な心に、最初の、そしておそらくは生涯のあいだにうけるもっとも有益な、道徳的な教えをもたらすことになるだろう。それは、心をひかれる楽しみとたわいないことにみえながら、どういう美点に男性はほんとうに尊敬をはらうか、また、りっぱな女性の名誉と幸福はどういうところにあるかを少女たちに教えることになるだろう。

男の子でも、宗教について正しい観念をつくりあげる能力をもたないとすれば、そういう観念は女の子にとってはなおさら理解を超えたところにあることがよくわかる。だからこそわたしは、女の子にはいっそうはやくから宗教の話をしてやることにしたい。そういう深遠な問題が系統的に論じられるようになるのを待たなければならないとしたら、女の子にはそれを話すときが全然ないということになる恐れがあるからだ。女の理性は実践的な理性で、それは、ある既知の目的を達成する手段をみいださせるにはきわめて有能だが、目的そのものをみいださせない。男女の相互関係は驚嘆すべきものだ。その関係から一個の道徳的人格が生じ、女性はその目となり、男性はその腕となるのだが、しかし、両者は相互的な依存状態におかれ、女性は見る必要のあるものを男性から教えられ、男性はなすべきことを女性から教えられる。もし、女性も男性と同じ程度に根源にさかのぼることができ、男性も女性と同じ程度に細かいことに気がつくとすれば、両者はいつもたがいに独立していて、たえまない不和のうちに生き、相互の関係はうまくいかないことになる。ところが両者のあいだに支配する調和によって、すべては共同の目的に向かって行く。どちらがいっそう多く自分のものをもちいているかはわからない。それぞれが相手の衝動に従っている。それぞれが服従しながら、両者ともに主人なのだ。

女性の行動は世論にしばられているということ、まさにそのために、女性の信仰は権威にしばられている。娘は母親の宗教を信じなければならないし、妻は夫の宗教を信じなければならない。その宗教がまちがっているばあいにも、母親と家族を自然の秩序に従わせる従順さが、あやまちを犯した罪を神のもとでぬぐいさってくれる。女性は、みずから判定者となる状態におかれていないのだから、父親と夫の決定を教会の決定と同じようにうけいれなければならない。

女性は、自分ひとりの力で信仰の規則をひきだすことはできないのだから、明証と理性の限界を信仰の限界とすることができずに、さまざまな外部の衝動にひきずられて、いつも真実の手前か向こうにいる。いつも極端に走って、完全な無信仰者か信心に凝り固まった女になる。知恵と信仰をあわせもつことができる女性は見あたらない。悪の源は女性の極端な性格にあるばかりでなく、わたしたち男性のしまりのない権威にもある。放恣（ほうし）な行ないは権威を軽蔑させ、怖ろしい後悔の念はそれを苛酷なものと考えさせる。こうして、男性はいつも権威をもちすぎたり、ほとんどもたなかったりすることになるのだ。

権威が女性の宗教を決定しなければならないのだから、女性には信じる理由を説明してやるよりも、むしろわたしたちが信じていることを明確に話してやる必要がある。あいまいな観念にあたえられる信仰は狂信の源であり、不条理なことにたいしてもとめられる信仰は狂気か不信仰にみちびくからだ。わたしたちの教理問答が無信仰者あるいは狂信者のどちらを多くつくりだすことになるのか、わたしは知らない。だが、必然的にどちらかをつくりだすことはよくわかっている。

第一に、少女たちに宗教を教えるには、けっしてそれを少女たちにとって悲しいこと、つらいことにしてはいけない。けっして学課や宿題みたいなことにしてはいけない。したがってそれに関係することはなんでも、お祈りでさえも、けっして暗記させるようなことをしてはいけない。少女たちのまえであなたがたが規則的にお祈りをするだけにするがいい。といっても、その場にいるように少女たちを強制しないことだ。イエス・キリストの教えに従って、お祈りはかんたんにするがいい。お祈りをするときにはいつも、それにふさわしく、心を落ち着け、うやうやしい態度を示すがいい。みこころをむけてわたしたちのことばをきいてくれるように至高の存在者にお願いするときには、わたしたちが言おうとすることによく気をつける価値は十分にあることを考えるがいい。

少女たちがはやく宗教を知ることはそれほどだいじなことではない。むしろよく知ることが、そしてとくに、宗教が好きになることがだいじなのだ。あなたがたがそれを彼女たちにとって重荷になるものにするとしたら、たえず神を彼女たちにたいして怒っているものとして描いてみせるとしたら、神の名においていろいろと骨の折れる義務を課しながら、あなたがた自身そういう義務を全然はたしていないことが彼女たちにわかったとしたら、彼女たちはどう考えることだろう。教理問答を覚え、神に祈ることは小さな女の子のすることだと考え、あなたがたと同じようにそういう厄介なことをいっさいまぬがれるために、はやく大きくなりたいと考えるだけのことではないか。実例！　実例！　実例を示さなければ子どもにたいしてはぜったいになにごとにも成功しない。

少女たちに信仰個条を説明するには、直接の教授形式によるべきで、問答形式によるべきではない。少女たちはいつも自分がほんとうに考えていることだけを答えるべきで、口授されたことを答えるべきではない。教理問答における答えはすべて逆になっていて、生徒が先生に教えることになっている。それは生徒が口にするときうそになるともいえる。生徒は理解してもいないことを説明し、信じる能力もないことを肯定しているからだ。このうえなく聡明な人々のうちにさえ、その教理問答を述べながらうそをついていない人々がいるかどうか、いるなら教えてもらいたい。

わたしたちの教理問答にみられる第一問はこういうことだ。「何者があなたをつくり、世界においたか。」それにたいして少女は、それはお母さんだ、ということをよく承知していながら、ためらいもせずに、それは神さまです、と言う。そのばあい、彼女にわかっているただ一つのことは、ほとんど理解されない質問にたいして、自分がぜんぜん理解していない答えをしている、ということだ。

子どもの精神の歩みをよく知っているような人が子どものために教理問答書をつくる気になってくれたらいいのだが、とわたしは思う。それはおそらくかつて書かれたもっとも有益な書物になるだろうし、わたしの考えでは、その著者に少なからざる名誉をあたえることにもなるだろう。いずれにしても確実なことは、もしそれが役にたつ書物だとしたら、それには、わたしたちの教理問答と似たところはほとんどないだろう、ということだ。

そういう教理問答は、質問されたらすぐに、なにも教えられなくても、子どもが自分で答えることになっていなければ役にたつものとはならないだろう。ときには子どものほうから質問することになるのはいうまでもない。わたしが言いたいと思っていることをわかってもらうためには、モデルのようなものが必要なのだろうが、自分にはそれを示すだけの能力がないことをわたしはよく承知している。それにしても、漠然とでもその観念をあたえることを試みよう。

そこでわたしは、わたしたちの教理問答の第一問にたどりつくためには、そういう教理問答書はだいたいこんなふうにはじまっていなければならないと考える。

乳母(うば)　あなたはお母さまの小さいときのことを覚えていますか。
少女　いいえ、ばあや。
乳母　なぜですの。あなたはとてももの覚えがいいのに。
少女　そのころあたしは生まれていなかったからです。
乳母　では、あなたはいつでも生きていたのではないのですね。
少女　そうです。

乳母　あなたはいつまでも生きているでしょうか。
少女　ええ。
乳母　あなたは若いのですか、それとも年をとっているのですか。
少女　あたしは若いのです。
乳母　では、あなたのおばあさまは、若いのですか、それとも年よりですか。
少女　おばあさまは年よりです。
乳母　おばあさまはまえには若かったのでしょうか。
少女　ええ。
乳母　なぜ、おばあさまはもう若くないのですか。
少女　年をとったからです。
乳母　おばあさまと同じように、あなたも年よりになるのでしょうか。
少女　知りません。(七)
乳母　去年あなたが着ていた服はどうなさいました。
少女　あれはほどいてしまいました。
乳母　なぜほどいてしまったのですか。
少女　あたしにはあんまり小さくなったからです。

乳母　なぜ、あなたにはあんまり小さくなったのですか。
少女　あたしが大きくなったからです。
乳母　これからもあなたは大きくなるでしょうか。
少女　そうですとも！
乳母　では、女の子が大きくなるとなにになるのですか。
少女　奥さまになるのです。
乳母　そして、奥さまはなにになるのですか。
少女　お母さまになるのです。
乳母　そして、お母さまはなにになるのですか。
少女　おばあさまになるのです。
乳母　それでは、あなたはおばあさまになるのですね。
少女　お母さまになったあとで。
乳母　そして、年よりはなにになるのですか。
少女　知りません。
乳母　あなたのおじいさまはどうなりましたか。
少女　死にました。(八)

乳母　なぜ死んだのですか。

少女　年よりになったからです。

乳母　では、年よりの人はどうなるのですか。

少女　死ぬのです。

乳母　では、あなたは、年よりになると、どう……

少女　(乳母のことばをさえぎって)ああ、ばあや、あたし死にたくないの。

乳母　お嬢さま、だれも死にたいと思っている人はいません。でも、みんな死んでいくのです。

少女　まあ！　お母さまも死ぬのでしょうか。

乳母　みんなと同じように。女も男も同じように年よりになるし、年よりになれば死ぬことになるのです。

少女　なかなか年よりにならないようにするにはどうすればいいんでしょう。

乳母　若いときに賢く生きるのです。

少女　ばあや、あたし、いつも賢くするわ。

乳母　それはたいへんいいことです。けれども、あなたは、いつまでも生きられると思っているのですか。

少女　ずっと年をとれば、年をとれば……

乳母　どうなるのですか。

少女　ずっと年をとれば、どうしても死ななければならないって言うんでしょう？

乳母　では、あなたもいつかは死ぬのですね。

少女　ええ、そう。

乳母　あなたよりもまえにだれが生きていたのですか。

少女　お父さまとお母さままでです。

乳母　お二人のまえにはだれが生きていたのですか。

少女　お父さまとお母さまのお父さまやお母さままでです。

乳母　あなたのあとにはだれが生きることになるのですか。

少女　あたしの子どもたちです。

乳母　そのあとにはだれが生きることになるのですか。

少女　あたしの子どもたちの子どもたちです……

こういう道筋をたどっていけば、人類には、明らかな帰納によって、あらゆるものと同じように、初めと終わりがあることがわかる。つまり、父も母もいなかった父と母が、そして、子どもをもたない子どもがみいだされることになる。(九)

右のような長い質問をつづけたあとではじめて教理問答の第一問が十分に準備されることになる。それにしても、そこから第二の答え、それはいわば神の本質の定義なのだが、この第二の答えにいたるまでにはなんという大きな飛躍があることだろう。この間隔はいつ埋められることになるのか。神は聖霊である、というが、聖霊とはなにか。大人(おとな)でも容易なことでは脱出できない形而上学の闇に、子どもの精神をひきいれようとするのだろうか。小さな女の子にはそういう質問に答えることはできない。せいぜいのところそういう質問をすることができるだけだ。そういう質問をされたら、わたしはただこう答えるだろう。あなたは、神とはなにかとたずねる、それはかんたんには言えない、神は聞くことも、見ることも、ふれることもできない、神はそのみわざによって知られるだけです、神とはどういうものか考えるには、神がつくったものがわかるまでお待ちなさい、と。

わたしたちの教理はすべて同じように真理であるとしても、すべてが同じような重みをもっているのではない。神の栄光のためには、それがあらゆることにおいてわたしたちに知られるということは、まったくどうでもいいことなのだ。しかし、人間はだれでも、神の掟(おきて)が命じている、隣人と自己にたいする義務を知り、はたさなければならないというのは、人間の社会とその成員のすべてにとってたいせつなことだ。そういうことこそわたしたちがたえずおたがいに教え合わなければならないことだし、父親と母親が子どもにとくに教える義務のあることだ。一人の処女がその創造者の母であるとか、彼女が神を産んだとか、あるいはたんなる人間に神が宿ったのだとか、父と子の実体は同一であるとか、あるいは似たようなものにすぎないのだとか、聖霊は同一のものである二者の一つから発出したとか、あるいは両者から同時に発出したとか、こういう問題の解決は、見たところ重要なことのように思われるのだが、人類にとってそんなにたいせつなこととは考えられない。それは、月齢何日に復活祭を行なうべきか、お祈りをしなければならないかどうか、断食、肉断ちをしなければならないかどうか、教会ではラテン語をもちいなければならないのか、それともフランス語をもちいなければならないのか、壁に画像をかざらなければならないかどうか、ミサを唱えたり聴いたりしなければならないかどうか、正式の妻をもたないことにしなければならないかどうか、といったようなことを知るのと同じように、たいしたこととは考えられない。そういうことについては、各人の好きなように考えるがいい。そういうことがどうしてほかの人の関心をそそるのかわたしは知らない。わたしとしては、そんなことにはぜんぜん興味を感じない。わたしが関心をもつのは、そしてわたしと同じようなすべての人間が関心をもつのは、人間の運命を支配するある者が存在すること、わたしたちはすべてその子どもであること、かれはわたしたちすべてに、正しい人になるように、たがいに愛し合うように、善行を好み慈悲ぶかくあるように、あらゆる人に、わたしたちの敵、かれの敵にたいしてさえ約束をまもるように、命じていること、この世の表面的な幸福は無意味であること、この世の生活のあとに別の生活があって、そこで至高の存在者は善人にむくい、悪人を裁く者となること、こういうことをすべての人が知ることだ。こういう教理とこれに類する教理が、子どもたちに教える必要のある教理、すべての市民になっとくさせる必要のある教理だ。これを攻撃するような者は、たしかに、罰をうけるだけのことはある。そういう者は秩序をみだす者、社会の敵だ。それを越えて、特殊な見解にわたしたちを服従させるような者は、反対の道から同じ地点にやってくる。かれは自己流に秩序をうちたてようとして、平和をみだし、身のほども知らない思いあがりから、神意の解説者になって、神の名において人々の臣従と尊敬を要求し、神にかわって神となるようなことさえしかねない。そういう人間は、不寛容な人間として罰せられないばあいにも、神を冒瀆する人間として罰すべきだろう。

だから、わたしたちにとっては観念をともなわないことばにすぎない神秘な教理はすべて無視するのだ。そのむなしい研究にたずさわる人々に美徳のかわりになるものをあたえ、かれらを善良な人間にしないで、むしろ気ちがいにするのに役だつような教説はすべて無視するのだ。いつもあなたがたの子どもを道徳に関連する教理の狭い範囲にとどめておくのだ。善を行なうようにわたしたちに教えてくれることのほかには、知って役にたつことはなにもないということを子どもによくわからせるのだ。あなたがたのお嬢さんを神学者や理屈屋にしてはいけない。天上のことについては、人間の知恵に役だつことのほかには教えてはいけない。自分はいつも神に見まもられていると感じるように、神を自分の行動、考え、徳性、楽しみの証人とするように、神はよいことを好まれるのだから、人が見てくれなくてもよいことをするように、苦しみはいずれ神がつぐなってくださるのだから、不平を言わずに耐え忍ぶように、さらに、生涯のいかなる日においても、やがて神のまえにあらわれるとき、かえりみて満足できるような者として生きるように、少女たちをしつけるがいい。これこそほんとうの宗教だ。過ちにも、不敬虔にも、狂信にもおちいることのないただ一つの宗教だ。もっと崇高な宗教を説きたい人は、いくらでも説くがいい。わたしとしては、右のようなことのほかには宗教をみとめない。

それに、理性がめざめるときがくるまでは、あらわれはじめた感情が良心に語らせるときがくるまでは、年のいかない女性にとってよいことと悪いことは、周囲にある人たちがそう決定したことであるということに注意するがいい。命令されることはよいこと、禁じられることとは悪いこととして、彼女たちはそれ以上のことを知るべきではない。そこで、彼女たちの身近にいることになる人々、彼女たちにたいしてなんらかの権威をもつことになる人々の選択はひじょうに重大であること、男の子のばあいにくらべてずっと重大であることがわかる。しかし、やがて、彼女たちが自分でものごとを判断しはじめる時期がやってくる。そうなったら、教育計画を変えるときだ。

そのことについてはこれまでにたぶん十二分に述べておいた。一般の偏見のほかには掟をあたえないとしたら、わたしたちは女性をどんな状態に陥れることになるか。わたしたちを支配する女性、卑しむべき者としないかぎりわたしたちに名誉をあたえてくれる女性を、そんな低いところへひきおろすようなことはしまい。全人類にとって人々の意見に先だつ一つの規則が存在する。この規則の確固たる方針にあらゆるほかの規則は従わなければならない。それは先入見となっていることについてさえ判断をくだす。だから人々の評価も、それと一致するかぎりにおいてのみ、わたしたちにたいして権威をもつことになるのだ。

その規則とは内面の感情である。わたしはさきに述べたことをくりかえすまい。*ただ、これら二つの規則〔内面の感情と人々の意見〕が協力しなければ、女性の教育にはかならず欠陥が生じることを注意すれば十分だと思う。意見をかえりみない感情は、りっぱな品行を世間的な名誉でかざるあの繊細な心を女性にあたえることにはならないし、感情を知らない意見はいつも、美徳のかわりに見せかけをもってくるうそつきで恥しらずな女性をつくるだけだ。

だから女性は、二種の案内者を調停する役をうけもつ能力、良心をまよわせることなく、偏見のあやまりを正す能力を養うことがたいせつだ。この能力は理性である。ところで、この理性ということばを聞いて、どんなに多くの人が質問してくることだろう。女性はしっかりした推論の能力をもつことができるのだろうか。女性はそういうものを育てる必要があるのだろうか。首尾よく育てられるのだろうか。理性を育てることは女性に課せられた職分に役だつだろうか。それは女性にふさわしい単純さと両立するのだろうか。

こうした問題を検討し解決するにあたっての立場のちがいから、相反する極端に陥って、ある人々は、女性を家庭に閉じこめて召使いたちを相手に針仕事や糸をつむぐようなことだけをさせ、妻を家の主人に仕える女中頭(がしら)にすぎないものにしているし、他の人々は、女性の権利を保証するだけでは満足しないで、さらに、女性にわたしたち男性の権利を奪わせるようなことをしている。女性をその本来の性質においてはいぜんとしてわたしたちよりもすぐれたものにしておいて、ほかのあらゆることではわたしたち男性と同等のものにするというのは、自然が夫にあたえている優位を妻に移すことにほかならないのではないか。

男性を導いてその義務を知らせる理性はそれほど複雑なものではない。女性を導いてその義務を知らせる理性はなおさら単純なものだ。夫には服従し忠実でなければならないこと、子どもにはやさしくし気をくばらなければならないこと、これは女性の条件から生じるまったく自然の、まったくはっきりした結果なので、女性は、悪意がなければ、彼女を導く内面の感情に同意をこばむことはできないし、まだ変質していない傾向のうちに感じられるその義務を無視することもできない。

女性が女性にふさわしい仕事だけをさせられ、ほかのあらゆることについては深い無知の状態におかれるのを、一概に悪いとはいうまい。けれども、そのためには一般の習俗がきわめて素朴で健全であること、それとも、世間からまったく遠ざかった生活をすることが必要だろう。大都会では、そして堕落した人間のあいだでは、そういう女性はたちまち誘惑に陥ってしまうにちがいない。その徳性はしばしば偶然の賜物にすぎないことになる。この哲学の世紀にあっては試煉に耐える徳性が女性に必要なのだ。女性は、人から言われるかもしれないことを、そして、それをどう考えるべきかを、あらかじめ承知していなければならない。

他方において、女性は、男性の判断にしばられているのだから、男性の尊敬にあたいしなければならない。とくに夫の尊敬を得なければならない。夫に自分を愛させるだけではなく、自分の行ないの正しさをみとめさせなければならない。世間に夫の行なった選択の正しさを証明し、妻にあたえられる名誉によって夫を尊敬させなければならない。ところで、女性は、現代の制度について無知であるなら、しきたりについて、礼節について、なにひとつ知らないなら、人々の判断の源も、それを決定する情念も見ぬいていないなら、どうしてそのために適切にふるまうことができよう。女性は、自分の良心に従わなければならないと同時に他の人々の意見にもしばられているのだから、これら二つの規則を比較し、一致させることを、そして、これらが対立しているときにだけ前者を選ぶことを学ばなければならない。女性は自分を判定する者の判定者になり、どんなばあいにはかれらの判定に従わなければならないか、またどんなばあいにはそれを拒否しなければならないかを決定する。かれらの偏見を拒否したり承認したりするまえに、その重みをはかってみる。偏見の源に溯って考え、それにそなえたり、それを自分に有利なものにしたりすることを学ぶ。他人に非難されないようにすることが自分の義務に反しないかぎりは、けっして非難を招くことのないように気をつける。こういうことはひとつとして、才気と理性を養わなければ十分に実行することはできない。

わたしはたえず原則にたちかえる。それはわたしのあらゆる困難にたいする解答を提供してくれる。わたしは現実にあることを研究し、その原因を探求する、そして結局、現実にあるのはよいことである、ということを知る。わたしは気のおけない家にはいっていく。そこの主人と女主人は一緒になって案内してくれる。二人とも同じような教育をうけていて、いずれも同じように鄭重で、同じ程度の趣味と才気をもち、どちらも同じように、快く客を迎え、みんなを満足させて帰したいという気持ちにあふれている。夫はあらゆることに注意をはらい、どんな心づかいも忘れない。あっちへ行ったりこっちへ来たり、方々見廻って歩き、いろいろと骨を折っている。体じゅうを目にして気をくばりたいといったふうだ。妻は自分の席にとどまっている。少数の人がそのまわりに集まっていて、ほかの人たちを彼女の目から隠しているようにみえる。それでも家のなかで行なわれていることはなにひとつ彼女の気がつかないことはなく、彼女がことばをかけないうちに出て行く人はひとりもいない。すべての人の関心をひくようなことをなにひとつ彼女は忘れていない。不快になるようなことはだれにも言わない。そして、秩序をみだすようなことはけっしてしないが、その場にいるいちばん身分の低い人も、いちばん身分の高い人と同じように、忘れられてはいない。食事の支度ができ、みんなは食卓につく。夫は、たがいに気の合う人たちのことを承知していて、そのとおりに客の席をきめる。妻は、なんにも知らないのだが、そういうことでまちがいをするようなことはしない。彼女はもう、人々の目のなかに、態度のうちに、あらゆる好みを読みとっていて、客はそれぞれ坐りたいと思っている席に坐らせてもらえることになる。言うまでもなく、食事のサービスをするときにもだれひとり忘れられている人はいない。家の主人は、見廻っているから、だれのことも忘れないでいられるのだが、妻も、客がうまそうだなと思ってながめているものがすぐにわかって、それを客にさしだす。隣りの人と話をしながらも、彼女は目を食卓の端にまで向けている。おなかがすいていないので食べない人と、気がきかないために、それとも、気が小さいために、自分でとったり、それを、と言ったりすることができないために食べないでいる人とが、彼女にはすぐに見わけられる。食卓をはなれるとき、みんなは彼女が自分のことだけを考えていてくれたのだと思っている。彼女は一口も食べるひまはなかったろうとみんなは考えている。ところが、じっさいには、彼女はだれよりもたくさん食べているのだ。

お客がみんな帰ってしまうと、夫と妻はその日のことについて語り合う。夫はだれかがかれに言ったこと、一緒に話した人たちが言ったりしたりしたことを知らせる。そういうことについてはかならずしも妻はいっそう正確に知ってはいないが、そのかわり、彼女は、食卓のむこうの端で人が小さな声で話していたことを知っている。ある人がどんなことを考えていたか、あることば、ある身ぶりがどういうことに関係していたかを、知っている。外にあらわれた動きの一つとして、彼女が即座に、しかもほとんどいつも真実に合った、解釈をくだせないことはなかったといっていいくらいだ。

社交界の女性を客をもてなす技巧においてきわだたせることになるのと同じ頭のはたらきが、男をひきつけようとする女を何人かの恋する男を手玉にとる技巧においてきわだたせることになる。男の気をひく細工(さいく)は礼儀作法にくらべていっそう微妙な使いわけを必要とする。愛想のいい女性はすべての人に愛想よくすればいつもそれで十分ということになるのだが、男をひきつけようとする女は、そういう一様なまずいやりかたをすれば、すぐに支配力を失ってしまうにちがいないのだ。すべての恋人に親切にしようとしていたら、すべての恋人を失望させてしまうだろう。社交界ではすべての人にたいしてとる態度がみんなを喜ばせることにもなる。よくもてなされさえすれば、だれも特別の好意をとりたてて問題にするようなことはしない。ところが、恋においては、独占的でない好意は侮辱と感じられる。感じやすい男なら、自分ひとりが手荒くとりあつかわれたほうが、ほかのみんなと同じように甘いことばをかけられるよりも、はるかにましだと思うだろうし、かれにとって起こりうる最悪のことは、ほかの男と区別されないことだ。そこで、何人かの恋人をひきつけておきたいと思う女は、かれらの一人一人に自分がその男をだれよりも愛していることをなっとくさせなければならない。しかも、ほかのみんながいるまえでそれをなっとくさせ、ほかのみんなにもその男のいるまえで同じようなことをなっとくさせなければならない。

当惑しきっている人の様子を見たいと思ったら、一人の男を、そのどちらとも内密の関係をもっている二人の女のあいだにおいて、かれがどんな愚かしい顔をするか観察してみるがいい。同じような条件で、一人の女を二人の男のあいだにおいてみるがいい。たしかにこういう例もめずらしいことではあるまい。その女がどんなにじょうずに男を二人ともだますか、そしてどちらの男も相手の男をあざわらうことになるようにもっていくかを見て、あなたがたは目をみはるにちがいない。ところで、もしこの女が二人の男に同じような信頼を示し、かれらにたいして同じように親しい態度をとるとしたら、どうしてかれらはちょっとのあいだでも女にだまされていよう。かれらを同等にとりあつかうことによって、女は、かれらが自分にたいして同じ権利をもっていることを明らかにすることになるではないか。いや、女は、そんなことはしないで、もっとずっとうまくやってのけるのだ。二人の男を同じようにとりあつかうようなことはしないで、女はかれらを差別しているようなふりをする。きげんをとられた男は、それを愛情のしるしと考え、無愛想にあつかわれた男は、それを恨めしい気持ちのあらわれと考えることになるようにうまくもっていくのだ。そこで、男はそれぞれ、自分にあたえられたものに満足して、彼女はいつもおれのことを気にしていると思うのだが、じつのところは、彼女は彼女自身のことだけを気にしているのだ。

気に入られたいという一般的な欲求に動かされて、男をひきつけようとする気持ちはそういった手段を思いつかせる。気まぐれは、うまく手加減しなければ、相手を失望させるだけだろう。それをたくみに按配することによってこそ、男をひきつけようとする女は、その奴隷となる者をつなぐこのうえなく頑丈な鎖をつくりあげるのだ。

あらゆる技巧をもちいて、女は
その網で新しい恋人をとらえようとしている。
すべての男に、また、いつでも、同じ顔を見せるようなことはせず、
女は時に応じて態度と様子を変える。*

こういう技巧はすべてなににもとづいているのか。女性の鋭い、たえまない観察にもとづいているとしか考えられない。それは、男性の心のうちに起こることを一瞬ごとに見ぬかせ、彼女がみとめるあらゆる隠れた感情に必要な力を加えて、それを静めたり、

強めたりさせることになる。ところで、こういう技巧は学んで得られるものだろうか。いや、それは女性とともに生まれるのだ。女性はみんなこういう技巧をそなえているし、男性は同じ程度にそれをもっていたことはけっしてない。それは女性の特徴の一つだ。気転、洞察力、鋭い観察力が女性の知恵だ。それを巧妙に利用するのが女性の才能だ。

これがあるとおりのことだ。なぜそうでなければならないかということもすでに見た。女性はうそつきだ、と人はわたしたちに言う。女性はそうなるのだ。女性に固有の天分は、器用であることであって、うそつきであることではない。女性のほんとうの傾向からいえば、うそを言っているときでも、うそつきではないのだ。なぜあなたがたは女性の口からその考えを聞こうとするのか、口が語るのではないのに。目、顔色、息づかい、おびえた様子、弱々しい抵抗、そういうものによって女性の考えを知るのだ。自然が女性にあたえているそういう言語によって女性はあなたがたに答えるのだ。口ではいつも、いいえ、と言うし、そう言うのが当然なのだ。けれども、女性がそれにあたえている抑揚はいつも同じではないし、この抑揚はいつわることはできない。女性は男性と同じ欲求をもちながらも、男性のようにそれをあらわに示す権利はもっていないではないか。正当な欲望を感じているときにさえ、使うことができない言語と同じ意味をつたえる言語をもたないとしたら、女性の運命はあまりにも苛酷なことになる。羞恥心(しゅうちしん)が女性を不幸にしなければならないのだろうか。それとははっきり言わずに自分の心の願いをつたえる技術が女性には必要なのではないか。あたえたいと熱望しているものを奪わせるために、女性はどれほどの巧妙さを必要としていることだろう。男のことなど考えてもいないような様子をしながら男の心を動かすことを学ぶ、それは女性にとってどんなにたいせつなことか。ガラテアのりんごとそのまずい逃げかたはじつに魅力のあることばではないか。*それになにをつけくわえる必要があろう。柳の木陰を通ってあとを追ってくる羊飼いに、あたしはあなたをおびきよせるために逃げているだけよ、と言ったものだろうか。そんなことを言ったとしたら、彼女はうそをついていることになる。それではもう、羊飼いをおびきよせることにはならないからだ。女性はつつしみがあればあるほど、自分の夫にたいしてさえ、いっそう技巧をもちいることになる。そうだ、男をひきつけようとする気持ちも、その限界を越えなければ、つつしみのある、誠実なものにすることになり、節度にかなった掟にすることになるのだ、とわたしは言いたい。

わたしの論敵の一人はきわめて正しいことを言った。徳は一つのものだ、それを分解して、ある部分を承認し、他の部分を拒否することはできない、と。徳を愛している人は、完璧な形でそれを愛している。そして考えてはならないことには、できれば心を、そしていつも口を閉ざしている。道徳的な真実はあるがままのことではなく、よいことだ。悪いことは行なってはならないのだが、それはけっして人にうちあけてはならない。とくにそのうちあけ話が、うちあけなければ生じなかったにちがいない結果をもたらすばあいにはそうだ。わたしが盗みに心を誘われたとしたら、そして、それを話すことによってほかの者を仲間になるように誘ったとしたら、わたしの感じた誘惑をかれに告げることは、その誘惑に屈することではないか。羞恥心は女性をうそつきにするなどとなぜあなたがたは言うのか。だれよりも羞恥心など失ってしまっている女性は、別のことでもほかの女性よりも正直なのだろうか。とんでもない。そういう女は千倍もうそつきなのだ。身についたあらゆる不徳、いつもたくらみとうそのおかげで支配する不徳によってのみ、人はそういうひどい堕落にたどりつくにすぎない。(二〇)はんたいに、まだ恥を知っていて、あやまちを誇るようなことをせず、欲望を感じさせる男性にむかってさえその欲望を隠すことをこころえている女性、男性が本心をうちあけさせるのにこのうえなく骨の折れる女性は、ほかのことでもこのうえなく正直で、まじめで、すべての約束を固く守るひと、そして、一般的にいって、その忠実さにこのうえなく信頼できるひとなのだ。

右のような考察のよく知られた例外としてその名をあげることができたひととしては、わたしはランクロ嬢*ひとりしか知らないといってもいい。だからランクロ嬢は奇跡的な存在とされていた。女性の美徳を軽蔑して、彼女は、わたしたち男性の美徳をもっていた、ということだ。人々は彼女の率直さ、公正な気性、けっしてまちがいをおかさない交際、忠実な友情を、ほめたたえている。さらに、その名誉を完璧にするものとして、彼女は男装していたといわれている。けっこうなことだ。しかし、どんなに高い名声を得ていたとしても、わたしはそういう男装の麗人を、愛人としてはもちろん、友人としてももちたいとは思わなかったろう。

すべてこういったことは見かけほど場ちがいのことではない。女性の羞恥心とそのいわゆるうそを笑いものにする近代哲学の格率はなにをめざしているのかわたしにはわかっている。この哲学のもっとも確実な効果は現代の女性がまだもっているすこしばかりの貞操観念を失わせることだろう、ということもわかっている。

こうした考えにもとづいて、一般に、どんな種類の教養が女性の精神にふさわしいか、また、どんな対象のうえに女性の考察を若いときから向けさせなければならないかを決定することができる、とわたしは思っている。

すでに述べたように、女性の義務を知ることはやさしいが、それを実践することはもっとむずかしい。女性が第一に学ばなければならないことは、自分の利益を考えてその義務を好ましいものにすることだ。これがそれを容易に実践できるようにするただ一つの方法だ。それぞれの状態、それぞれの年齢にはそれにふさわしい義務がある。自分の義務を好ましいものにすれば、それをすぐにみとめることができる。女性の状態にあることを名誉とするがいい。そうすれば、どんな階級に生まれているとしても、あなたがたはかならず正しい女性になるだろう。かんじんなことは自然がわたしたちをつくったままのものであることだ。人間があるように望んでいるものにはいつでも十二分になれる。

抽象的、理論的な真理の探求、諸科学の原理、公理の探求、観念を一般化するようなことはすべて、女性の領分にはない。女性が勉強することはすべて実用にむすびついていなければならない。男性の発見した原理を適用することが女性の仕事であり、また、男性を原理の確立に導く観察を行なうのが女性の仕事である。自分の義務に直接関係ないことにおける女性の考察はすべて、男性についての研究か、趣味だけを目的とする楽しい知識にむけられなければならない。天才を必要とする仕事は、女性の能力をこえているからだ。女性はまた、十分の正確さと注意力をもたないから、精密科学には成功しない。そして、自然認識についていえば、それは、男女のうち、いっそう活動的で、外へでかけることが多く、多くのものを見ている者がすべきことだ。いっそう力があり、力をもちいる機会の多い者こそ、感官にふれる存在の関連について、自然の法則について考えるべきだ。力が弱く、家の外にあるものをぜんぜん知らない女性は、自分の弱さをおぎなうために働かせることができる動因を評価し判断するのだが、この動因とは男性の情念だ。女性が知っている力学はわたしたちの力学よりずっと効果的で、そのすべての梃子(てこ)は人間の心を揺り動かすことになる。女性は、自分にはできないこと、しかも自分にとって必要なこと、あるいは楽しいことをすべて、わたしたち男性にさせる技術を知っていなければならない。だから、女性は、男性の精神を徹底的に研究する必要がある。抽象的な男性一般の精神ではなく、自分の周囲にいる男性の精神、法律によってにせよ、世論によってにせよ、自分が従属させられている男性の精神を研究しなければならない。かれらのことば、行動、まなざし、身ぶりから、かれらの感情を洞察することを学ばなければならない。自分のことば、行動、まなざし、身ぶりによって、そんなことを考えている様子を見せないで、自分にとって好ましい感情をかれらに起こさせることができなければならない。彼女にくらべてかれらはもっとよく人間の心を哲学的に考察する。しかし彼女はかれらよりもっとよく人々の心を読みとる。いわば、倫理の実験をするのが女性の仕事で、それを体系にまとめるのがわたしたち男性の仕事なのだ。女性にはいっそう多くの才気があり、男性にはいっそう多くの天才がある。女性は観察し、男性は推論を行なう。この協力から人間の精神が自分の力で獲得できるかぎりの明晰な知識と完璧な学問、一言でいえば、人間が到達しうる、自己とほかのものについてのもっとも確実な認識がもたらされる。そして、こんなふうにして、自然からあたえられた道具を技術がたえず完全なものにしていくことになる。

世の中というものが女性の読む書物だ。よく読めないとしたら、それは女性が悪いのだ。それともなんらかの情念に目をくもらされているのだ。それにしても、一家の母にふさわしいひとは、社交界の女性になるようなことはしないで、修道院にいる修道女とほとんど変わらないくらいに家のなかにひっこんでいる。だから、これから結婚する若い女性には、修道院にはいる女性にしてやるようなこと、あるいは、してやるのが当然であるようなことを、してやる必要があるだろう。つまり、快楽を断念させるまえに、見捨てることになるその快楽を見せてやることだ。そうしないと、彼女たちが知らない快楽のいつわりの姿がいつか心を惑わし、ひきこもった生活の幸福をみだしにやってくるおそれがある。フランスでは娘たちは修道院で暮らし、妻たちは社交界をかけまわっている。古代人にあっては、まったく反対だった。娘たちには、すでに言ったように、いろいろと遊びや公けのお祭があった。妻たちはひっこんで暮らしていた。そういうしきたりはいっそう道理にかなっていたし、いっそうよい習俗を維持させていた。これから結婚する娘たちにはある種の嬌態は許されている。遊び戯れることは娘たちの大きな関心事だ。妻たちにはほかに心をむけなければならないことが家にあるし、もう夫をみつける必要もないのだ。しかし妻たちは、そういう改革はひきあわないと思うにちがいないし、それに、困ったことに、彼女たちは支配者になっている。母たちよ、せめてあなたがたのお嬢さんをあなたがたの仲間に入れてやるがいい。お嬢さんに正しい感覚と誠実な魂をあたえておいて、それから、けがれのない目でみつめられることはなにも隠さないようにするがいい。舞踏会、宴会、賭けごと、芝居でさえそうだが、よく見ないと思慮にとぼしい若いひとにとって魅力となることもすべて、健全な目にはいくらひろげて見せても危険にはならない。そういう騒々しい楽しみごとは、よく見れば見るほど、いっそうはやくいや気がさしてくるだろう。

わたしに反対して叫ぶやかましい声が聞こえてくる。そんな危険なお手本を見て、それに見ならわないでいられる娘がどこにいるのか。ちょっとでも社交界をのぞくと、娘たちはみんなぼうっとしてしまう。社交界を見捨てたいと思う娘はひとりもいない。そういうことにもなるだろう。しかし、そういう人をだます光景を見せるまえに、あなたがたは、それを見ても心を動かされないように十分によく娘たちを仕込んでおいたろうか。それが示しているものについて十分によく知らせておいたろうか。それらをあるがままに描いて見せておいたろうか。つまらないものが生みだす錯覚にたいして十分に警戒させておいたろうか。そういう乱痴気のうちにはみいだされないほんとうの楽しみにたいする趣味を若いひとたちの心にあたえておいたろうか。心を迷わせるいつわりの趣味から娘たちを護ってやるために、あなたがたはどんな用心をしたか、どんな方策を講じておいたか。一般の偏見の影響に対抗できるものをなにか娘さんたちの心に植えつけるどころか、あなたがたはその偏見を育てていた。やがてわかってくるあらゆるくだらない楽しみを、娘たちに見ないうちから、好ませるようなことをしていた。さらに自分がそういうことにうちこんで、それを娘たちに好ませるようなことをしている。社交界にはいっていく若いひとたちには母親のほかには付き添いはいないのだが、その母親はたいてい娘たちよりもさらに頭がくるっていて、自分の見方とはちがう見方で娘たちにものごとを見させることはできない。理性そのものより強くはたらく母親の手本は、娘たち自身にたいして娘たちを弁護し、母親の権威は娘にとって反駁の余地ない弁解となる。母親が娘を社交界に案内することをわたしが望んでいるとしても、それは、社交界をあるがままに見させるものと仮定してのことだ。

悪はもっとはやくからはじまる。修道院はいつわりのない、嬌態を教える学校だ。わたしが話した節度のある嬌態ではなく、女性のあらゆる悪癖をもたらし、まったく常軌を逸したきざな女をつくりだす嬌態を教えるのだ。そこを出て、いきなり騒がしい社交界にはいった若い女性たちは、すぐに自分の本来の場所におかれたような感じをもつ。彼女たちはそういうところで生活するように育てられたのだ。そこで満足しているからといって驚く必要があろうか。ここで言おうとしていることを肯定するにあたって、わたしは、偏見を事実ととりちがえているのではないかと懸念をもたずにはいられないのだが、一般的にいって、カトリックの国にくらべてプロテスタントの国ではいっそう家庭に愛着がもたれ、いっそう尊敬すべき妻、やさしい心をもった母が見うけられるような気がする。そして、もし、それがほんとうなら、このちがいは一面において修道院の教育によることは疑うことができない。

和やかな家庭生活を愛するためには、そういう生活を知っていなければならない。子どものときからその快い雰囲気を感じていなければならない。生家にいてこそ自分の家にたいする好みをもつことになるのだし、母に育てられなかった女性はみんな、自分の子どもを育てることを好まない。不幸なことに、大都会ではもう私的な教育は行なわれなくなっている。大都会では交際がひじょうに一般的になり、人々が混じり合っていて、ひっこんでいようにも隠れ家もなく、自分の家にいても公衆に取り巻かれている。だれとでもつきあっているうちに、家庭はなくなってしまっている。自分の両親さえほとんど知らず、他人のようにかれらをながめている。そして家庭生活の素朴な風俗はその魅力となっていたやさしい親しみとともに失われていく。こうして人は、現代の快楽と、明らかに現代を支配している原則とにたいする趣味を、乳房とともに吸っている。

娘たちの様子を見て結婚するおめでたい連中をみつけるために、娘たちには表面的な拘束が加えられている。しかし、しばらくそういう若い女性を研究してみるがいい。しおらしい様子をしながらも、彼女たちは心に燃えているみだらな望みを隠しおおせはしないし、その目には母親がしているようなことをしたいという強い願いがもう読みとられる。彼女たちがほしがっているのは夫ではなく、放恣な結婚生活なのだ。夫なしでもやっていける手段がいくらでもあるのに、夫などなんの必要があろう。ただ、そういう手段を隠しておくために夫が必要なのだ。(二二)顔のうえにはつつしみがあるが、心の底にはみだらな思いがあり、いつわりのつつしみそのものがそのしるしだ。そんなものはできるだけはやい機会にはらいのけられるようになるために装っているにすぎない。パリやロンドンの女性たちよ、どうか、わたしを宥していただきたい。どんな国にも奇跡が存在しないわけではあるまい。しかしわたしはそういうものを知らない。そこで、もしあなたがたのうちのただの一人でもほんとうに誠実な心をもっているとしたら、わたしはあなたがたの教育についてなにひとつ理解していないのだ。

そうしたいろいろな教育はすべて同じように、若いひとたちを世間の楽しみにたいする趣味に、さらに、その趣味からすぐに生まれてくる情念にひきわたすことになる。大都会では堕落は生まれると同時に始まり、小さな都会では理性の時期とともに始まる。地方の若い娘たちは、めぐまれたその素朴な習俗を軽蔑することを教えられ、いそいでパリにやってきて、わたしたちの頽廃した習俗を身につける。才能という美しい名称にかざられた不徳が、そういう娘たちの旅行の唯一の目標なのだ。そして、やってくると、パリの女性たちの高尚な放縦さとはひどくかけはなれている自分に気がついて、それを恥ずかしく思い、彼女たちもまもなく首都の女性にふさわしい者になる。どこで悪は始まるのか、よくない計画を立てるところでか、それとも、計画を実行するところでか、うかがいたいものだ。

娘を地方からパリに連れてきて、地方の人たちにとってひじょうに有害な光景を見せるようなことを、分別のある母親にさせたくないものだ。けれども、そういうことになったとしても、悪い教育をうけていなければ、その娘にとってはそういう光景もたいして危険なことにはなるまい、とわたしは言おう。趣味と感覚とまじめなことにたいする好みがあれば、その光景は、それに誘惑される人たちが考えているほど魅力のあるものとは考えられない。パリでは、頭のない女性が地方からやってきて、たちまちパリ風の女になり、半年のあいだもてはやされて、あとは一生のあいだ爪はじきにされる、といったようなことはだれでも見ている。けれども、そのあらゆる喧騒にいや気がさし、ほかの者がうらやましく思っている境遇とくらべてみた自分の境遇に満足を感じて、また地方へ帰っていく女性もあることに、だれが気がついているのか。夫にパリにつれてきてもらった若い妻が、妻を喜ばせるためにパリに定住しようと思えばいくらでもそうすることができる夫の考えを、はんたいに思いとどまらせ、やってきたときよりもうれしげに帰り仕度をしながら、出発の日の前の晩、「ねえ、あたしたちの田舎の家に帰りましょう、パリの邸宅で暮らすよりも家で暮らしていたほうがよっぽどしあわせですわ」と感動をこめて語る、そういったことはわたしはどれほど見ていることだろう。偶像のまえにひざまずくようなことをしないで、そのばかげた信仰を軽蔑している善良な人たちがまだどれほどいることか、人はそれを知らない。騒ぎ立てられる女は愚劣な女だけだ。賢明な女性はセンセーションを起こすようなことはしない。

一般的な頽廃にもかかわらず、普遍的な偏見にもかかわらず、よくない女子教育にもかかわらず、多くのひとがまだしっかりした判断力をもちつづけているとするなら、その判断力が適当な教育によって育てられていたばあいにはどうだろう。あるいは、もっと正確にいえば、それが悪い教育によって変質させられていなかったばあいには、どうだろう。問題はいつも自然の感情をたもたせる、あるいは、回復させることにあるのだ。

そのために必要なのは、あなたがたの長ったらしいお説教で若い娘たちをたいくつさせることでもなければ、ひからびた教訓をくどくど言いきかせることでもない。男女いずれにたいしても、教訓はすべてよい教育の死をもたらす。陰気な教訓は、それをあたえる人たちを、そしてそういう人たちが言ういっさいのことを、きらわせるのに役だつにすぎない。若い女性にむかって語るばあいには、彼女たちの義務に恐れを感じさせたり、自然が彼女たちにあたえている軛（くびき）をさらに重くしたりするようなことを言うべきではない。そういう義務を説明するときには、簡明にわかりやすく述べるがいい。義務をはたすのはつらいことだと考えさせてはならない。気むずかしい顔を見せたり、えらそうなふうをしたりしてはならない。心につたえられることはすべて心から出ていくことになる。道徳の教理問答も宗教の教理問答と同じように簡単明瞭でなければならないが、同じように重々しい調子をもつべきではない。女性の義務そのもののうちに女性の喜びの源と、女性の権利の拠りどころがあることを教えるがいい。愛されるために愛すること、幸福な者になるために愛すべき者になること、服従させるために尊敬すべき者になること、自分に敬意をはらわせるために自分に敬意をもつこと、こういうことが、そんなに骨の折れることだろうか。こういうことはなんというすばらしい権利だろう。なんという尊敬すべき権利だろう。女性がそれをもちいることをこころえているなら、それは男性の心にとってどんなに貴いものとなることか。それを楽しむには歳月を待つ必要はない、老年になる必要はない。女性の権威はその美徳とともに確立される。その魅力があらわれはじめるとすぐに、女性はもうそのやさしい性格によって君臨し、そのつつましい態度を威厳にみちたものにする。愛らしくしとやかな十六歳の娘、口かずがすくなく、人の言うことに耳をかたむけ、動作にたしなみの深さを示し、ことばにまじめな考えかたをうかがわせる娘、美しさも自分の性と若さを忘れさせることなく、臆病な態度そのものによって人をひきつけ、すべての人に尊敬をはらうことによって自分を尊敬させることをこころえている、そういう娘のかたわらにいるとき、どんなに感じのにぶい粗野な男にしろ、荒っぽい態度をやわらげ、もっといんぎんな調子をとることになるのではあるまいか。

こういう結果は、外面的なことであるにせよ、つまらないことではない。それはたんに感官の感じる魅力にもとづいているのではない。それは、わたしたちがだれでも感じている、女性は生まれながらに男性の価値の判定者であるという内面の感情から発している。女性に軽蔑されたいと思っている者があろうか。世のなかに一人もいない。もう女性を愛したいとも思っていない男でさえ、そうは思わない。わたしは女性にひどく残酷な真実を語っているのだが、このわたしは女性の判断に無関心でいられる、とあなたがたはお考えだろうか。そんなことはない。読者よ、しばしば女性よりももっと女性的なあなたがたに支持されるよりも、女性に支持されるほうがずっとわたしはうれしいのだ。女性の習俗を軽蔑しながらも、わたしはまだ女性の公正さには敬意をはらいたい。わたしは女性にきらわれてもかまわない。わたしを尊敬させることになればそれでいい。

女性がそういう力をはたらかせることを知っていたとしたら、それによってどれほど多くの偉大なことがなしとげられることだろう。女性がその影響力を失っている時代、女性の判定が男性になにももたらさなくなっている時代は不幸なことよ。それは堕落の最後の段階だ。よい習俗をたもっていた民族はすべて女性を尊敬していた。スパルタを見るがいい。ゲルマン人を見るがいい。ローマを見るがいい、かつてこの地上に名誉と美徳の住む都があったとしたら、まさにその都であったあのローマを。そこでは女性たちは偉大な将軍たちの戦功をたたえ、祖国の父となった人々のために公衆のまえで涙を流し、女性たちの喜びや悲しみは国家的なことについてのもっともおごそかな判定として敬意をはらわれていた。そこでは大きな変革はすべて女性から起こった。ある女性のおかげでローマは自由を獲得した。ある女性のおかげで平民は執政官になる資格を得た。ある女性のおかげで十大官の圧制が終わりを告げた。攻囲されたローマは祖国を追われた者の手から女性たちのおかげで救われた。* 粋なフランスの男たちよ、冷やかし好きのきみたちの目のまえをあんなおかしな行列が通るのをながめたとしたら、きみたちはどんなことを言ったろう。やじりながらあとについて行ったにちがいない。わたしたちは同じことをまったくちがった目でながめているのだ。だが、たぶん、わたしたちはどちらも正しいのだ。フランスの美しい貴婦人がたでその行列をつくってみるがいい。それよりもだらしのない行列をわたしは知らない。ところが、その行列をローマの女性たちで構成してみるがいい。きみたちはみんなウォルスキ人の目とコリオラヌスの心をもつことになる。

わたしはそれ以上のことを言おう、そして、美徳は恋愛にとっても、ほかのあらゆる自然の権利にとってと同じように、有利であること、それによって愛人の権威も妻や母の権威と同じように大きくなることを主張したい。感激がなければほんとうの恋愛はないし、現実のものにせよ、架空のものにせよ、いずれも想像のうちに存在する完璧な対象がなければ、感激はない。その完璧なものになんの意味も感じなくなって、愛するもののうちに官能の喜びの対象だけを見ている恋人たちはなにに情熱を感じることになるのか。いや、そんなことでは心は燃えあがりはしないし、恋人たちの狂乱と、かれらの情念の魅力を生みだすあの強烈な興奮にとらえられもしない。恋愛においてはすべては錯覚にすぎない。たしかにそうだ。ただ、現実にあるのは、恋を感じさせるほんとうに美しいものにたいしてわたしたちを興奮させる感情だ。その美しいものは愛する対象のうちにはない。それはわたしたちの心の迷いから生まれる。しかし、それがどうだっていうのか。それでもやっぱり人は、想像から生まれるその完璧なもののために、あらゆる卑俗な感情を捨てることになるではないか。いとしいひとがもっていると考えられる美徳に感動させられることになるではないか。人間の自我の卑劣さから離れることになるではないか。愛する女のために自分の身を犠牲にしようとはしないほんとうの恋人がどこにいるのか。そして、死をもとめる男のどこに粗野な官能的な情念があるのか。わたしたちは物語の騎士たちを嘲笑しているとすれば、それは、その騎士たちは恋を知っていたが、わたしたちはもう放蕩しか知らないからだ。そういう物語ふうの格率がこっけいなことになりはじめたとき、この変化は理性がつくりだしたものというよりも、むしろ忌まわしい風俗がつくりだしたものだったのだ。

どんな時代にあっても、自然の関係は変わらないし、その関係から生じてくるよいこと、いけないことはいつでも同じなのであって、理性の名を僭称する偏見はその見かけを変えるだけだ。自分を支配することはいつでも偉大でりっぱなこととされるだろう。気まぐれな意見に従うためであろうと、それは同じことだ。そして、ほんとうの名誉になる動機は、自分の状態のうちに人生の幸福をもとめることをこころえている、ものを考えるあらゆる女性の心にいつも語りかけるだろう。なにかしら高貴なものを心にもっている美しい女性にとっては、とくに貞潔ということは甘美な徳とされるだろう。地上のすべてのものが彼女の足もとにひざまずいているのを見るとき、彼女はすべてを、そして彼女自身を征服している。彼女は、すべてのものがそこへきて敬意を捧げる王座を自分の心のなかに築きあげている。両性のやさしい、あるいはねたましい感情、しかしいつも尊敬の念にみたされた感情、万人の高い評価と彼女自身の評価、それが、すぐに終わる戦いをいつも名誉のみつぎものでつぐなってくれる。満たされない思いはすぐに消え去るが、その代償はいつまでも残る。美にむすびついた誇り高い徳、高貴な魂にとっってそれはなんという喜びだろう。騎士物語の女主人公を現実に再現させてみるがいい。て、その美しさが失われたのちにも、その光栄と喜びはさらに残ることになるだろう。そし彼女はライス*やクレオパトラよりもっと甘美な快楽をたのしむことになるだろう。彼女ひとりだけが過去を楽しむことができるだろう。*

義務がいっそう偉大な骨の折れることであれば、その根拠となる道理もいっそうはっきりしたこと、強固なことでなければならない。このうえなく重大な問題について、若い女性たちに耳にたこができるくらい言い聞かせながら、なっとくさせることにならない、信心ぶったある種の言語がある。若い女性たちの考えていることとあまりにも釣り合わないそういう言語を聞かされ、心のなかでそれをばかにしていると、自分の好みにすぐに屈服してしまう習慣が生まれる。それに抵抗する理由が事物そのものからひきだされていないからだ。賢明にそして敬虔に育てられた娘はたしかに誘惑に耐える強力な武器をもっている。しかし、心に、というよりむしろ耳に、信心ぶったたわごとばかり注ぎこまれている娘は、ひとたび巧妙な男があらわれて誘惑するとかならずその餌食になる。若く美しい女性は自分の体（からだ）を軽蔑するようなことはけっしてない。自分の美しさが犯させる恐ろしい罪を心から悲しむようなことはけっしてない。自分が欲望の対象になっていることを本気に神のまえで嘆くようなことはけっしてない。心に感じるこのうえなく快い感情が悪魔のつくりだしたものであるなどとは自分ではとても信じられない。事物に即した、そして彼女自身になっとくのいく別の理由を言って聞かせるがいい。信心ぶったことは彼女の心を動かしはしないのだから。さらにいけないのは、ほとんどかならずそういうことになるのだが、彼女の観念を矛盾させること、彼女の肉体と魅力を罪にけがされたものとして卑しめ、恥ずかしい思いをさせたあとで、こんどは、そんなに軽蔑すべきものにしておいた同じ肉体をイエス・キリストの宮居（みやい）として尊敬させることだ。あまりにも崇高な観念とあまりにも卑しい観念は同じように不十分だし、たがいにむすびつかない。女性にふさわしい、またその年齢にふさわしい理由が必要だ。義務についての考察は、わたしたちに義務をはたさせる動機に言及しなければ効果がない。

禁じられているために過ちをおかさない女は過ちをおかしているのだ。*

こんなきびしい判断をくだしているのがオウィディウスだとは考えられまい。

そこで、若い女性によい行ないを好ませるようにしたいと思うなら、たえず、賢い女になりなさい、などと言うのはやめて、賢くなることに大きな利益を感じさせるがいい。知恵のねうちを完全にわからせるがいい。そうすれば知恵を好ませることになる。その利益も遠い将来からもってくるのでは十分ではない。現在のこととして、その年齢のいろいろな関係のうちに、思いを寄せる男性の性格のうちに、それを示してやるのだ。まじめな男性、すぐれた男性を描いて見せるがいい。そういう男性を見わけ、愛することを、自分のために愛することを、教えるがいい。そういう男性だけが、女性を、友だちとしても、妻あるいは愛人としても、幸福にすることができることを証明してやるがいい。理性を通して美徳を教えるがいい。女性の権力とあらゆる利益は、たんに自分の正しい行動、よい行ないによって得られるものではなく、男性の素行、行動にも依存していること、女性はいやしい低劣な人々にたいしてはほとんど力をもたないこと、男性は美徳に仕えることができるようであってこそ、愛人に仕えることができること、そういうことをわからせるがいい。そうすれば、現代の風俗を描いてみせるとき、心からの嫌悪を感じさせることになるのは確実だと思っていい。世間でいまもてはやされている連中を見せれば、そういう連中を軽蔑させることになる。かれらの格率には嫌悪を、かれらの感情には反感を、かれらのくだらないごきげんとりには侮蔑を感じさせ、もっと高貴な野心を、偉大で力づよい魂を支配したいという野心を、スパルタの女性たちの野心を生まれさせることになる。スパルタの女性の野心は男性に命令することだった。大胆で、恥知らずで、陰謀を好む女性、ただ媚びることによって恋人たちをひきつけることができ、ただ好意を示すことによってかれらをひきとめておける女性は、いやしいありふれたことでは恋人たちを下僕のように服従させるが、重大なことになると、かれらにたいしてなんの権威ももたない。ところが、節度もあり、好ましくもあり、賢明でもある女性、思いを寄せる男性たちに尊敬を感じさせずにはおかない女性、控え目でつつましい女性、一言でいえば、愛を敬意によって支える女性は、ちょっと合図をするだけで男性たちを世界のはてへ、戦場へ、光栄の庭へ、死へ、どこへでも彼女の好きなところへ、おもむかせる。（二三）こういう権力はすばらしいし、つらい思いをしても手に入れるねうちは十分にある、とわたしには思われる。

どういう方針のもとにソフィーが教育されたかは以上のとおりだ。彼女はそれほど人に苦労をかけることなく、十分の心づかいをうけ、生来の好みを妨げられることなくむしろそれを育てられてきた。つぎに、わたしがエミールに描いてみせた肖像によって、また、エミール自身が自分を幸福にしてくれる妻を想像しているとおりに、ソフィーの人柄についてかんたんに述べることにしよう。

わたしはたぐいまれなものは問題にしない、ということはいくらくりかえしてもよけいなことにはなるまい。エミールはたぐいまれな人間ではないし、ソフィーもまたそういうものではない。エミールは男、そしてソフィーは女だ。これがかれらの名誉のすべてだ。わたしたちのあいだに支配している性の混同を考えれば、自分の性にふさわしい者であるということはたぐいまれなことともいえよう。

ソフィーは生まれのいい、善良な天性をもつ女性である。ひじょうに感じやすい心をもち、なみはずれて強い感受性のために、ときにはいろいろと想像をめぐらして、それをなかなか押さえることができないこともある。彼女は、正確な精神というよりも鋭い精神をもち、気立てはやさしいが、むらがないわけではなく、容姿はふつうだが好感をあたえ、顔だちにはしっかりした人間を予告するいつわりのないしるしが見られる。人は彼女に近づくときには無関心でいられるかもしれないが、彼女から離れていくときには感動せずにはいられない。彼女には欠けているすぐれた性質をもった女性たちはいる。彼女がもっているものも、もっと豊かにそなえている女性たちはいる。けれども、彼女のように、いろいろな性質がうまく組み合わさって、めぐまれた性格をつくりあげている女性はいない。彼女はその欠点になることさえうまく利用することを知っている。彼女は、もっと完璧な女性だとしたら、人をひきつけることがずっと少なかったにちがいない。

ソフィーは美人ではない。けれども、彼女のそばにいると、男性は美しい女性たちのことを忘れてしまうし、美しい女性たちも自分に不満になってくる。一見したところでは、彼女はきれいだともいえないくらいなのだが、見ているうちにだんだん美しくなってくる。ほかの多くの女性たちが失うところで、彼女は獲得する。そして、獲得されたものはもう失われない。もっと美しい目、美しい口、もっと人の目に立つ姿のひとはいるかもしれない。しかし、もっと均整のとれた体、もっと美しい顔色、白い手、かわいい足、やさしいまなざし、印象的な容貌のひとはいないだろう。彼女は人を眩惑させはしないが、人の関心を呼び起こす。彼女は人を魅惑する、しかし人は、それはなぜなのか言うことはできない。

ソフィーは身を飾るものを好んでいるし、それについてよく知ってもいる。ソフィーの母親にはソフィーのほかに別に小間使いはいない。ソフィーは豊かな趣味をもっていて、じょうずに身じまいをする。けれども、ぜいたくな衣裳はきらいだ。彼女の衣裳にはいつも簡素なものに結びついた優雅なものが見られる。彼女ははでなものは好まない、よく似合うものを好んでいる。流行の色はどういう色かということは知らないが、自分をひきたたせてくれる色はじつによく知っている。彼女のように、無造作に身じまいしているように見えながら、凝った服装をしている若い女性は一人もいない。その服装のどの部分もいいかげんに選ばれてはいない。しかも、どこにもわざとらしさが感じられない。彼女は見かけはひじょうに質素な身なりをしているが、じっさいにはひじょうにおしゃれなのだ。彼女は自分の魅力をひろげて見せるようなことはしない。それを覆いかくしているのだが、かくしながらも、それを人に想像させることをこころえている。彼女を見て、人は言う、つつましくて、おとなしい娘だ、と。けれども、彼女のそばにいるかぎり、人々の目と心は彼女の全身にそそがれ、そこから離れることはできないし、ごく簡素なその服装のすべての部分は、一つずつ想像によってとりのけられるようにそこにおかれているのではないかという気がする。

　ソフィーには生まれつきの才能がいろいろある。彼女はそれを感じているし、それをなおざりにはしていない。けれども、彼女は、いろいろと考えてそれを育てる便宜をあたえられなかったので、きれいなその声で、正確に、じょうずに歌うこと、かわいいその足で、かるがると、容易に、優美に歩くこと、どんな場合にもらくな姿勢で、まごつかないで敬礼すること、そういうことを練習するだけにとどめていた。それに、彼女には、父親のほかには歌の先生はいなかったし、母親のほかにはダンスの先生はいなかった。また、近くにいたオルガンの先生がクラヴサンでいくらか伴奏を教えてくれたことがあるが、その後、彼女はひとりでそれをつづけていた。はじめは、その黒い鍵(けん)のうえにうまく手をやることだけしか考えていなかったのだが、ついで彼女は、クラヴサンの乾いた鋭い音が音声をいっそう快いものにすることに気がついた。すこしずつ彼女は和声に敏感になってきた。やがて、大きくなるにつれて、表現の美しさがわかるようになり、音楽そのものが好きになってきた。しかしそれは、才能というよりもむしろ趣味である。彼女は曲を音符で読むことは知らない。

ソフィーがいちばんよく知っていること、なによりも念を入れて教えられもしたこと、それは、女性の仕事であり、ふつうには考えられないようなこと、たとえば、衣服を裁(た)ったり縫ったりすることさえ教えられていた。縫針をつかってする仕事で彼女にできないことは一つもないし、喜んでしないことも一つもない。しかし、彼女がほかのどんなことよりも好んでいる仕事は、レース編みだ。それ以上に見た目に快い姿勢をとらせるも、ほかに一つも仕事は、それ以上優美に、そして軽快に、指先を訓練させる仕事は、ほかに一つもないからだ。彼女はまた、こまごました家事のあらゆることも勉強していた。彼女は料理や配膳のことをこころえている。品物の値段を知っている。品質についても明かるい。家計簿をきちんとつけることを知っている。彼女は母親の司厨長（しちゅうちょう）の役をしている。自分もいつかは一家の母親になるように生まれついている彼女は、父親の家を管理しながら、自分の家を管理することを学んでいる。彼女は召使いたちのすることを、代りにすることができるし、いつでも喜んでそうしている。人は、自分ができることでなければ、けっしてうまく他人にやらせることはできない。こういう理由で母親は、彼女にそういうことをさせているのだ。ソフィーにはそこまでは気がつかない。彼女の第一の義務は娘としての義務で、現在のところは、彼女はその義務だけをはたそうと心がけている。彼女が念頭においているただ一つのことは、母親の役にたつこと、母親の重荷をいくらかでも軽くしてやることだ。とはいえ、正直のところ、彼女はすべての仕事を同じように喜んでしているわけではない。たとえば、彼女は、食いしんぼうなくせに、お料理は好きではない。そのこまごましたことには、なにかしら彼女に嫌悪を感じさせるものがある。そこにはどうしても十分の清潔さがみいだされないのだ。清潔ということに彼女はあまりにも敏感で、その度をすぎた敏感さは彼女の欠点の一つになっている。彼女は、袖を汚さないように、料理はすべて焼きものにしたいと思っているのだ。同じ理由で、彼女は菜園を見廻ることをいつも喜ばなかった。彼女には土は不潔に見える。堆肥を見るとすぐに、いやな匂いがするように思われる。

彼女のそういう欠点は、母親に教えられたことがもとになっていた。彼女の母親の考えでは、女性の義務のなかで、たいせつなことの一つは、清潔ということだ。それは自然から命じられた、免れることのできない特別の義務なのだ。不潔にしている女ほどいやらしいものは世の中にはないし、そういう女に愛想をつかす夫はけっしてまちがっていることにはならない。母親は娘に子どものときからやかましくその義務を教え、体を清潔にするように、衣類、部屋、仕事、身じまいについても、それをやかましくいいつけたので、それに十分に気をくばるのが習慣になって、彼女はそのためにかなり長い時間をとられ、ほかの時間にも、そのことばかり気にしているのだ。だから、なにをするにしても、彼女には、よくするということは二次的にしか考えられず、清潔にするということがいつも真先に考えられるのだ。

とはいえ、そういうことは、むなしい気どりや、弱々しい生活態度に堕することはなかった。それは繊細なぜいたく趣味とは全然ちがうものだ。彼女の部屋では、ふつうの水のほかには使われたことがない。彼女は花の香りのほかには香りを知らないし、彼女の夫は彼女の息より快いものを吸うことはあるまい。さらに、彼女が外面的なことにはらう関心も、彼女の生活と閑暇がもっと高貴な仕事の賜物であることを忘れさせはしない。魂をけがすことになるまで極端に体を清潔にするようなことを、彼女は知らない、あるいは、軽蔑している。ソフィーは清潔な女性以上のものだ。彼女は清純な女性だ。

ソフィーは食いしんぼうだ、とわたしは言った。彼女は生まれつきそうだった。けれども習慣によって節制をまもるようになったし、いまでは徳性によってそうしている。男の子はある程度まで食いしんぼうを利用して指導していけるが、女の子はそうはいかない。女性にたいしては、そういう傾向は大したことではない、ということにはならない。それを放っておくのはあまりにも危険なことだ。子どものころ、かわいいソフィーは、ひとりで母親の小部屋へはいっていくと、かならずしもなにももたずには出てこなかったし、あめやボンボンにはけっして誘惑されないわけではなかった。母親は、彼女をつかまえ、叱り、罰を加え、食べものをやらなかった。そのうちにやっと母親は、ボンボンが歯を悪くすること、また、あまりたくさん食べるとふとることを、彼女にわからせることができた。そしてソフィーは悪いくせをあらためた。成長するにつれて、ほかの趣味をもつようになり、そういういやしい楽しみを忘れるようになったのだ。女も男と同じように、心情がめざめてくると、食いしんぼうは主な悪癖ではなくなる。ソフィーは女性にふさわしい好みをもちつづけている。彼女は乳製品や甘いものが好きだ。ケーキやアントルメが好きで、肉はあまり好きではない。ぶどう酒も強いリキュールもけっしておいしいと思ったことはない。それに、彼女はなんでもごく控え目に食べている。女性は男性ほど骨を折らないから、それほど多くの消耗を回復する必要はない。なににならず、彼女はおいしいものが好きで、その味覚をたのしむこともできる。彼女はまた、おいしくないものでがまんすることもできるし、まずいからといって、つらい思いをさせられることはない。

ソフィーには輝かしいものではないが快い精神、深遠ではないがしっかりした精神がある。人の話題にされることのない精神、というのは、彼女のうちに人は自分よりもすぐれた精神も劣った精神もみいださないからだ。彼女には、彼女に語りかける人々をいつも喜ばせる精神がある。といってもそれは、女性の精神の教養についてわたしたちがいだいている観念からすれば、それほど花々しいものではない。彼女の精神は読書によって形づくられているのでなく、両親との会話によって、彼女自身の反省によって、さらに、彼女が逢った少数の人々についての観察によって形づくられているからだ。ソフィーは生まれつき快活で、子どものころにはふざけ好きでもあった。けれども母親は、すこしずつソフィーの浮わついた態度を落ち着かせるように心がけた。やがて、あまりにも急激な変化がそういう心づかいを必要としていた時を教えるということになってはいけないからだ。だから、彼女は、つつましく控え目になる時期がまだこないうちからそうなった。そして、その時期がきている今、身についた調子をもちつづけている彼女は、その変化の理由を示すことなくそういう調子になるばあいよりも、らくな気持ちでいられるのだ。彼女がときに習慣の名残りから子ども時代の活発さに身をゆだねているかと思うと、すぐに、自分をかえりみて、沈黙し、目を伏せ、顔を赤らめる様子を見るのは、おもしろいことだ。二つの時期の中間期は、どうしても、二つの時期のどちらにもいくらか似ていることになる。

ソフィーはたいへん感受性が強くて、完全にむらのない気分をもちつづけることができない。けれども、彼女はたいへんやさしいので、その感受性は他人にとってそれほどやりきれないものにはならない。それは彼女自身にだけつらい思いをさせる。人が彼女の心を傷つけるようなことを一言でもいったとすれば、彼女は頬をふくらませはしないが、胸がいっぱいになり、向こうへ行って泣くためにその場をのがれようとする。涙を流しているときに、父親か母親が彼女を呼び、一言でもなにかいえば、すぐに、よく目をぬぐい、すすり泣きを押さえながらやってきて、遊んだり笑ったりする。

彼女にはまた、気まぐれなところが全然ないわけではない。すこし気分が高ぶると、それは反抗に変わって、自分を忘れるようなこともしかねない。けれども、自分にかえる余裕をあたえてやれば、自分の過ちをつぐなう彼女の態度は、その過ちを一つの手柄とさえ考えさせる。罰をうけると、従順にそれに耐え、彼女の恥ずかしさは罰をうけたことではなく、よくないことをしたためであることがわかる。なにも言われなかったとしても、彼女は自分から過ちをつぐなうことをけっして忘れない。しかも、じつに率直に、すこしもいやな顔を見せずにそうするので、人はいつまでも彼女を責めることはとてもできない。いちばん低い身分の召使いのまえで頭を地面にすりつけることになるとしても、そういうへりくだった態度をとるのが彼女にはすこしも苦痛とは感じられない。そして、人から宥されるとすぐに彼女が示す喜びとやさしいふるまいとは、その善良な心がどれほどの重荷から解放されたかを教えてくれる。一言でいえば、彼女はしんぼうづよく他人の過ちに耐え、喜んで自分の過ちのつぐないをする。わたしたちがだめにしてしまうまえの女性の好ましい天性はそういうものだ。女性は男性に従うように、男性の不正をさえ耐えしのぶように生まれついている。少年にはそんなことをさせることはとてもできない。内面の感情が立ちあがって、不正にたいしてかれらを反抗させる。自然は、不正にがまんできるようにかれらをつくってはいない。

ペレウスの扱いにくい息子の
いまわしい怒り。*

ソフィーは宗教を信じているが、それは道理にかなった単純な宗教で、教理などほとんど知らないし、信心ぶったこともあまりしない。というよりも、道徳のほかには実践すべき本質的なことを知らない彼女は、よいことを行なうことによって、生活のすべてを捧げて神に仕えている。両親は、この点について教えるばあいにはいつも、彼女に尊敬の念にみちた服従の習慣をつけさせるようにし、いつもこう言っていた。「こういう知識はあなたの年ごろにはよくわからないものだ。適当な時がくればあなたの夫になった人がそれについて教えてくれるだろう」と。それにまた、長々と信仰の話をするようなことはしないで、両親は、自分たちが示すお手本によって教えを説くだけにしているが、そのお手本は彼女の心に深く刻みこまれている。

ソフィーは美徳を愛している。その愛は彼女のなによりも強い情熱となっている。美徳よりも美しいものはなにもないからこそ、彼女はそれを愛しているのだ。美徳は女性に名誉をもたらすからこそ、そして、有徳な女性はほとんど天使にひとしい者に見えるからこそ、彼女はそれを愛しているのだ。美徳は幸福へみちびくただ一つの道と考えて、また、恥しらずな女の生活には悲惨、孤独、不幸、汚辱しか見られないからこそ、彼女は美徳を愛しているのだ。さらにまた、尊敬すべき父親、やさしいすぐれた母親に親しいものとして、それを愛しているのだ。両親は、自分たちの美徳によって幸福であるだけでは満足しないで、彼女の美徳によっても幸福になることを願っているし、彼女自身の第一の幸福も、両親に幸福をもたらすことができるという希望なのだ。そういう感情のすべてが彼女にある感激をあたえ、彼女の魂を高めさせ、彼女のいろいろな小さな好みをすべて高貴な情熱に服従させている。ソフィーは生涯の最後の瞬間まで貞潔に正しい生きかたをするだろう。彼女は心の底からそれを誓っているし、そういう誓約を守り通すにはどんなに骨が折れることかもうわかっていたときにそれを誓ったのだ。官能が彼女を支配することになっていたとしたら、そういう約束を取り消したにちがいないときに、それを誓ったのだ。

体質は冷たいくせに虚栄心から媚態を示し、人を喜ばせることよりも人目に立つことを願い、楽しみごとをもとめて喜びをもとめない、愛すべきフランスの女性、ソフィーはそういう女性である幸運にめぐまれていない。愛したいという欲求だけが彼女を悩ませ、にぎやかな祝いごとがあるときでも、それが彼女をぼんやりとさせ、心を落ち着かせないことになる。彼女は以前のような快活さをうしなっている。遊び戯れることはもう彼女のすることではなくなっている。彼女は孤独のわびしさを恐れるどころか、それをもとめている。人気ないところをうれしいところにしてくれる人のことをひとりで考えている。どうでもいいような人はすべて煩わしく感じられるのだ。彼女には、ちやほやしてくれる多くの人ではなく、一人の愛してくれる人が必要なのだ。彼女は、ただ一人のまじめな人に気に入られ、いつまでもその人に気に入られるほうが、流行を追う人々に彼女をたたえる感嘆の声を上げさせるよりも、ずっと好ましいと思っている。そういう感嘆の声は、一日のあいだのことで、あくる日は嘲りの声に変わってしまうのだ。

女は男よりも早くから判断力ができあがっている。ほとんど子どものときから身を護らなければならない状態におかれていて、もちつづけていくことのむずかしいものを託されている女性には、よいこと、悪いことは、必然的にいっそう早くから知られている。ソフィーは、彼女の体質がそうさせているのだが、なにごとにおいても早熟で、同じ年ごろのほかの娘にくらべても早くから判断力ができあがっている。それは別にたいして異常なことでもない。成熟はいつでも同じ時期に同じようにもたらされるものではない。

ソフィーは女性と男性との義務と権利を教えられている。男性の欠点と女性の不徳を知っている。はんたいの美点と徳も知っていて、それをすべて心の底に銘記している。品行の正しい女について彼女がいだいている観念よりも高い観念を人はもつことはできないのだが、その観念も彼女を脅えさせはしない。けれども彼女は、品行の正しい男性、すぐれた男性のことを考えていっそううれしい気持ちになる。自分はそういう人のためにつくられていること、そういう人にふさわしい女であること、自分はその人からうける幸福にむくいることができること、そういうことを彼女は感じている。自分はその人をきっと見わけることができる、と彼女は感じている。問題はただ、その人にめぐりあうことだ。

男性が女性の価値の判定者として生まれているように、女性は男性の価値の判定者として生まれている。これは両者の相互的な権利だ。そして両者はいずれもそのことを知らないのではない。ソフィーはその権利を知り、それをもちいているが、彼女の若さ、経験の乏しさ、彼女の境遇にふさわしいつつましさをもってそれをもちいている。彼女は自分の能力でわかることにしか判断をくださないし、それがなにか有益な格率を示してくれるばあいにしか判断をくださない。彼女は、その場にいない人のことはいつもできるだけ慎重な態度で語っている。それが女性のことであるばあいにはとくにそうしている。女性に悪口を言わせたり、あてこすりを言わせたりするのは、同性について語るときだ、と彼女は考えている。男性について語っているかぎり、女性はいつも公平なのだ。だからソフィーは男性について語るだけにしている。女性については、彼女は自分が知っているよいことを知らせるときでなければ、けっして語らない。同性の人にはそういう尊敬をはらわなければならないと彼女は信じているのだ。だから、どんなことでほめればいいのかわからない女性については、彼女は全然なにも言わないのだが、それでよくわかることになる。

ソフィーは社交界のしきたりをほとんど知らない。しかし彼女は親切で、よく気がつき、なにをするのにもしとやかにする。めぐまれた天性がいろいろな技巧よりもいっそうよく彼女の役にたっている。彼女は独特のある種の礼儀をこころえている。それは形式にこだわらず、流行にしばられず、流行とともに変わることもなく、なにごともしきたりによってするようなことはしない、人に喜ばれようとするまじめな願いから生まれた、人に喜ばれる礼儀だ。彼女はみえすいたおせじを知らないし、さらに凝ったおせじを考えだすようなこともしない。「痛みいります」、「大へん光栄に存じます」、「そんなことはなさらないで」といったようなことを彼女は言わない。気のきいたことを言おうなどとはなおさら思いつかない。人の親切、おきまりの礼儀にたいして、彼女はお辞儀をするか、かんたんに「ありがとう」と言う。けれども、このかんたんなことばも、彼女の口で言われると、まるでちがったひびきをもつ。ほんとうの心づくしにたいしては、彼女はその心を語らせるが、彼女の心がみいだすのはおせじではない。彼女はフランスのしきたりが見せかけの礼儀の軛に彼女をしばりつけるのにとても耐えられなかった。たとえば、一つの室から別の室へ移るときに、こちらで支えてやりたくなるような六十の老人の腕に手をまかせるようなことには耐えられなかった。いんぎんを気どった男がそんなよけいな世話をやこうとすると、おせっかいな男の腕を階段のところにおいてきぼりにして、わたくしはびっこではありません、と言いながら、さっと部屋へ跳びこんでいく。彼女は、背は高くないけれども、けっしてハイヒールをはこうとはしなかった。足が十分に小さい彼女はハイヒールなどはく必要はないのだ。

彼女は婦人たちにたいしてばかりでなく、既婚の男性、あるいは彼女よりずっと年上の男性にたいしても口数を少なくし、尊敬にみちた態度をとっている。人に言われてどうしてもそうしなければならないときのほかには、彼女はけっしてそういう人たちの上手に席を占めることを承知しないだろうし、できればすぐに、そういう人たちの下手にある自分の席に帰っていくだろう。彼女は、年長者には、なによりも尊敬されなければならない知恵があるものと考え、年長者の権利は女性の権利に優先することを知っているからだ。

自分と同じ年ごろの青年にたいしては、話は別だ。かれらに尊敬されるにはちがった調子をとる必要があるのだが、ソフィーは、彼女にふさわしい、つつしみぶかい態度を捨てなくても、そういう調子をとることができる。かれらもまたつつしみぶかい控え目な青年であるなら、彼女はかれらにたいしては、喜んで若い年ごろに好ましい親しみをもちつづけるだろう。無邪気さにみちたかれらとの話は陽気な、しかしたしなみを忘れないものとなるだろう。まじめな話になるなら、彼女はそれが有益なものとなることを願っている。つまらない話になってくると、彼女はすぐに話をやめさせてしまうだろう。女性にちやほやする連中のくだらないたわごとを、女性にたいするはなはだしい侮辱として、彼女はとくに軽蔑しているからだ。自分がもとめている男性はそういうたわごとを言わないことを彼女はよく知っているし、自分の心の底に銘記している性格をもつ男性にふさわしくないことを、ほかの男性から聞くこともけっして快く思ってはいない。女性の権利ということについて彼女がいだいている高貴な見解、純粋な感情が彼女にあたえている誇り高い魂、彼女が自分のうちに感じている、そして彼女を彼女自身の目にも尊敬すべきものと感じさせている力づよい美徳は、甘ったるいことばで彼女の関心をそそろうとする人々の話を聞くとき、彼女に烈しい怒りを覚えさせる。そういうことばを聞くとき、彼女は怒りを表面にあらわしはしないが、皮肉な喜びを見せて相手をまごつかせるか、思いがけない冷たい調子でそれに答える。美しいフェビュス*が彼女にむかっていろいろと気のきいたことを言い、才気にみちたことばで彼女をほめちぎり、彼女の才気、美しさ、しとやかさ、彼女の心をとらえる者の大きな幸福、などについて語るとしたら、彼女は、それをさえぎって、鄭重にこんなことを言ってのける娘なのだ。「わたくしは、そういうことについてはあなたよりもよく知っているのではないかと思って心配でたまりませんの。おたがいに、そんなことよりもっとおもしろいことをお話することがなければ、これでお話はやめにしてもいいと思いますわ。」そう言うと同時に、ていねいに頭を下げたかと思うと、その青年から二十歩はなれたところにいる、というようなことも、彼女にとっては、いつでも、あっと言うまにできることだ。こういうつむじまがりの娘を相手に長いあいだおしゃべりをつづけているのはやさしいことかどうか、あなたがたのやさ男にきいてみるがいい。

とはいっても、それがまじめな話であるなら、人が彼女について語っているよいことをその人がじっさいにそう考えていると彼女に思われるなら、彼女は人からほめられるのをそれほど好まないわけではない。彼女のすぐれた点に心を動かされている様子を見せるためには、まずそのすぐれた点を示さなければならない。評価にもとづいた敬意は彼女の誇り高い心を喜ばせるが、いんぎんなおどけはいつも撃退される。ソフィーはおどけ者の小ざかしい才能を訓練させるために生まれついてはいない。

ひじょうに成熟した判断力をもち、あらゆる点で二十歳の娘くらいにできあがっている十五歳のソフィーは、両親から子どもとして扱われることはないだろう。両親は、彼女に青春の悩みがみとめられるようになるとすぐに、その悩みが大きくならないうちに、いそいでその対策を講じるだろう。両親はやさしい、分別のある話を聞かせてやるだろう。やさしい、分別のある話とは、彼女の年齢と性格にふさわしい話だ。その性格がわたしの思い浮かべているようなものとすれば、父親は彼女にむかって、だいたいこんなふうに話をするのではあるまいか。

「ソフィー、あなたはもう大きな娘だ。そして、娘が大きくなるのは、いつまでも娘でいるためにではない。わたしたちはあなたが幸福になることを願っている。わたしたちがそう願っているのはわたしたちのためなのだ。わたしたちの幸福はあなたの幸福にかかっているからだ。品行の正しい娘の幸福は品行の正しい男に幸福をもたらすことだ。だから結婚ということを考えなければならない。早くからそのことを考えなければならない。結婚によってこそ人の運命はきまるのだし、それを考える余裕はけっして十二分にあたえられてはいないからだ。

よい夫を選ぶということくらいむずかしいことはない。もっとも、よい妻をえらぶことはもっとむずかしいかもしれない。ソフィー、あなたはその容易にみいだせない妻になるのだ。わたしたちの生涯の名誉となり、わたしたちの老年の幸福になるのだ。けれども、あなたがどんなすぐれたものをもっているとしても、地上にはあなたよりももっとすぐれたものをもっている男もいないわけではない。あなたを手に入れることを名誉と思わないような者はひとりもいないが、あなたをさらに名誉ある者にするような者もたくさんいる。その多くの者のなかから、あなたにふさわしい一人をみつけだすこと、その人を知り、その人に知られることが問題なのだ。

このうえない幸福な結婚は、じつに多くの一致にかかっていて、そのすべてを寄せ集めようとするのは、おろかなことだ。まずいちばん重要な点をたしかめなければならない。ほかの点でもふさわしいなら、たいへん仕合わせだが、そうでなくても、気にしなくていい。完全な幸福は地上にはみいだされないが、もっとも大きな不幸、しかし、かならず避けることのできる不幸は、自分の過ちによって不幸になるということだ。

自然の一致ということがあり、制度による一致ということがあり、人々の意見だけにもとづいている一致ということがある。両親はあとの二つの種類の一致の判定者で、子どもだけが第一の種類の一致の判定者だ。父親の権威によってむすばれる結婚は、制度による一致と意見にもとづく一致だけに従ってきめられる。結婚させられるのは人ではなく、身分と財産なのだ。けれども、そういうものはみんな変わるかもしれない。人だけはいつまでももとのままで、どこへいっても一緒にいる。運命がどうであろうと、人格的な関係によってこそ、結婚は幸福にもなり不幸にもなる。

あなたのお母さんは身分の高い家に生まれた。わたしは金持ちだった。そういうことだけを考えて、わたしたちの両親はわたしたちを一緒にした。わたしは財産をなくしてしまった。お母さんは家名を失ってしまった。一族の人たちから忘れられているこんにちでは、お姫さまに生まれたことがお母さんにとってなんの役にたつだろう。災難にあったとき、わたしたちの心の結びつきがあらゆることでわたしたちを慰めてくれた。わたしたちの趣味の一致はわたしたちにこの隠れ家をえらばせた。わたしたちはここで貧しいながらも幸福に暮らしている。わたしたちはおたがいにあらゆるものに代わるものとなっている。ソフィーはわたしたち二人の宝物だ。わたしたちは、こういう宝物をあたえて、ほかのものをみんな取り上げてしまった天に祝福を捧げている。ねえ、ごらん、神の摂理がどんなところへわたしたちを導いてきたかを。わたしたちを結婚させたいろいろな一致は消え去っている。わたしたちはただ、ぜんぜん考慮されなかった一致のおかげで幸福になっている。

夫婦になる者にこそ相手が適当な人かどうか考えさせるべきだ。おたがいの好みが夫婦をむすびつける第一の絆になるべきだ。二人の目が、心が、最初の案内者になるべきだ。結ばれたとき、夫婦の第一の義務は、愛し合うことなのだから、そして、愛するか愛さないかは、わたしたちの意志ではどうにもならないのだから、その義務は必然的にもう一つの義務、結ばれるまえにまず愛し合わなければならないという義務をともなっているのだ。これは自然の権利で、なにものもそれを破棄することはできない。いろいろな社会的な掟によってその権利に制限を加えた人々は、結婚の幸福と市民の習俗よりも、表面的な秩序を重く見たのだ。ソフィー、あなたにもわかるように、わたしたちはあなたにむずかしい倫理を説いているのではない。あなたのことはあなたの自由にさせよう、あなたの夫の選択はあなたにまかせようとしているにすぎない。

あなたに完全な自由をあたえるわたしたちの理由を話したあとで、その自由を賢明にもちいるあなたの理由となることも話すのが当然だ。あなたは善良な、道理をわきまえた娘だ。あなたには正直な心、従順な性質がある。品行の正しい女性にふさわしい才能がある。魅力もないわけではない。けれども、あなたは貧しい。あなたは、もっとも高く評価されていい財産をもっているけれども、もっとも高く評価されている財産をもたない。だから、あなたが手に入れることができるものよりも多くのものを願ってはならないし、あなたの野心を、あなたの判断やわたしたちの判断によってではなく、人々の意見によって押さえるのだ。価値の平等ということだけが問題であるなら、あなたの希望をどこにとどめればいいのかわたしにはわからない。けれども、あなたの境遇よりも高いところに望みをかけてはいけないし、その境遇がもっとも低いところにあることを忘れてもいけない。あなたにふさわしいような男性は、そういう不平等を障害とは考えないにしても、そのばあいあなたはその人が考えないことを考えなければいけない。ソフィーはお母さんを見ならって、ソフィーを迎えることを名誉に思う家の人にならなければいけない。あなたは富み栄えていたころのわたしたちを知らない。あなたはわたしたちが貧しくなってから生まれた。あなたはわたしたちの貧しい生活を楽しいものにしているし、なんの苦痛も感じないでその生活を共にしている。ソフィー、わたしの言うことを信じるのだ。財産をもとめてはいけない。わたしたちは、そういうものからわたしたちを解放してくれた天に祝福を捧げている。わたしたちは、富を失ったのちにはじめて幸福を味わったのだ。

あなたは、好ましい娘だから、かならず人に気に入られるだろうし、貧しいといっても、ちゃんとした男が当惑させられるほど貧しいわけではない。あなたは人からもとめられるだろうが、わたしたちにふさわしくない人たちからもとめられるかもしれない。そういう人たちがありのままに自分を示すなら、あなたはかれらがどれだけ価値のある人か評価することになる。かれらの花やかな見せかけも長いあいだあなたをだますことにはなるまい。けれども、あなたは健全な判断力をもっていて、人々の価値というものをよく知っているとしても、経験を欠いていて、人間というものがどこまでお面をかぶることができるものか知らない。巧妙な詐欺師はあなたの趣味をしらべてあなたを誘惑し、あなたにたいして、自分がもってもいない美徳を装うかもしれない。そういう男は、ソフィー、あなたの気がつかないうちにあなたを破滅させるだろう。そして自分のまちがいに気がついたときには、あなたはもう泣くよりほかにしかたがないということになる。あらゆる罠(わな)のなかでいちばん危険なのは、理性も避けることのできないただ一つの罠は、官能のしかける罠だ。もし不幸にもそれにひっかかるようなことになったら、あなたには幻想と架空のものしか見えなくなる。あなたの目はなにかにひきつけられ、判断は混乱し、意志は弱くなり、心の迷いそのものが大切なものになってくる。そして、その迷いがわかる状態におかれたときにも目を覚まそうとは思わないようになる。娘よ、わたしはあなたをソフィーの理性にゆだねよう。あなたをソフィーの心の傾向にゆだねるのではない。あなたは、冷静でいられるあいだは、あなた自身を判断する者になっているがいい。けれども、恋を感じるようになったら、あなたの世話をまたお母さんにたのむのだ。

わたしはあなたに一つの取り決めを申し出よう。それはあなたにたいするわたしたちの尊敬を示すとともに、わたしたちのあいだにあらためて自然の秩序を確立する取り決めだ。両親が娘の夫を選び、娘には形式的に相談するだけ、というのがふつうのしきたりだ。わたしたちはおたがいのあいだでそれとまったく反対のことをしよう。あなたが選んで、わたしたちが相談をうける、ということにしよう。ソフィー、あなたの権利をもちいなさい。自由に、賢明にもちいなさい。あなたにふさわしい夫はあなたが選んだ人でなければならない。わたしたちが選んだ人であってはならない。けれども、あなたはまちがってふさわしい人だと思っているのではないか、それとは知らずに、心に願っていることとは別のことをしているのではないか、それを判断するのはわたしたちなのだ。生まれ、財産、身分、人々の意見などは、全然わたしたちの理由にはならないだろう。ちゃんとした人で、あなたの気に入った人、その性格があなたにふさわしい人を選びなさい。ほかの点がどうであろうと、わたしたちはその人を婿にすることにしよう。その人に腕があり、品行が正しい人、そして、自分の家族を愛する人ならば、その人の財産はかならず申し分のない財産ということになるだろう。その人の身分は、美徳によってそれを高貴なものにしている人ならば、かならず十分に輝かしい身分ということになるだろう。たとえ世界じゅうの人がわたしたちを非難するとしても、それがなんだろう。わたしたちは世間の賛成をもとめているのではない。わたしたちにはあなたの幸福だけで十分なのだ。」

読者よ、あなたがたの流儀で育てられた娘たちに、こういう話がどんな効果をあたえるか、わたしは知らない。ソフィーはといえば、彼女はそれにことばで答えることはできないだろう。恥ずかしさと感動が容易には自分の考えを言いあらわす余裕をあたえないだろう。しかしわたしは確信している、この話はその後一生のあいだ彼女の心のなかに刻まれていることだろう、そして、なにか人間が決心することであてにできることがあるとするなら、この話が彼女にさせる決心、両親の尊敬にふさわしい者になろうという決心だ、と。

事態を最悪に考え、長いあいだ待っていることをつらく感じさせるような熱い血を彼女にあたえてみたところで、彼女の判断力、知識、好み、繊細さ、そしてとくに、子どものころに彼女の心をはぐくんできた感情は、官能のはげしさに対抗するものをあたえ、それが官能を押さえさせるか、とにかく長いあいだそれに抵抗させることになる、とわたしは言おう。両親を悲しませ、価値のない男を夫にし、不似合な結婚の不幸に身をさらすくらいなら、彼女はむしろ独り身の悲しさの殉教者となって死んでしまうにちがいない。あたえられた自由そのものも、新たな魂の高揚を感じさせ、夫の選択についていっそう気むずかしくするばかりだ。イタリア女の血とイギリス女の感性とともに、彼女は、その心情と官能を押さえるものとして、恋人をもとめながらも、自分にふさわしいと考えられる恋人をそうすぐにみつけないスペイン女の誇りをもっている。

節度のあることにたいする愛はどれほどの生気を魂にあたえることになるか、また、有徳な人になりたいと心から願っている人のうちにはどれほどの力がみいだされることか、それを感じとるのはだれにでもできることではない。偉大なことはなにごとも空想的なことのように見える人、その卑俗な理性にたよっているために、気ちがいじみた美徳でさえ人間の情念にたいしてどんなに大きな力をもつことになるかをけっして知らない人がいる。そういう人たちに話をするにはどうしても実例によらなければならない。それでもがんこにかれらがそれを否定するなら、まことにお気の毒なことだ。ソフィーは架空の存在ではない、その名前だけがわたしの創作なのだ、その教育、品行、性格、姿さえも、現実に存在したのだ、そして、その記憶は今でもあるりっぱな家の人々の涙を誘うものとなっているのだ、と言ったとしても、もちろんかれらはそんなことはいっさい信用しないだろう。それにしても、ソフィーそっくりの一人の娘の物語をありのままに語り終えるとしても、わたしはどんな損をすることになるのか。この物語はソフィーの物語かもしれない、それはなにも驚くべきことではない、ということになるのではないか。それがほんとうの話であることを人が信じようと信じまいと、たいしたことではない。わたしは、人がそう言いたいなら、作り話をしたことになるのだが、とにかくわたしの方法を説明したことになるし、とにかくわたしの目標にむかって進むことになる。

その年若い女性は、わたしがソフィーにあたえたような体質をもっていたが、そのほかにも、ソフィーとあらゆる点で似ていて、ソフィーという名で呼んでもさしつかえないくらいだったので、わたしは今までどおりそのひとをこの名で呼ぶ。わたしがお伝えしたような話をしたあとで、彼女の父親と母親は、自分たちが住んでいる村にいては、結婚の相手もあらわれないだろうと考え、彼女を都会にいる叔母の家へやって一冬を過ごさせ、その叔母には内密に娘の旅行の目的を知らせてやった。誇り高いソフィーは自分にうちかてるという高貴な自負を心の底にもっていたし、どんなに夫を必要としていたとしても、それを探しに行く気になるくらいなら、むしろ娘のまま死んでしまうにちがいなかったからだ。

彼女の両親のもくろみに協力するために、叔母は多くの家に彼女を紹介し、集まりやお祝いに連れて行き、彼女に世間を見せてやった、というよりも彼女を世間に見せてやった。ソフィーはそういう騒々しいことにあまり関心をもたなかったのだ。それにしても、たしなみもあり、つつましくもあるように見える好ましい姿の青年たちを、彼女は避けてはいないことがわかった。控え目にしていても、彼女はなにかしら青年たちをひきつける技巧を身につけていた。それは媚態にかなり似たものだった。けれども、二、三回、青年たちと話をしたあとで、彼女はがっかりしてしまった。やがては、敬意をうけいれるようにみえる*重々しい様子はやめて、彼女はもっと謙遜な態度と、もっとそっけない鄭重さを示すようになった。いつも自分のことは自分で気をくばっていて、ほんのちょっとしたことでも心づくしを見せる機会を青年たちにあたえなかった。つまり、彼女はかれらの恋人になりたいとは思っていなかったのだ。

感じやすい心をもつ人々が騒々しい楽しみを好んでいたためしはない。なんにも感じない人々、生命を無感覚にすることが生命を楽しむことだと考えている人々の、なにもたらさない、むなしい幸福をもとめたことはない。ソフィーは、もとめていたものをみいだすこともなく、こんなところにそれはみいだされないと絶望して、都会がいやになってしまった。彼女は心から両親を愛していた。両親のかわりになるものはなにひとつなかった。両親のことを忘れさせるようなものはなにひとつなかった。帰ることになっていた日がくるずっとまえに、彼女は両親のところへ帰っていった。

父親の家でまた自分のつとめをするようになってまもなく、以前と同じようにふるまいながらも、彼女の気分が変わったことに両親は気がついた。ぼんやりしていたり、いらいらしたりする。淋しそうにしていたり、夢想にふけっていたりする。人に隠れて泣いている。はじめは、彼女は恋をしているので、恥ずかしがっているのだと思われた。両親はその話をしてみたが、彼女はそれを否定した。自分の心にふれるような人に逢ったことはないと断言したソフィーは、嘘をついているのではなかった。

それにしても、彼女の悩みはたえず大きくなり、健康もおとろえてきた。母親は、この変わりかたに不安になって、どうしてもその原因を知ろうと決心した。母親は彼女をだれもいないところへ連れていって、やさしい母親の愛情だけがもちいることを知っている心にしみいることばと、抵抗できない愛撫とを彼女にたいしてもちいてみた。嬢や、あなたはあたしのおなかの中にいたのですよ、そしていつでもあたしは心のなかであなたのことを考えているのですよ、さあ、あなたの心の秘密をお母さんの胸にうちあけなさい。お母さんにもわからないその秘密は、いったいどんなことなの？　あなたのお父さまとあたしのほかに、だれがあなたの苦しい気持ちをかわいそうだと思ってくれるでしょう。だれがその苦しみを一緒に苦しんでくれるでしょう、だれがその苦しみを軽くしてあげたいと思うでしょう。ああ、嬢や、あなたの苦しみのために、それがどんなことかも知らずに、あたしが死んでもいいと思っているの？

つらい気持ちを母親に隠すどころか、年若い娘にとって、母親が自分を慰めてくれるのは、うちあけ話をきいてくれるのは、願ってもないことだった。けれども、恥ずかしさが話をすることをさまたげていたし、彼女のつつましい心は、彼女にまったくふさわしくない状態を描いてみせるはっきりしたことばをみいだせず、いやおうなしに官能をかきみだす感動があるばかりだった。結局、彼女の恥ずかしがっている様子そのものが母親に手がかりをあたえることになり、彼女にその耐えがたい思いをうちあけさせることになった。不当な叱責のことばで娘を悲しませるようなことはしないで、母親は、彼女を慰め、あわれみ、彼女のために涙を流した。母親は賢明だったから、娘の美徳だけがひどくつらいものに感じさせている不幸を罪悪視するようなことはしなかった。けれども、なぜ必要もないのに苦しいことをがまんしているの。その苦しみを治す薬はすぐにみつかるし、毒になるわけでもないのに。あたえられた自由をなぜもちいようとしないの。なぜ夫をきめようとしないの。なぜ選ぼうとしないの。あなたの運命はあなたひとりの意志できまること、あなたはどんな人を選ぶにしても、りっぱに選ぶにちがいないのだから、同意されるにちがいないことを、よく知っているのに。あなたは都会に連れていかれたけれど、そこにとどまっていようとはしなかった。いくつか縁談ももちこまれたけれど、みんなはねつけてしまった。いったいなにを待っているの。なにを望んでいるの。ほんとうにわけがわからないこと！

返事はかんたんだった。青春の悩みにたいする救いをもとめるだけのことなら、選択はすぐにできる。けれども、一生のあいだ主人となる人をみつけるのはそうやさしいことではない。それに、その二つの選択を分けることはできないのだから、どうしても待たなければならない。生涯をともに過ごしたいと思う男性をみつけるまでに、青春を失ってしまわなければならないこともしばしばある。これがソフィーの場合だった。彼女は恋人を必要としていたのだが、その恋人は夫になる人でなければならなかった。そして、彼女の心がもとめているような人は、恋人にしても、夫とほとんど同じように、なかなかみつからなかった。あの輝かしい青年たちはみんな、彼女と年齢が似合いだというにすぎなかった。そのほかの点ではいつも欠けていた。かれらの薄っぺらな精神、虚栄心、つまらない話、しまりのない行動、くだらない模倣に彼女は嫌悪を感じていた。彼女は一個の男子をもとめていたのに、猿みたいなものしかみいだせなかった。彼女は一つの魂をもとめていたのに、それを全然みいだせなかった。

あたしはなんて不幸な女なのでしょう、と母親にむかって彼女は言うのだった。あたしは愛する必要を感じているのに、あたしの心を喜ばせてくれるものはなにひとつみあたりません。あたしの心はあたしの官能がひきつける人たちをみんなはねつけます。わたしの欲望を刺激しない人は一人もいないけれど、欲望を失わせることにならない人は一人もみあたりません。尊敬をともなわない好みは長つづきしないでしょう。ああ、あなたのソフィーがもとめているのはそういう男性ではありません。魅力的な理想像があまりにもはっきりとソフィーの心に刻みつけられています。ソフィーはそれとちがう人を愛することはできません。それとちがう人を幸福にすることはできません。そういう人と一緒にならなければどうしても幸福になれません。自分が愛してもいない男性、不幸にしている男性と一緒にいて絶望しているくらいなら、ソフィーはたえず悩み、戦っていたほうがいい、不幸であっても、だれにも束縛されない女として死んでいったほうがいい。苦しむために生きているだけなら、もう生きていないほうがいいのです。

こういう意外なことばに驚いた母親は、それはあまりにも奇妙なことで、そこにはなにか秘密があるにちがいないと考えた。ソフィーは才女気どりの女でも、笑いものにされるような女でもなかった。そういう極端に気むずかしい好みがどうして彼女らしい好みということができたろう。一緒に暮さなければならない人たちに満足すること、そして、必然を徳とすることを、ソフィーは子どものときから、どんなことよりもよく教えられていたではないか。ソフィーがそんなに強くひかれている、そして、彼女の話にいつもたびたび出てくる、好ましい男性の理想像、それが母親に、そういう気まぐれにはなにか自分がまだ知らない別の根拠があるのではないか、そしてソフィーはまだなにもかも話していないのではないか、と考えさせた。人の知らない苦しみの重荷にあえいでいた、かわいそうな娘は、ひたすら心をうちあけたいと願っていた。母親は娘をせめたてる。娘は言いよどむ。やっと彼女は降参する。そして、なにも言わずに部屋を出て行ったかと思うと、すぐに帰ってくる。手に一冊の本をもっている。あなたの不幸な娘をあわれんでください。この悲しみを慰めてくれるものはないのです。涙はいつまでたっても涸(か)れるときはないでしょう。あなたはその原因を知りたいと思っていらっしゃる。さあ、これが原因です。彼女はそう言って、本を机のうえに投げ出す。母親はその本をとりあげて、ひらいてみる。それは「テレマークの冒険*」だった。母親には、はじめ、その謎(なぞ)は全然わからない。いろいろと問いただし、はっきりしない返事をきいているうちに、ようやく、娘がエウカリスの恋敵になっていることがわかる。母親の驚きは容易に考えられるだろう。

ソフィーはテレマークを愛していたのだ。しかも、なにものも静めることができない情熱をこめて愛していたのだ。父親と母親は娘の熱狂ぶりを知ると、笑いだして、道理の力で娘を正気にかえらせることができると思った。それはかれらの思いちがいだった。道理は完全にかれらの味方になってくれるわけではなかった。ソフィーにも道理はあったし、彼女はそれを主張することを知っていた。かれらに反対してかれら自身の考えかたをもちだすことによって、かれら自身がすべての不幸をつくりだしたこと、現代の男性にふさわしいようにかれらが彼女を教育しなかったこと、彼女は夫の考えかたをとりいれるか、夫に自分と同じ考えをもたせるか、どちらかにする必要がどうしてもあること、かれらが娘を育てるにあたってとったやりかたは、第一の道を不可能にしていること、もう一つの道こそまさに彼女がもとめている道であること、こういうことを示すことによって、彼女はいくたびかれらに沈黙を余儀なくさせたことだろう。彼女はこう言うのだった。あたしの格率によって生きている男性、それともあたしがそれに従わせることができる男性をあたえてくだされば、あたしはその人と結婚します。けれども、それまでは、あたしをお叱りになる理由はありますまい。あたしをあわれんでください。あたしは不幸な女なので、気ちがいではないのです。心は意志の力でどうすることもできません。お父さま自身そうおっしゃったではありませんか。存在しないものを愛しているからといって、それはあたしのまちがいでしょうか。あたしは幻想をえがいているのではありません。王子さまが欲しいというのではありません。テレマークをさがしているのではありません。それは架空の人物にすぎないことはあたしも知っています。あたしはただテレマークに似ているだれかをもとめているのです。そして、そのだれかも存在するはずがないとはどうして言えましょう。テレマークの心にとてもよく似た心を自分のうちに感じているあたしは存在しているのに。いいえ、そんなふうに、人類の名誉を傷つけるようなことはいたしますまい。好ましい有徳な男性は幻影にすぎないと考えるようなことはいたしますまい。そういう方は存在するのです、生きているのです。その方は、たぶん、あたしをさがしているのです。その方を愛することができる魂をもとめているのです。けれども、それはどんな方でしょう。どこにいるのでしょう。あたしにはわかりません。ただ、その方はあたしが逢った人たちのなかにはいないのです。たぶん、これからあたしが逢う人たちのなかにもいないでしょう。ああ、お母さま、なぜあなたは、あたしにとって美徳をあまりにも好ましいものになさったのです。あたしは美徳だけしか好きになれないとしても、それは、あたしではなく、あなたが悪いからです。

この悲しい物語を破局にいたるまでつづけたものだろうか。その破局に先だつ長いあいだの葛藤（かっとう）を話したものだろうか。たまりかねた母親がはじめのころのやさしい態度を捨てて、きびしい態度をとる場面を描いたものだろうか。腹を立てた父親が最初の約束を忘れてほかのだれよりも有徳な娘を気ちがいあつかいにする様子を示したものだろうか。さらに、その幻影が彼女に耐え忍ばせている迫害のために、なおさらそれに執着している不幸な娘が、徐々に死への道をたどり、両親が婚礼の席へ連れていくつもりでいたときに墓の中へ降りていく、その姿を描いたものだろうか。いや、そういう忌まわしい光景は遠ざけよう。そんなに詳しい話をしなくても、人々の心を動かすにたるものと思われる一つの実例によって、現代の風俗から生まれる偏見にもかかわらず、まじめなこと、美しいものにたいする感激は、女性にとっても、男性にとってと同じように、無縁のものではないこと、そして、自然の指導のもとでは、男性と同じように女性からも、獲得されないものはなにひとつないことを証明することができる。

ここで、人はわたしをさえぎって、度を越えた欲望を押さえるためにそんなに苦しい思いをすることを自然は命じているのかとたずねる。わたしは答える。そうではない、しかし自然はそんな度を越えた欲望をわたしたちにあたえているわけでもない、と。ところで、自然でないことはすべて、自然に反することだ。わたしはそれを何回となく証明した。

わたしたちのエミールにかれのソフィーをあたえることにしよう。その愛すべき娘をよみがえらせ、それほど強くない想像力ともっとめぐまれた運命をあたえてやることにしよう。わたしはふつうの女性を描きたいと思っていた。ところが、彼女の魂を高いところへ導いていくうちに、彼女の理性を混乱させてしまった。わたし自身、道に迷ってしまった。あとへ引き返すことにしよう。ソフィーはみんなと同じような魂のうちによい天性をもっているにすぎない。ほかの女性にくらべて彼女がよけいにもっているものはすべて、その教育の結果なのだ。

わたしはこの書物において、行なうことができるすべてのことを述べ、わたしが述べたよいことで、各自の力でできることの選択は、読者にまかせようと考えた。わたしははじめ、エミールの妻をはやくから教育することを考え、一方を他方にふさわしいように、そして両者を一緒に、教育することを考えた。しかし、よく考えてみると、あまりにも先ばしったそういうお膳立てはすべて筋の通らないやりかただし、その結婚が自然の秩序にかなったことかどうか、結婚させるのに適当な関係を両者がたがいにもっているかどうか、それもわからないうちに、いずれ二人の子どもを結婚させるということにするのは不条理なことだ、とわかった。未開の状態において自然のことと、社会状態において自然のこととを混同してはならない。第一の状態においては、すべての女性はすべての男性にふさわしい。両者はいずれもまだ原始的な共通の形態をもっているにすぎないからだ。第二の状態においては、各人の性格は社会制度のおかげで発達しているし、各人の精神は、教育だけからではなく、自然のものと教育との、正しく秩序づけられた、あるいはそうでない、協力から、固有のきまった形態をうけとっているので、ここでは、男女があらゆる点でたがいにふさわしいかどうか知るために、あるいは、少なくとも、そういうふさわしい点をいちばん多く示している選択をするために、かれらをたがいに引き合わせたあとでなければ、組み合わせることはできないようになっている。

不幸なことに、社会状態は人々の性格を発達させるとともに、身分を区別する、そしてこの二つの秩序の一方は他方と同じようなものではないから、身分が区別されればされるほど、ますます性格は混同される。そこでふさわしくない結婚が行なわれ、そこから派生するあらゆる混乱がみられる。だから、明瞭な結果として、平等から遠ざかれば遠ざかるほど、いよいよ自然の感情は変質することがわかる。高貴な人と卑賤な人との間隔が大きくなればなるほど、ますます夫婦の絆(きずな)はゆるみ、金持ちと貧乏人がふえればふえるほど、父親や夫は少なくなる。主人にも奴隷にも家庭はなくなっている。両者はいずれも自分の身分だけを見ている。

弊害を防止して、幸福な結婚をさせようとするなら、偏見をなくすがいい、人間の制度を忘れるがいい、そして、自然に相談するがいい。あたえられたある条件においてのみたがいにふさわしい二人、その条件が変わることになれば、たがいにふさわしいとはいえなくなるような二人を結びつけてはいけない。どんな状況におかれても、どんな国に住むとしても、どんな階級に落ちることになるとしても、いつまでもたがいにふさわしい二人を結びつけるのだ。一般に考慮されている関係が結婚においてどうでもいいことだとはわたしは言わない。ただ、自然の関係の影響は、そういう関係の影響よりもはるかに重大で、それだけが人生における運命を決定することになる、そして、趣味、気質、感情、性格の一致ということには、賢明な父親なら、君主であろうと、帝王であろうと、ためらうことなく、自分の息子に、そういう一致をすべてもっている娘を、たとえその娘が不名誉な家に生まれていようと、死刑執行人の娘であろうと、あたえさせることになるくらいのものがある、と言うのだ。そうだ、わたしはこう主張したい、固く結ばれた夫婦のうえに、およそ考えられるあらゆる不幸がふりかかってきたとしても、心の不和によって毒されながら、地上のあらゆる幸運にめぐまれているばあいよりも、ともに涙を流すことに、二人はいっそう真実の幸福をたのしむことになるのだ。

そこで、わたしのエミールに子どものときから妻をきめておくようなことはしないで、かれにふさわしいひとがわかってくるのをわたしは待っていた。エミールの妻をきめるのはわたしではない、それは自然なのだ。わたしのすることは、自然が行なった選択をみつけることだ。わたしのすること、わたしは、わたしのすることと言って、父親のすることとは言わない。わたしに息子をゆだねることによって、父親はわたしにその地位を譲り渡しているからだ。父親はその権利をわたしの権利に変えているのだ。わたしこそエミールのほんとうの父親なのだ。わたしこそかれを大人（おとな）にしたのだ。かれの選択によって、つまり、わたしの選択によって、かれを結婚させることがわたしの自由にならなかったとしたら、わたしはかれを育てることを拒絶したにちがいない。幸福な状態においてやるためについやしたものを支払ってくれるような幸福な人間をつくりあげることだけが楽しみになるのだ。

しかし、エミールの妻をみつけるために、わたしはなにもしないでいて、かれにそれをさがさせることにしたのだと思ってもいけない。そのいつわりの探求は、かれにふさわしい女性の価値をわからせるために、女性というものを知らせるための口実にすぎない。ずっとまえからソフィーはみつかっているのだ。たぶんエミールはもう彼女に会っているのだ。けれども、その時がこなければ、かれにはソフィーはわからないだろう。

身分の平等ということは結婚にぜひ必要なこととはいえないが、その点の平等がほかの点でのいろいろな一致につけくわえられるとすれば、それらに新たな価値をあたえることになる。それはどの点の一致とも秤にかけてくらべられるものではないが、ほかの点で利害が相等しいばあいには、秤の皿をかたむけさせることになる。

人は、帝王でないかぎり、あらゆる身分の人々のなかに妻をもとめることはできない。かれは偏見をもたないとしても、他人のうちにそれをみいだすことになるからだ。あれは自分にふさわしい娘だと思っても、だからといってその娘を手に入れるわけにはいかない。そこで、分別のある父親の嫁さがしに制限をくわえることになる、思慮にもとづく原則というものがある。かれは自分が育てた子に自分の地位よりも高いところから妻を迎えることを望んではならない。そういうことはかれの意志ではできないことなのだから。たとえできるとしても、それでもなお、そういうことを望むべきではあるまい。青年にとって地位などなんの意味があるのか。とにかくわたしの子どもにとっては、なんの意味があるのか。しかも、高い地位にのぼることによって、かれはさまざまの現実の不幸にさらされ、そのために一生のあいだ苦しむことになる。かれは、性質のちがった財産、たとえば貴族の身分と金銭とを釣り合わせるようなことも望むべきではない、ともわたしは言おう。その二つのものはそれぞれ相手に価値をつけくわえるよりも、そのために価値を失うことになるからだ。それに、相互の評価はけっして一致することはないからだ。さらにまた、それぞれが自己の出し分にあたえる優位は二つの家族のあいだに、しばしば夫婦のあいだにも、不和をもたらすことになるからだ。

さらに、男が自分より高い身分の女と結ばれるか、低い身分の女と結ばれるかは、結婚の正しい秩序から考えてひじょうにちがうことだ。第一の場合はまったく道理に反している。第二の場合はいっそう道理にかなっている。家族が社会と交渉をもつのは家長を通してなのだから、家族ぜんたいの身分をきめるのは家長の身分なのだ。自分より低い地位の女と結ばれるばあいには、かれは身分を落とさないで、妻の身分を高める。はんたいに、自分より高い身分の妻をむかえれば、かれは自分の地位を高めないで妻の地位を低めることになる。そこで、第一の場合には、よいことになって悪いことはなく、第二の場合には、悪いことがあってよいことはない。さらに、妻は夫に従うというのが自然の秩序だ。だから、妻を低い身分からむかえれば、自然の秩序と社会の秩序とは一致し、なにもかもうまくいく。自分より高い身分の女性と結ばれて、男が自分の権利を傷つけるか、感謝の念を傷つけるか、そして、恩知らずになるか、軽蔑されるか、どちらかを選ばなければならない状態におかれるばあいには、逆のことになる。そのばあいには、妻は、権威をふりまわそうとして、自分の主人の暴君になる。そして、主人は、奴隷となり、人間のなかでもこのうえなくこっけいな、このうえなくみじめな者になる。アジアの国王たちが縁組みをすることによって名誉をあたえると同時に苦しめてもいるみじめな寵臣たちはそういう者だ。かれらは、妻と一緒に寝るのに、裾のほうからでなければベッドにもぐりこむことができないという話だ。

多くの読者は、男性を支配する自然の才能をわたしが女性にあたえていることを思い出して、それは矛盾ではないかと非難してくるだろうと、わたしは予期している。しかし、そういう読者は思いちがいをしているのだ。命令する権利を奪いとることと、命令する者を支配することとはひじょうにちがったことだ。女性の支配は、やさしみ、技巧、そして人を喜ばせようとする心づかいによる支配だ。その命令は愛撫だ、その威嚇は涙だ。女性は国家を支配する大臣のように家を支配すべきだ。自分がしたいと思うことを自分に命令させるのだ。この意味では、もっともうまくいく家庭はかならず妻のほうが権威をもっている家庭だということになる。けれども、妻が家長の声を無視すると、かれの権利を奪って自分で命令しようとすると、こういう無秩序からはいつも悲惨と、醜聞と、不名誉が生じてくるだけだ。

同じ身分の女性と低い身分の女性との選択が残されているが、わたしは後者にも多少の制限をしなければならないと考えている。ちゃんとした男性を幸福にすることができるような妻を民衆の最下層の人々のうちにみいだすのはむずかしいからだ。最下層の人々は最上層の人々よりもたちが悪いというわけではない。ただ、そういう人々には、美しいもの、上品なものについての観念が乏しいからだし、ほかの階級の人々の不正が、その階級の人々に、かれらの不徳そのものさえ正しいことと考えさせているからだ。

自然のままでは、人間はほとんど考えない。考えることは、ほかのすべての技術と同じように、人間が学んで身につける技術で、しかも学ぶのにいっそう骨が折れることだ。わたしは、男女いずれにたいしても、ほんとうに区別されるべき階級は二つしかみとめない。一つは考える人々の階級で、もう一つは考えない人々の階級だが、このちがいが生じるのはもっぱら教育によるものといっていい。この二つの階級の第一のものに属する男性は、第二の階級に属する女性と縁組みをすべきではない。妻をもちながら、自分ひとりで考えなければならなくなるとき、人と人との交わりの最大の魅力がその人には欠けていることになるからだ。生きるために働くことで文字どおり一生をすごしている人々は、かれらの労働、かれらの利害についての観念のほかにはなんの観念ももっていないし、かれらの精神のすべては、かれらの腕の末端にあるようにみえる。こういう無知は正直な性質や正しい素行をそこなうものではない。しばしばそれに役だつことさえある。人は自分の義務をよく考えているうちに、しばしばそれと妥協することになるし、やがては実行するかわりにたわごとをならべることになる。良心はいちばん賢明な哲学者だ。君子になるためにはキケロの「義務について」を知る必要はない。そして、世界でいちばん品行の正しい女は、品行がいいとはどういうことか知らない女かもしれない。それにしてもやはり真実なことは、教養のある精神だけが交際を快いものにするということだ。そして、家庭にありながらも自分自身のうちに閉じこもっていなければならないというのは、家庭でだれにも理解してもらえないというのは、家庭にあることを好む一家の父親にとってまことに悲しいことだ。

それにまた、深く考える習慣を全然もたない女に、どうして子どもが育てられよう。子どもに適当なものがどうして見わけられよう。自分が知らない美徳に、なんの観念ももっていないすぐれた価値というものに、どうして子どもの心を向けさせることができよう。そういう女は、子どもの機嫌をとるか子どもをおどかすか、横柄にするか臆病にするか、そんなことしかできないだろう。子どもを、気どった猿みたいなものか、うるさい不良少年にするだけで、けっして健全な精神にも愛すべき子どもにもしないだろう。

だから、教育をうけた男が教育をうけない女、したがってまた教育をうけられない身分の女を妻にするのは適当でない。それにしてもわたしは、単純な、粗野に育てられた娘のほうが、物知りで、才能を誇る娘、わたしの家にやってきて、文芸批評の会をひらいてその議長におさまるような娘よりも、よっぽどましだと思う。才能を鼻にかける妻は、夫の、子どもたちの、友人たちの、下僕たちの、あらゆる人々の、災厄のもとだ。すばらしい天才の崇高な高みから、そういう女は、妻としてのつとめをいっさい軽蔑して、かならず、まずランクロ嬢のような男になる。家の外では、彼女はかならず笑いものにされ、きわめて正当に批評される。自分の本来の状態から逸脱すれば、そうありたいと思っている状態に生まれついていなければ、たちまち、笑いものにされ、非難されずにはすまないからだ。そういうすばらしい才能をもった女はみんな、いつもばか者に尊敬されるだけだ。そういう女が仕事をするとき、どんな芸術家あるいは友人がペンをもち絵筆をとっているか、かならず人は知っている。彼女たちがくだす託宣をひそかに口授する慎重な文学者はだれか、人は知っている。そういうまやかしごとはちゃんとした女性にはふさわしくないことだ。彼女にほんとうの才能があるとしても、彼女の自負はその才能をいやしむべきものとする。彼女の品位は人に知られないことにある。彼女の光栄は夫に尊敬されることにある。彼女の快楽は家庭の幸福のうちにある。読者よ、わたしはあなたがた自身の決定にゆだねよう。正直に言っていただきたい。婦人が女性の仕事、家庭の世話をしているのを見、子どもたちの衣類に取り巻かれているのを見るのと、化粧台を机にして詩を書いているのを見るのと、あらゆる種類の小冊子とあらゆる色彩をほどこした紙きれに取り巻かれているのを見るのと、どちらが、そのひとの部屋にはいっていくときに好感を呼び起こすことになるか。どちらが、いっそう深い尊敬の念をもってそのひとに近づいていかせることになるか。地上に良識のある男しかいなくなれば、博学な娘はみんな一生独身のままでいることになるだろう。

*

ガルラ、あなたはきく、なぜわたしはあなたを妻にしたいと思わないのか、と。
あなたは気むずかしいからだ。

右のようなことを考慮したあとで顔かたちが問題になる。それは最初に人の目にふれるものだが、最後に考慮すべきものだ。といっても、それはどうでもいいことだと考えてはならない。結婚を考えるばあいには、すばらしい美人をもとめるようなことはしないで、むしろ避けるべきだとわたしには思われる。美人は所有することによってたちまちのうちに色あせてくる。六週間後には、美人もその所有者にとってはなんの意味もなくなる。ところが彼女につきまとう危険は、彼女が美しいあいだはいつまでもなくならない。美しい妻が天使でないかぎり、その夫は男のなかでいちばん不幸な男だ。また、たとえ天使みたいな妻だとしても、どうして、夫がたえず敵に取り巻かれていることにならないようにすることができよう。ひどく醜い女も嫌悪を感じさせないということなら、わたしはすばらしい美人よりもむしろそのほうをとりたい。すこしたてば夫にとってはどちらもなんでもなくなり、美しさは困りもの、醜さはありがたいものになるからだ。しかし嫌悪を感じさせる醜さはこのうえなく大きな不幸だ。その感じは、消えうせるどころか、たえず大きくなって、憎悪に変わっていく。そういう結婚は地獄の苦しみだ。そんな結婚をするくらいなら死んだほうがましだ。

あらゆることで中庸を望むがいい。美しさということさえその例外ではない。感じがよくて、人好きのする姿、恋を感じさせはしないが、好意をもたせる姿、そういう姿の人を選ぶべきだ。それは夫の損にはならないし、よい点はおたがいの利益になる。しとやかさは美しさのように色あせることはない。それは生命をもっていて、たえず新しくなり、結婚して三十年たっても、しとやかな、品行の正しい妻は、婚礼の日と同じように夫の心を喜ばせる。

ソフィーを選ぶにあたってわたしの考えを決めさせた考察は以上のようなことだ。エミールと同じように自然の教え子である彼女は、ほかのどんな女性よりもかれにふさわしくつくられている。彼女は男子の妻になるだろう。彼女は生まれからいっても人柄からいってもかれと同等の女性であり、財産からいえばかれよりも劣っている。彼女はちょっと見ただけで人をひきつけはしないが、一日一日といっそう人を喜ばせる。彼女の最大の魅力はすこしずつはたらきかけることができるだけだ。それは親しく交際することによってはじめてわかってくる。そして彼女の夫はほかのだれよりもよくそれを感じることだろう。彼女の教育は輝かしいものではないが、なおざりにされているわけでもない。彼女には、学問はないが趣味があり、芸術は知らないが才能があり、知識はないが判断力がある。彼女の精神はなにも知らないが、なんでも学べるように育てられている。それは収穫をもたらすために種子を待つばかりのよく耕された土地だ。本といえば彼女はバレームと、*偶然手にはいった「テレマーク」のほかにはなにも読んだことがない。けれども、テレマークに夢中になれる娘が、感情のない心、繊細さを欠いた精神をもっているだろうか。おお、愛すべき無知よ。彼女を教えることになる者はどんなにしあわせなことか。彼女は夫の先生ではなく、弟子になるだろう。夫を自分の趣味に従わせるようなことはしないで、夫の趣味を自分の趣味にするだろう。彼女は博識な女性よりも夫にとってずっとましな妻になるだろう。夫は彼女にあらゆることを教えてやれる楽しみをもつことになるだろう。いまや二人が顔を合わせる時だ。二人を近づけてやることにしよう。

わたしたちは暗い気持ちで、物思いにふけりながらパリを出ていく。あのおしゃべりの場所はわたしたちが腰を落ち着けるところではない。エミールは軽蔑のまなざしをあの大都会のほうへむけて、うらめしげに、こんなことを言う。むなしい探求にどれほど多くの月日をむだにしてしまったことだろう。ああ、わたしの心がもとめている妻がいるのはあそこではないのだ。先生、あなたはそれをよく知っていたのに、わたしの月日なんかあなたにはほとんどなんの損にもならないし、わたしの不幸もすこしもあなたを苦しめることにはならない。わたしはかれをじっとみつめて、興奮することもなく、こう言ってやる。エミール、あなたは自分が言ってることを心からそう思っているの？

たちまち、エミールは、恥じいって、わたしの頸にとびついてくる、そして、なにも言わずに、わたしをだきしめる。かれがまちがっているばあい、これがいつもするかれの返事だ。

いまやわたしたちは、遍歴の騎士さながらに山野を通っていく。冒険をもとめている騎士とはちがって、わたしたちは、はんたいに、パリを去るとともに、冒険から遠ざかっていく。それにしても、かれらの気まぐれな漫遊ぶりを十分にまねて、あるときは急ぎ足になり、あるときはぼつぼつ歩いていく。わたしのやりかたを見ているうちに、読者にもようやくその方針がわかってきたことだろう。だから、わたしたち二人が閉めきったりっぱな駅馬車のなかで居睡りをしながら、なにひとつ見ず、観察せずに旅をして、出発と到着とのあいだの時間をわたしたちにとって無意味なものにし、わたしたちの速い歩みによって、時間を倹約するつもりでむだにしているものと考えるほど、まだ世間のしきたりにこだわっている読者はいないだろうと思う。

人生は短い、と人々は言っているが、わたしの見るところでは、人々は人生を短くしようと努力しているのだ。人生を利用することを知らないで、かれらは時がたちまちに過ぎ去ることを嘆いているが、わたしの見るところでは、時はかれらの意に反してあまりにもゆっくりと過ぎていくのだ。めざす目的のことばかり考えているかれらは、自分たちとその目的とをへだてている間隔を恨めしく思っている。ある者は明日になればと思い、ある者はひと月たてばと思い、またある者は、いまから十年たてば、と思っている。だれひとり今日を生きようとはしない。だれひとり現在に満足しないで、みんな現在の過ぎ去るのがひどくおそいと感じている。時はあまりにも速く流れていくと嘆くとき、かれらはうそをついているのだ。かれらは時の流れを速める力を喜んで買いたいのだ。かれらの一生をむだにすることに喜んでかれらの財産をつかいたいのだ。そして、退屈でやりきれなかった時間、待ち遠しくてたまらなかった瞬間までの時間を、自由に捨てることができたとしたら、自分にあたえられていた歳月をごくわずかの時間にちぢめてしまわなかったような人はおそらくひとりもいないことになる。パリからヴェルサイユへ、ヴェルサイユからパリへ、都会から田舎へ、田舎から都会へ、ある街から別の街へ行くことで一生の半分を過ごしているような人は、そんなふうにして時間をむだにする秘訣を知らないとしたら、まったく時間をもてあましていることだろうし、わざわざ自分の仕事をやめて、仕事をさがしに行くことを考え、そのためについやす多くの時間、そうでもしなければどうしていいかわからない時間を、利用したつもりでいる。それとも、はんたいに、走り廻るために走り廻り、また駅馬車で帰っていくことよりほかになんの目的ももたずに、駅馬車でやってくる。人間たちよ、きみたちは自然を中傷することをいつまでもやめないのか。なぜきみたちは、人生は短いと嘆くのか。きみたちの好みからすれば、人生はまだ十分に短くないのに。きみたちのなかにたった一人でも、欲望に限度をあたえることを知っていて、時が流れ去るのをけっして願わないような人があるならば、その人は人生をあまりにも短いとは考えないだろう。その人にとっては、生きることと楽しむこととは同じことになるだろう。そして、若いうちに死ぬことになるとしても、かならずその生涯に満足して死んでいくだろう。

わたしの方法にはそういう利益があるだけだとしても、それだけでも、ほかのどんな方法よりもわたしの方法を好ましいものとしなければなるまい。わたしはわたしのエミールを、いつもなにか願っている者、待っている者にではなく、楽しんでいる者に育てたのだ。そしてかれは、その欲望を現在のむこうにおくばあいにも、時の歩みのおそいのにいらいらさせられるほどはげしい熱にとりつかれはしない。かれは欲望する楽しさを味わっているだけではなく、もとめている対象に近づいて行く楽しさも味わっていることだろう。それに、かれの情念はまったくなごやかな情念だから、かれはいつでも未来よりも現在にいることになるのだ。

そこで、わたしたちは、飛脚(ひきゃく)ではなく、旅行者として旅をしている。わたしたちは旅の初めと終わりのことだけを考えているのではなく、そのあいだのことも考えている。

旅そのものもわたしたちにとっては楽しみなのだ。わたしたちは閉めきった小さな籠のなかに入れられた囚人のように、暗い顔をして坐って旅をしているのではない。婦人のように無気力にじっとして旅をしているのではない。外界の空気も、わたしたちの周囲にあるものの眺めも、気のむいたときに思いのままにそれらを観照する便宜も奪われているわけではない。エミールはこれまで駅馬車に乗ったことはないし、急ぐときでなければ継ぎ馬を走らせるようなこともあまりしない。といってもエミールには、そんなに急いですることがなにかあるのか。ただ一つのこと、人生を楽しむことだ。それにつけくわえて、かれにできるときには、よいことをすること、と言ったものだろうか。そんな必要はない。そういうこともまた人生を楽しむことなのだ。

わたしには、馬で行くよりも愉快な旅のしかたは一つしか考えられない。それは歩いて行くことだ。わたしたちは、都合のいいときに出発する。好きなときに足を休める。うんと歩きたいと思えばうんと歩くし、そう歩きたくなければすこししか歩かない。わたしたちはその土地のすべてを観察する。右へ曲がったり、左へ曲がったりする。わたしたちの心をひくあらゆるものをしらべてみる。どこでも見晴らしのいいところには足をとめる。川がみつかれば、わたしはその岸辺に沿ってすすむ。茂った木立があれば、その蔭へ行く。洞窟があれば、はいってみる。採礦場があれば、礦物をしらべてみる。

その気になればどこにでも滞在する。退屈すればすぐに立ち去る。わたしは馬や御者の都合にしばられない。ちゃんとした街道、らくな道を選ぶ必要はない。一人の人間が通れる道ならどこでも通って行く。人間に見られるものはなんでも見る。そして、自分の意志だけで動けるわたしは、人間がもつことのできる自由を完全にもっている。悪天候にひきとめられていて、退屈でやりきれなくなれば、そのときは馬をやとう。疲れれば……。といっても、エミールはほとんど疲れることを知らない。かれは頑健だ。それに、どうしてかれは疲れることがあろう。かれは急いではいないのだ。とどまっているとしても、どうしてかれは退屈することがあろう。どこへ行っても気をまぎらせてくれるものをもっているのだ。かれは職人の親方の家へはいっていく。かれは仕事をする。腕をはたらかせて足を休める。

歩いて旅をすること、それはタレス、プラトン、ピタゴラスのように旅をすることだ。哲学者たる者がどうしてほかの方法で旅をする気になれるのか、かれが足で踏んでいく財宝、大地が惜しみなくかれの目のまえにくりひろげる財宝を、どうしてしらべてみずにいられるのか、わたしは理解に苦しむ。すこしでも農業を好んでいるなら、かれが通っていく地方の風土に特有の産物や、その栽培法を知りたいと思わない者があるだろうか。博物学にすこしでも趣味をもっているなら、土壌をしらべもせずにある土地を、岩を削りとらずに岩山を、植物採集をせずに山の中を、化石をさがさないで石塚を過ぎて行く気になれるだろうか。あなたがたの気どった哲学者たちは、陳列室のなかで博物学の研究をしている。かれらがもっているものはつまらないものだ。かれらは名称を知っているが、自然界についてはなんの観念ももたない。ところが、エミールの陳列室には王さまたちの陳列室よりも豊富な標本がある。その陳列室は地球ぜんたいなのだ。すべてのものがその場所におかれている。それを管理している博物学者はすべてのものをたいへん美しく整理しているのだ。ドーバントン*にもそれ以上のことはやれまい。

こういう楽しい旅行のしかたによってどれほど多くのさまざまな楽しみが寄せ集められることだろう。健康がよくなり、気分が爽快になることはいうまでもない。わたしはいつも見てきたのだが、たしかに具合のいい、りっぱな馬車のなかにおさまって旅行している人たちは、いつも、物思いに沈み、暗い面持ちをして、ぶつくさいったり、苦しそうにしていたりする。歩いて行く人たちはいつも快活で、足どりも軽く、あらゆることに満足している。泊まるところに近づいてきたとき、どれほど心は楽しくなることだろう。粗末な食事もどんなにうまそうに見えることだろう。食卓で休息しているときどんなに大きな楽しさを感じることだろう。ごつごつしたベッドでどんなに安らかな眠りを眠ることだろう。目的地に着くことだけを願っているなら、駅馬車で急ぐのもよかろう。しかし、旅をしたいと思うなら、歩いて行かなければならない。

わたしが考えているような旅行のしかたで五十里と行かないうちに、ソフィーのことは忘れられてしまうことにならないとしたら、わたしはあまり有能な人間ではないにちがいない。それともエミールはほとんど好奇心をもたないにちがいない。いろいろと基本的な知識をもっているかれが、さらに多くの知識を得たいという気持ちをそそられずにいることはむずかしい。人は教養の程度にふさわしい好奇心をもつ。かれは学びたいという気になるのにちょうど十分な程度に知っている。

それはとにかく、対象は移り変わり、わたしたちはたえず前進していく。わたしは、わたしたちの第一の行程に遠く離れた目標をおいた。その口実は容易にわかることだ。パリを出て、遠くへ妻を探しに行かなければならないのだ*。

いく日かたったある日のこと、道が全然みつからない谷間や山のなかへいつもより深く迷い込んでしまって、わたしたちには行くべき道がわからなくなる。たいしたことではない。どんな道でもけっこうだ。たどりつけばいいのだ。それにしても、腹がすいてきては、とにかくどこかへたどりつかなければならない。さいわい、一人の農夫にであう。その農夫はわたしたちをその家へ連れていってくれる。わたしたちはかれが出してくれた粗末な昼食を旺盛な食欲で食べる。ひどく疲れ、ひどく腹をすかしているわたしたちを見て、農夫は言う。もしも親切な神さまがあなたがたを丘の向こうへ連れていってくださったとしたら、あなたがたはもっとよいもてなしをうけたでしょうに……平和に暮らしている家……とても情けぶかい人たち……とても親切な人たちをみつけたでしょうに……その人たちは、よけい親切な心をもっているわけではないにしても、わたしより物持ちなんです。昔はもっともっと財産家だったそうですがね。……その人たちは、ありがたいことに、不自由な暮らしをしてはいません。そしてこのあたりの者はみんな、その人たちに残されているもののおかげをこうむっているのです。

親切な人たちということばをきいて、善良なエミールの心はうれしくなる。先生、とかれはわたしをみつめて言う、その家へ行ってみましょう、そこの主人たちが近くに住む人々から祝福されている家へ。その人たちに会えばわたしはたいへんうれしく思うでしょう。その人たちもわたしたちが訪ねてきたことを喜んでくれるかもしれません。きっとわたしたちを歓迎してくれるでしょう。その人たちがわたしたちの仲間なら、わたしたちもその人たちの仲間になりましょう。

その家をよく教えてもらって、わたしたちはでかけていく。わたしたちは森のなかをさまよう。途中で急に大雨がふってくる。雨はわたしたちの歩みをおそくするがとめはしない。やっと道がわかって、夕方、わたしたちは教えられた家にたどりつく。まわりの村落のなかで、その家だけが、簡素だが、いくらか人目をひくものをもっている。わたしたちは自己紹介をして、一夜の宿を乞う。召使いは主人に取次ぐ。主人はわたしたちにいろいろと、しかし、ていねいな口調で、きく。わたしたちは、旅行の理由は言わないで、廻り道をしたわけを話す。主人は昔の豊かな生活から得た、態度によってすぐに相手の身分を知る目をいまでももっている。花々しい社会に生活していた人はだれでも、その点について思いちがいをすることはめったにない。そういう旅券のおかげでわたしたちは宿を許される。

ひじょうに狭い部屋だが、清潔で気持ちのいい部屋に案内される。火が焚かれ、わたしたちはそこに下着や衣類、わたしたちに必要なすべてのものをみいだす。エミールはすっかり驚いて言う。「なんということだろう。まるでわたしたちを待っていたようなものだ。ほんとうに、あの農夫の言った通りだ。なんという心づかい、親切、用意、しかも知らない人のために。わたしはホメロスの時代にいるような気がする。」わたしはこう言ってやる。「こういうことに感心するのはいい。しかし、驚くにはあたらない。よその者がめったに来ないところでは、どこでも、かれらは歓迎されるのだ。たびたび客をもてなす必要がないということが、なによりもよく客をもてなさせることになる。客が押しかけるから客あしらいが悪くなるのだ。ホメロスの時代には、旅行する人はほとんどなかった。だから旅行者はいたるところでよいもてなしをうけた。わたしたちは、たぶん、この一年のあいだにここへやってきた初めての旅行者なのだ。」エミールは言う。「客など来なくてもかまわない、しかし来ればいつでも歓待する、そういうことも、とにかく、賞讃すべきことです。」

服を乾かし、着なおして、わたしたちは家の主人のいるところへ行く。主人はかれの妻にわたしたちを紹介する。彼女は、たんに儀礼的にではなく、好意をたたえて、わたしたちにあいさつする。光栄にも彼女のまなざしはときどきエミールにむけられる。彼女が現在おかれているような状況にある母親は、エミールくらいの年齢の男が自分の家へやってきたのを見て、不安を感じずに、あるいはとにかく、好奇心をもたずにいられることはめったにない。

わたしたちのためにいそいで夕食が用意される。食堂にはいっていくと、五人分の食器がある。わたしたちは席につく。一つだけまだ席があいている。一人の若い女性がはいってきて、鄭重に頭を下げ、なんにも言わずに、つつましく席につく。腹がすいていることを、それとも、いま言われたことにたいする返事を考えているエミールは、その女性に会釈(えしゃく)し、話をし、食べる。かれは、自分はまだ目的地から遠いところにいると思っているのだが、その旅行の主な目的も、いまかれが考えていることからは遠いところにある。話は道に迷った旅行者たちのことが中心になる。家の主人はエミールにむかって言う。「わたしはあなたを好ましい賢明な青年とお見受けする。そこでわたしには、あなたがた、あなたの先生とあなたは、ちょうどカリュプソの島へやってきたテレマークとメントルと同じように、疲れはて、びしょぬれになって、ここへやってきたような気がしますよ。」エミールは答える。「ほんとうに、わたしたちはここでカリュプソのもてなしをみいだしているのです。」かれのメントルはつけくわえて言う。「エウカリスの魅力もです。」しかし、エミールは、「オデュッセイア」は知っているが、「テレマーク」は読んでいない。エウカリスとはなにか、かれは知らない。若い女性はと見れば、彼女は真赤になり、目を伏せて、皿をみつめている。そして、息をすることもできない。母親は、娘の当惑した様子に気がついて、父親に目くばせする。そこで父親は話題を変える。かれは、その寂しい住居のことを話しているうちに、そこにかれを閉じこめることになった事件の物語を、いつとはなしにはじめている。かれの生涯の不幸、妻の貞節、かれらがその固い結びつきのうちにみいだした慰め、この隠れ家で送っている安らかでなごやかな生活。しかし、そこにいる若い女性のことには一言もふれない。父親のそういう話は、興味を感じずには聞くことのできない、快い、人の心にふれる物語となる。

　エミールは、感動して、食べるのをやめて、耳をかたむけている。やがて、このうえなく誠実な夫がこのうえなく尊敬すべき妻の貞節についていっそう大きな喜びをもって語ることになると、若い旅人は、われを忘れて、その夫の手を取って固く握りしめ、もう一方の手で妻の手を取って、感激をこめてそのうえに身をかがめ、涙をそそぐ。青年の素朴ないきいきした感情のあらわれはすべての人の心を動かす。しかし、かれの善良な心のしるしにだれよりも深い感銘をうけた娘は、フィロクテーテスの不幸に心を動かされたテレマークを見ているような気がする。*彼女はそっと青年のほうへ目をやって、その姿をもっとよく見ようとする。そこには、テレマークとくらべてみることをやめさせるようなものはなにもみいだされない。青年の落ち着いた様子には無礼にならない自由さがある。いきいきとした動作には軽率なところはない。豊かな感受性がまなざしにいっそうのやさしみをあたえ、その容貌をいっそう人の心にふれるものにしている。若い女性は青年が涙を流しているのを見て、自分も一緒に泣きたいような気持ちを誘われる。それはりっぱな口実になることだが、ひそかな恥ずかしさを感じて彼女は涙を押さえる。目からこぼれ落ちようとしている涙を彼女はもう自分でとがめている。自分の家族のために涙を流すのは悪いことのように思われたのだ。

食事のはじめからたえず娘に気をつけていた母親は、娘の困っている様子を見て、なにか用事をいいつけて、そこから解放してやる。まもなく若い娘は戻ってくるが、まだ十分に落ち着けないので、取り乱した様子がだれの目にもはっきりとわかる。母親はやさしい口調で言ってやる。ソフィー、お坐りなさい。あなたはいつまでもあたしたちの不幸を悲しく思っているのね。あなたはあたしたちを慰めてくれるものになっているのですよ。あたしたちよりもつらい思いをするようなことはもうおやめなさい。

ソフィーという名に、エミールがはっとした様子を、あなたがたも見ることができたろう。そのなつかしい名を聞いて、かれはとつぜん目をさまされ、あえてそういう名をもっている者をまじまじとみつめる。ソフィー、ああ、ソフィー、わたしの心がもとめているのはあなたなのか。わたしの心が愛しているのはあなたなのか。かれは彼女をながめている。ある種の恐れと不信の念をもって彼女をみつめている。かれには、心に描いていた姿そのままのものは見えない。いま見ているのは、もっとねうちのあるひとなのか、それほどでもないひとなのか、かれにはわからない。かれは一つ一つの線を考えてみる、一つ一つの動き、一つ一つの身ぶりに注意している。かれはすべての点にさまざまの混乱した解釈をみいだす。かれは自分のいのちを半分やっても、彼女がなにか一言話してくれる気になれば、と思う。かれは、不安な混乱した面持ちで、わたしの顔を見る。その目はわたしにむかっていちどに多くの質問、多くの非難をはなっている。一つ一つのまなざしがこう言ってるようだ。まだ間に合ううちに、わたしを導いてください。わたしの心が屈服してしまえば、思いちがいをしてしまえば、わたしは一生のあいだ正しい道には帰れないでしょう。

エミールは世間のだれよりも感情をいつわることのできない人間だ。一生を通じてのこのうえなく大きな不安を感じているときに、どうして人の目をくらますことができよう。まわりにいる四人の観察者はかれを見まもっている。そのなかでも、見たところいちばん無関心でいるらしいひとが、じつはいちばん注意ぶかく見まもっているのだ。かれの混乱した気持ちはソフィーの鋭い目をのがれられない。エミールの目は、さらに、ソフィーがその対象となっていることを彼女に教えている。彼女には、エミールの不安な気持ちがまだ恋ではないことはわかっている。しかし、とにかく、かれは彼女のことを考えている。それだけで十分なのだ。彼女のことを考えながら、かれがなにも感じないとしたら、彼女はたしかにみじめな女ということになるのだ。

母親というものは、自分の娘と同じ目をもっていて、そのうえ、もっと多くの経験をつんでいる。ソフィーの母親は、わたしたちのもくろみの結果を見て、ほほえんでいる。彼女は若い二人の心を読みとっている。彼女はいまこそ新しいテレマークの心をとらえる時だと判断する。彼女は娘に話しかける。娘は、生まれながらのやさしみをこめながらも、おずおずした口調で答えるが、それは効果をさらに大きくするばかりだ。その最初の声音（こわね）を聞いただけで、エミールは屈服する。ソフィーだ、かれはもうそれを疑わない。ソフィーではないとしても、もうおそい、それを否定することはもうできまい。

こうして、その魔法使いの娘の呪文は奔流のようにかれにせまり、心を酔わせる毒酒を彼女がなみなみとついで出す盃をかれはのみほすことになる。かれはもうなにも語らない、なにも答えない。ソフィーのほかにはなにも目にはいらない。ソフィーのことばのほかにはなにも聞こえない。彼女が一言（ひとこと）いえば、かれは口をあける。彼女が目を伏せれば、かれも目を伏せる。彼女がためいきをついているのを見れば、かれもためいきをつく。まるでソフィーの魂がかれを動かしているように見える。かれの魂はわずかのあいだになんと変わってしまったことだろう。もうソフィーではなくて、エミールがふるえ、おののくことになる。自由、素朴さ、率直さは消えうせる。混乱し、困惑し、臆病になって、かれはもう自分の周囲に目をやる勇気もない。みんなから見られていることに気がつくのを恐れているのだ。心を見すかされる恥ずかしさに、かれは、みんなの目から見えなくなって、人に見られずに、思いのままに彼女をながめることができれば、と思う。ソフィーのほうは、はんたいに、臆病になったエミールを見て、安心する。彼女は自分が勝ったことを知り、その勝利をうれしく思っている。

彼女は心のなかで喜んではいるが、そういう様子は見せない。*
彼女は態度を変えてはいない。けれども、つつましい様子をしていても、目を伏せていても、彼女の感じやすい心は喜びにふるえている、そして、テレマークはみつかった、とささやいている。

ここでわたしは、二人の純真な恋の、あまりにも素朴な、そしておそらくあまりにも単純な物語をはじめることになるのだが、読者はそのこまごました話を子どもじみた遊びと考えるだろう。しかし、それはまちがいだろう。一人の男性と一人の女性との最初の結びつきが両者の生活の流れのうちにもつことになる影響を、人々は十分によく考えていない。最初の印象というものは、恋愛、あるいはそれに代わる好みのばあいには、ひじょうに強く、長い効果をもつものであることが人々にはわからない。人々は長い歳月にわたるその効果の持続をみとめていないのだが、それは死にいたるまで、たえずはたらいているのだ。わたしたちは、教育論のなかで、子どもの宙に浮いた義務についての無用な、衒学的な、長ったらしいおしゃべりを読まされる。ところが、教育ぜんたいのなかで、いちばん重要で、いちばん困難な部分については、つまり、子どもの状態から大人の状態への移行期となっている危機については、一言も教えられない。わたしがこの試論をどこかで有益なものにすることができたとするなら、それはとくに、ほかのすべての人が忘れているこの重要な部分を長々と扱っていること、そして、それをこころみるにあたって、まちがった繊細な趣味のために勇気をなくしたり、ことばづかいのむずかしさに恐れをなしたりするようなことをしなかったことだろう。しなければならないことを語ったとすれば、わたしは語るべきことを語ったことになるのだ。小説を書いたことになるとしても、わたしはたいして気にしない。人間の本性を描いた小説は十分に美しい小説だ。それがこの著作のなかにしかみいだされないとしても、わたしが悪いからだろうか。これはわたしが属する種の歴史とされるべきだろう。人間を堕落させているあなたがたこそ、わたしの書物を小説にしているのだ。

こういう考えかたを助けてくれるもう一つのことは、ここで問題にされているのは、子どものときから、いつも、びくびくしたり、むやみになにかほしがったり、他人をうらやんだり、いばったりしていた青年、ふつうの教育の手段にもちいられているあらゆる情念にさいなまれていた青年ではないということ、ここで問題にされている青年は、いまはじめて恋を感じているだけではなく、これまでどんな種類の情念にもとらえられたことがなく、いまはじめて情念にとらえられているということ、この情念、おそらくかれが一生のあいだいきいきと感じていることになる唯一の情念によってこそ、かれの性格がとることになる最終的な形がきまるということ、こういうことだ。かれの考えかた、感情、趣味は、永続的な情念によって定着され、それらが変質することをもう許さない強固なものを獲得しようとしているのだ。

さて、エミールとわたしにとって、右のような夕べにつづく夜が眠ることだけですごされるわけはないということはよくわかるだろう。なんということだ。名前が同じだというだけで、あのひとが賢い人間にたいしてそんなに大きな力をもつことになっていいのか。世界にはソフィーという女性は一人しかいないのか。ソフィーという女性はみんな名前と同じように心も同じなのか。あなたがめぐりあうソフィーという女性はみんなあなたのものなのか。いちども語り合ったことがない、知らない女性に、そんなに夢中になっているあなたは気ちがいなのか。若者よ、まあ、もうすこし待つのだ、しらべてみるのだ、観察するのだ。あなたはいまどういう人の家にいるのか、それさえまだ知らないのだ。ところが、あなたの言うことを聞いていると、あなたはもう自分の家にいるような気でいる。

いまは教訓をあたえる時ではないし、それに、教訓というものはけっして耳をかたむけさせることにはならない。それは青年に、自分の好みを正当なものにしたいという気を起こさせることによって、ソフィーにたいして新たな関心をもたせるだけのことだ。

そうした名前の一致、偶然だとかれが考えているめぐりあい、わたしの消極的な態度そのものも、かれのはげしさをかきたてるばかりだ。かれにとってはもうソフィーはひじょうに尊敬すべき女性と思われるので、わたしにも彼女を好きにならせることができるとかれは確信しているのだ。

朝になると、わたしは、粗末な旅行服にしろ、エミールがいつもより入念に服装をととのえようとするのではないかな、と思う。やっぱりそういうことになる。それにしても、かれがその家の衣類をいそいでとりまとめているのを見て、わたしはおかしくなる。わたしにはかれの考えがよくわかる。かれは、衣類をきれいにして返すこと、あるいは、新しいものと交換することを考え、その家に送りかえしたり、またやってきたりすることを許してくれるある種の関係をつけようとしていることを知って、わたしはうれしくなる。

ソフィーのほうでもすこしはおめかしをして出てくるものとわたしは期待していた。わたしは思いちがいをしていた。そういうありふれた媚態は、たんに喜ばれたいと思っているだけの相手にたいしてはけっこうなことだ。ほんとうの恋の媚態はもっと凝ったものだ。それはもっと多くの別のことを願っている。ソフィーは前の晩よりもずっと簡素に、しかもいっそう無造作に、身じまいをしている。もっとも、その細心な清潔さには変わりはない。わたしがその無造作な様子のうちに媚態をみとめるのは、ただ、そこにはわざとらしさが感じられるからだ。ソフィーは、いっそう入念な身じまいは心をうちあけることになる、ということをよく知っている。しかし、彼女は、いっそう無造作な身じまいも別の形で心をうちあけることになる、ということを知らない。それは身なりによって人に気に入られるだけでは満足しないで、そのひと自身によっても人に気に入られたいという願いを明かしているのだ。しかし、恋する男にとっては、相手がどんな身なりをしていても、そんなことはどうでもいい、相手もかれのことを考えていることがわかればいいのだ。もう自分の力を確信しているソフィーは、その魅力によってエミールの目をうっとりさせるだけでは満足しない。かれの心もそれをもとめることにならなければいけない。かれがソフィーの魅力を見ているだけでは彼女にはもう十分ではない。さらにそれをかれが考えてみることを彼女は望んでいる。かれはもう十分にそれを見ているではないか、だからそのほかのものを推測してみるべきではないか。

前夜、わたしたちが話し合っているあいだ、ソフィーと母親もまた、黙っていたとは考えられない。娘はうちあけ、母親は教えていたのだ。あくる朝、みんなは十分に用意をととのえて顔を合わせる。若い二人がはじめて顔を合わせてからまだ十二時間しかたっていない。二人はまだ一言（ひとこと）も口をきいていないのだが、たがいに了解し合っていることはもうよくわかる。会っても二人は親しげな様子はみせない。かれは当惑し、おずおずしている。二人はたがいになにも話さない。目を伏せて、たがいに相手をさけているように見えるが、それもまた理解し合っているしるしなのだ。二人はたがいに相手をさけているが、同じ気持ちでそうしているのだ。二人は、なにも話し合わないうちから、もう人に知られないようにする必要を感じている。出発にあたってわたしたちは、もっていくものをわたしたち自身で返しにくることを許していただきたい、とたのむ。エミールの口はその許しを父親に、母親にもとめているが、娘のほうにむけられたかれの不安そうな目は、はるかに切実にそれをもとめている。ソフィーはなにも言わない。なんのしるしもみせない。なんにも見ていないように、なんにも聞いていないようにみえる。ただ顔を赤らめているのだが、その赤い顔は、両親の返事よりもずっとはっきりした返事なのだ。

わたしたちはまた訪ねてくることを許されるが、もっと長くいるようにとはすすめられない。これは適切なやりかただ。泊まるところがなくて困っている旅人はもてなさなければならないが、恋をしている男が愛している女の家に泊まるのは、品のいいことではない。

わたしたちがそのなつかしい家の外へ出たかと思うと、エミールはそのあたりに落ち着くことを考える。いちばん近い農家もかれにはもうあまりにも遠いところにあるように思われる。できることならかれは館(やかた)の堀に寝たいのだ。「考えのない若者よ」とわたしはあわれむような口調で言ってやる、「もう情念があなたを盲目にしている。あなたにはもう、たしなみということも、道理もわからなくなっている。気のどくなことよ。あなたは愛しているつもりでいる。しかし、あなたは愛人の名誉をけがそうとしているのだ。あのひとの家から出てきた若い男がその近くに寝ていることがわかるとしたら、あのひとはなんと言われることだろう。あなたはあのひとを愛している、と言っている。そのあなたがあのひとの評判を悪くするようなことをしていいのか。そんなことが、あのひとの両親があなたをもてなしてくれたことにたいするお礼なのか。あなたを幸福にしてくれることになる女性に汚名をきせるようなことを、あなたはするつもりなのか。」かれははげしい調子で答える。「しかし、人々のくだらない噂や不当な疑いがどうだっていうのだろう。あなた自身、そういうものには考慮をはらわないようにと教えてくれたではありませんか。わたしはどれほどソフィーを尊敬しているか、あのひとにどれほど敬意をはらいたいと思っているか、だれがわたしよりもよくそれを知っているのだろう。わたしの愛着はあのひとの恥になりはしない、あのひとの名誉になるだろう、あのひとにふさわしいものになるだろう。わたしの心、わたしの心づかいがいつもあのひとにふさわしい敬意を捧げるとしたら、どんなことでわたしはあのひとを侮辱することになるのだろう。」わたしはかれを抱擁して、また言ってやる。「エミールよ、あなたは、あなたにとって正しいことを考えている。あのひとにとって正しいことを考えるようにするのだ。男性の名誉になることを女性の名誉になることと考えてはいけない。両者にはまったくちがった原則があるのだ。それはどちらも同じように強固な、道理にかなった原則なのだ。どちらも同じように自然にもとづいているのだ。そして同じ美徳は、あなたのことでは人々の噂を軽蔑させるが、あなたの愛人のことではそれに敬意をはらわせることになるのだ。あなたの名誉はあなたひとりのうちにあるが、あのひとの名誉はほかの人によって左右される。それを無視することはあなた自身の名誉を傷つけることにもなるし、あなたのために、あのひとがあたえられるべきものをあたえられないとしたら、あなたはしなければならないことをしていないのだ。」

そう言ってわたしは、そうしたちがいの理由を説明して、それをぜんぜん考慮しようとしないのはどれほど正しくないことかをかれにさとらせる。あなたがソフィーの夫になれるとだれが言っているのか。あなたはあのひとの考えを知らないし、ソフィーの心には、それともあのひとの両親には、もう決まった人があるのかもしれないではないか。あなたはまだソフィーをよく知らないし、あなたとあのひととのあいだには幸福な結婚をもたらす似合いの点は一つもないかもしれないではないか。どんなことにしろ、悪い噂が立てば、娘にとってはぬぐいさることのできない汚点となり、その噂のもとになった男と結婚しても、それは消えるものではない。そういうことをあなたは知らないのか。いったい、感じやすい男が愛する女性に名誉を失わせるようなことをしていいものだろうか。品行の正しい男が一人の不幸な女性に、かれの心をひきつけた不運を一生悲しませるようなことをしたいと思うだろうか。

青年は、どんな結果になるかを十分に考えさせられて、恐れをなし、あいかわらず極端な考えに走って、こんどは、どれほど遠いところへ行っても、ソフィーのいるところから十分遠くへ行ったことにはなるまいと考える。かれはもっと早くそこから離れようとして足を速める。わたしたちの話を聞いている者がいやしないかと、あたりを見まわす。かれは愛するひとの名誉のためなら自分の幸福などいくらでも犠牲にしたいと思う。彼女にすこしでも悲しみをあたえるくらいなら、今後ふたたび彼女に会わなくてもいいとさえ思う。これは、愛することを知っている心をかれにあたえるために、かれの青年時代のはじめから、わたしがはらってきた心づかいの最初の成果だ。

そこで、離れたところ、といっても、らくに行けるところに宿をみつけることにする。わたしたちは探してみる、人にきいてみる。そして、たっぷり二里はなれたところに町があることを知る。わたしたちは、もっと近くにある村よりも、その町へ行って宿をさがすことにする。近くの村に滞在すれば人に怪しまれることになるからだ。こうして、初めて恋を感じた若者は、愛と希望と喜びにあふれて、なによりも健全な考えにみたされて、その町につく。こんなふうに、わたしは、燃えはじめたかれの情熱を、よいこと、節度あることのほうへ導いていき、知らずしらずのうちにかれの傾向がすべて同じ方向をとるようにしむけている。

わたしの仕事も終わりに近づいている。わたしにはもう遠くからそれが見える。大きな困難はすべて克服されている。大きな障害はすべて乗り越えられている。もうわたしには骨の折れることはなにも残されてはいない。ただ、急いで仕事を完成しようとして、つくったものを台なしにしないようにすることだ。人生の無常を考え、とくに、現在を未来の犠牲にするまちがった思慮をさけることにしよう。それはしばしば、現在あるものを将来もありえないもののために犠牲にすることになる。すべての時期において人間を幸福にしてやろうではないか。いろいろと気をつかってやっても、幸福になれずに死ぬ、ということになってはなるまい。ところで、生活を楽しむのにとくにふさわしい時期があるとするなら、それはまちがいなく、青春期が終ろうとしているときだ。この時期には、肉体と魂の力はこのうえなく旺盛な生気を獲得しているし、人間は、人生の道の半ばにあって、その短さを感じさせる二つの境界点をいちばん遠いところからながめている。思慮のたりない青年はまちがったことをするとしても、それは、楽しみをもとめるからではなく、楽しみがないところにそれをもとめるからだし、みじめな未来を準備しながら、現在をもちいることさえ知らないからだ。

わたしのエミールを見ていただきたい。二十歳をすぎたエミールは、申し分なくできあがっている。精神も肉体も申し分なくつくられている。強壮で、健康で、活発で、器用で、頑丈で、豊かな感覚、理性、善良さ、人間愛にあふれ、正しい品行、よい趣味をもち、美しいものを好み、よいことを行ない、残酷な情念の支配からまぬがれ、世論の束縛にとらえられないで、知恵の掟（おきて）を守り、友情の声に従い、あらゆる有益な才能と、いくつかの人を喜ばせる才能をもち、富にはほとんど関心をもたず、自分の腕の末端に生活の手段をもち、どんなことがあっても、パンにことかく心配はない。こういうかれは、いま、生まれたばかりの情熱にもえて、心は恋の最初の熱にとらえられている。その快い幻想はかれのまえに歓喜と享楽の未知の世界を描いてみせている。かれは一人の愛すべき女性を、その体よりも性格によってさらに愛すべき女性を愛している。かれは自分に当然あたえられるものと感じている愛の報いを希望し、期待している。

心の相似、誠実な感情の一致から、二人の最初の好みは生まれた。その好みは永久につづくことになるはずだ。かれは自信をもって、理性をもってといってもいい、このうえなく魅力的な興奮に身をゆだね、なんの恐れも悔恨も感じていない。幸福感にかならずともなう不安のほかにはなんの不安も感じていない。かれの幸福にはなにが欠けていることになるのか。まだかれに必要なもの、かれがもっているものに加えることができるものはなにか、見るがいい、さがしてみるがいい、考えてみるがいい。かれは人間が同時に手に入れることができるよいものをみんなもっている。そのうえなにかつけくわえようとすれば、ほかのものをそこなうだけのことだ。かれは人間が幸福になれる限界において幸福なのだ。こういうとき、その快い状態をたちまちに終わらせるようなことを、わたしはしていいものだろうか。その純粋な喜びをさまたげるようなことをしていいものだろうか。ああ、人生の価値のすべてはかれがいま味わっている幸福のうちにある。かれからとりあげることになるものと同じくらいねうちのあるどんなものをかれにあたえることができよう。かれの幸福を完全なものにしてやるということさえ、その最大の魅力を失わせることになる。この最高の幸福は、手に入れたときよりも期待しているときのほうがはるかに快いものだ。ああ、善良なエミール、愛するのだ、そして愛されるのだ。自分のものにするまえに長いあいだ楽しむのだ。愛と純真な心とを同時に楽しむのだ。あの世の楽園を期待しつつきみの地上の楽園をつくりだすのだ。わたしはきみの人生のこの幸福な時期を短くするようなことはしまい。きみのために魔法の糸を紡ぐことにしよう。それをできるだけ長くひきのばすことにしよう。悲しいことに、それはかならず終わることになる、しかもわずかのあいだに終わりを告げることになる。せめてわたしは、それがきみの記憶に永久に残るように、それを味わったことをきみがけっして後悔しないように、してやるつもりだ。

わたしたちは品物を返さなければならないことをエミールは忘れてはいない。その準備ができるとすぐに、わたしたちは馬をやとい、大急ぎででかけていく。かれは、こんどは、出発したらすぐに到着したいと考えている。心は、情熱を感じはじめると、生の倦怠を感じはじめる。しかし、わたしは時をむだにしなかったとしたら、かれの一生がそんなふうに過ごされはしまい。

困ったことに、道はあっちこっちで途切れているし、その地方は往来の便が悪い。わたしたちは道に迷う。かれは最初にそれに気がついたが、いらいらすることもなく、ぐちもこぼさず、できるだけ注意して自分の行くべき道をみいだそうとしている。その道がわかるまで長いことさまよっているが、いつまでも同じ冷静な態度をうしなわない。こういうことはあなたがたには別になんとも感じられないだろうが、かれの激しい性質を知っているわたしには、大したことに思われるのだ。子どものころからかれを必然の打撃に耐えさせるためにわたしがはらってきた心づかいの結果を、わたしはそこに見ているのだ。

やっとわたしたちは到着する。わたしたちを迎える家の人々の態度は、最初のときにくらべてずっと率直で、好意がこもっている。わたしたちはもう前からの知り合いのようなものだ。エミールとソフィーは、ややぎごちない態度であいさつをかわし、あいかわらず、おたがいに口をきかない。わたしたちのいるまえで二人になにが話せたろう。二人がしなければならない話はその場に人がいてはいけないのだ。わたしたちは庭園を散歩する。その庭園には花壇のかわりにたいへんよい趣向の菜園があり、外庭としてはあらゆる種類の大きな美しい果樹が植えられた果樹園がある。その果樹園は、さまざまの地点で、美しい水の流れと、花がいっぱい咲いている花畑によってさえぎられている。ホメロスをよく覚えているエミール、たえず感激しているエミールは、叫ぶ。「なんて美しいところだろう！　アルキノオスの庭園を見ているような気がする。」娘はアルキノオスとはなんのことか知りたいらしい。母親がそれをたずねる。わたしは二人に教えてやる。「アルキノオスはコルキュラ島の王さまで、ホメロスが描いているその庭園は、あまりにも簡素で、あまりにも飾りがないというので、趣味のある人たちにけなされているのです。[二三]このアルキノオスには一人の愛らしい娘がいて、その娘は、一人の異邦人が父親の客となった日の前夜、自分にまもなく夫があたえられることを夢で知ったのでした。」ソフィーは、どぎまぎして、顔を赤らめ、下を向いて、唇をかむ。そのあわてた様子は想像できないくらいだ。父親は、おもしろそうに、もっと娘を困らせようとして、口をひらき、若い王女は自分で川へ洗濯に行ったのだ*、と教え、つづけてこんなことを言う。「王女は、汚れたナプキンはいやな臭いがするからと言って、手をふれるのをいやがったとでも、あなたは思うかね。」それはソフィーにたいするあてこすりだったので、彼女は、生来の内気もわすれて、勢いこんで弁解する。ソフィーの好きなようにさせておいたとしたら[二四]、彼女はひとりでこまごましたものをみんな洗濯することになるにちがいないし、いいつけられれば、さらに喜んでそうするにちがいないこと、それは父親もよく知っているのだ。そういう言いわけをしているあいだにも、彼女はそっとわたしのほうを見ているのだが、その不安そうな面持ちから、わたしは、彼女がなにを心配してそんな話をしたのかを、その無邪気な心のうちに読みとって、笑わずにはいられない。父親は残酷にも、そういう軽率な態度をとがめて、あざけるような口調で、あなたはなんのためにいま自分のことを話しているのか、あなたにはアルキノオスの娘とどんな共通点があるのか、とたずねる。恥ずかしさに身をふるわせながら、彼女はもう息をすることもできない、だれを見ることもできない。かわいい娘！　ごまかそうとしてもうまにあわない。あなたは心にもなくすべてを語ってしまったのだ。

まもなくそのちょっとした喜劇も忘れられた。あるいは忘れられたようにみえる。ソフィーにとってたいへんしあわせなことに、エミールだけはそれがどういうことか全然わからなかった。散歩をつづけているあいだに、若い二人は、はじめはわたしたちのそばにいたのだが、わたしたちののろい歩きかたに調子をあわせているのがたえられなくなる。いつのまにか、二人はわたしたちの先のほうを歩いている。たがいに近づいて、しまいには寄り添って、ずっと先のほうを歩いていくのが見える。ソフィーは落ち着いて注意ぶかく耳をかたむけているらしい。エミールはなにか話しながら、盛んに身ぶりをしている。二人は話にたいくつするようなことはないらしい。たっぷり一時間すぎて、わたしたちはひきかえすことにする。二人を呼ぶ。二人はひきかえしてくる。けれども、こんどは二人のほうがゆっくりと歩いてくる。そして二人はそのあいだの時間を利用していることがわかる。やがて、急に、その話し声がわたしたちに聞こえるところへくる手前で、二人はぴたりと話をやめ、足をはやめてわたしたちのところへやってくる。エミールは快活な、愛想のいい態度でわたしたちに近づいてくる。かれの目は喜びに輝いている。しかし、やや不安げにソフィーの母親のほうへ目をむけて、母親がどんな態度で自分をむかえるかと見ている。ソフィーにはとてもそんなゆとりはみられない。こちらへやってきながら、彼女は、自分が若い男性と二人だけでいることにすっかりどぎまぎしているらしい。これまでいくたびとなくほかの多くの男性とそういうことになっても困らされたことはなかったし、けっしてそれをとがめられたこともなかったのに。彼女は、ちょっと息をはずませながら、いそいで母親のところへかけてきて、さっきからずっとそこにいるような様子を見せて、なにかたいして意味のないことを言っている。

この愛すべき子どもたちの顔にあらわれている明るい気分を見ると、二人で話し合ったことがかれらの若い心から大きな重荷をとりのぞいたことがわかる。二人はおたがいにいままでより遠慮がなくなったわけではないが、その遠慮にはいままでのような当惑した様子はみられない。それはいまではただ、エミールの尊敬の念、ソフィーのつつしみぶかい性質、そして、二人のたしなみのよさから生じる遠慮なのだ。エミールは彼女になにか話しかけるようなことさえする。ときに彼女は返事をすることもあるが、そのために口をひらくときにはかならず、母親の目をうかがっている。彼女のうちに感じられるなによりもいちじるしい変化は、わたしにたいするその態度だ。彼女はわたしにいっそう積極的な考慮をはらい、関心の目をむけ、親しげに語りかけ、わたしを喜ばせるようなことに注意している。彼女が尊敬の念をこめてわたしを見ていること、彼女にとってはわたしの尊敬をうけることがどうでもいいことではなくなっていることがわたしにはわかる。エミールがわたしのことを彼女に話したことがわたしにはわかる。二人はもう共謀してわたしを征服しようとしているのだと人は言うかもしれない。しかし、そんなことは全然ないし、ソフィー自身、そうかんたんに征服されはしないのだ。エミールはおそらく、わたしのことで彼女の助けを必要とする以上に、彼女のことでわたしの助けを必要とするだろう。かわいい二人よ……わたしの若い友人の感じやすい心が、愛人と最初に語り合ったとき、わたしのことをいろいろ話題にしてくれたことを考えて、わたしは自分の苦労がむくいられたことをうれしく思う。かれの友情は完全にわたしにむくいてくれたのだ。

訪問はたびかさなる。若い二人が話し合う機会はだんだん多くなる。恋に酔ったエミールは、もう幸福に手が届いたと思っている。けれども、かれはソフィーのはっきりした意志表示を得てはいない。彼女はエミールのことばに耳をかたむけてはいるが、自分のほうからはなんにも言わないのだ。エミールは彼女のつつしみぶかい性質をよく知っている。そういう控え目な態度も、かれにはそれほど意外とは感じられない。かれは、自分はソフィーに悪い感じをもたれてはいないと思っている。かれは子どもの結婚をきめるのは父親だということも知っている。ソフィーは両親の意向がはっきり示されるのを待っているのだとかれは考えて、それをたしかめる許可をソフィーにもとめる。彼女は反対しない。エミールはわたしにその話をする。わたしはかれに代わって話をもちだす。それもかれのいるまえで話をする。ソフィーは自分ひとりの意志でどうにでもできること、彼女はエミールを幸福にしてやりたいと思いさえすればそうできることを知ったとき、それは、かれにとってなんという驚きだったろう！　かれにはソフィーのふるまいが全然わけがわからなくなる。かれの自信は失われる。かれは不安になってくる。考えていたほどことは運んでいないことがわかる。そこで、彼女の心をなびかせるために、このうえなくやさしい愛がこのうえなくつよく相手の心に訴えることばをもちいることになる。

エミールはかれの不利になることに思いあたるように育てられてはいない。人から言われなければ、一生それを知ることはあるまいし、誇り高い心をもつソフィーも、かれにむかってそれを言うことはあるまい。彼女をためらわせている障害は、ほかの女性を喜ばせるようなことなのだ。ソフィーは両親のいましめを忘れてはいなかった。彼女は貧しい。エミールは金持ちだ。彼女はそれを知っている。かれは自分の価値を彼女にみとめてもらう必要がどれほどあることだろう！　そういう不平等を忘れさせるために、どれほどすぐれたものをかれは必要としていることだろう！　しかし、そういう障害がどうしてかれに考えられよう。エミールは自分が金持ちであることを知ってるのだろうか。そういうことを知る気にさえなるだろうか。ありがたいことに、かれは金持ちである必要など全然ない。そんなことがなくてもかれは親切な行ないをすることができる。かれは行なっているよいことをその心からひきだしているのだ。財布からひきだしているのではないのだ。かれは不幸な人たちに、自分の時間を、心づかいを、愛情を、自分の身をあたえている。そして、自分の善行を考えるばあい、かれは、貧しい人たちにばらまいている金をいくらかでも勘定にいれるようなことを、ほとんどする気にもなれない。

むくいられない恋をなんのせいにしていいのかわからないかれは、それは自分のあやまちのせいだと考える。自分が熱愛しているひとを、気まぐれだといって非難するようなことがだれにできよう。傷ついた自尊心は、ていよくあしらわれている恋の恨めしさをいっそうつらく感じさせる。かれはもう、自分をソフィーの心にふさわしいものと感じている心の愛すべき自信をもって彼女に近づいていくことができない。彼女のまえに出ると、かれは臆病になり、体がふるえてくる。かれはもう、やさしい態度によって彼女の心を動かすことができるとは考えていない。あわれみを感じさせることによって彼女の心をなびかせようとしている。ときには、もうやりきれなくなって、くやしさが忍耐心にとってかわろうとする。かれが興奮してくるのに気がついているらしいソフィーは、かれをみつめる。そのまなざしを見ただけで、エミールは勇気をくじかれ、臆病になる。かれはまえよりもおとなしくなってしまう。

そういう頑強な抵抗と、うちかつことができない沈黙に不安になったかれは、その心を友人の心にうちあける。かれは悲しみにうちくだかれた心の苦しみをうったえる。友人の助けと忠告をもとめる。なんという解きがたい秘密。あのひとはわたしの身の上に関心をもっている。それを疑うことはできない。わたしを避けるようなことはしないで、わたしと一緒にいることを喜んでいる。わたしが行くと、うれしそうな様子をみせるし、帰るときには名残り惜しげな様子をみせる。わたしの心づくしを快くうけてくれる。なにかしてやれば喜んでいるようにみえる。わたしに忠告してくれるし、ときにはなにかいいつけるようなことさえする。それなのに、あのひとは、わたしの願いも頼みもきいてはくれない。わたしが結婚の話をもちだすと、あのひとは高圧的に沈黙を命じる。そして、わたしがさらに一言(ひとこと)でもなにかいうと、あのひとはいきなり向こうへ行ってしまう。どんな奇妙な理由があって、あのひとは、わたしがそばにいることを望みながら、わたしのものになる話を聞こうとはしないのか。あのひとはあなたを尊敬し、敬愛している、あなたを黙らせるようなことは、あのひとにもできまい。だから、話してください。あのひとの話をきいてください。あなたの友人を助けてください。あなたの仕事をしあげてください。あなたの心づかいがあなたの生徒にとっていまわしいことにならないようにしてください。ああ、あなたの生徒の幸福を完全なものにしてくれないなら、かれがあなたからうけているものは、かれの不幸をもたらすことになるでしょう。

わたしはソフィーに話してみる。それは彼女がうちあけるまでもなく、わたしが知っていたことだ。そうちあけさせる。そして、たいして骨も折れずに、彼女の心の秘密をうちあけさせる。それをエミールに教えてやる許可をもとめるにはもっと骨が折れる。やっとのことで許しを得て、許されたことをする。その説明はエミールに大きな驚きをあたえ、かれはいつまでも茫然としている。かれにはそういう微妙な懸念が全然わからない。財産の多い少ないが人の性格や価値にどんな影響をあたえるのか、かれには考えられないのだ。財産が人々の偏見にどんな力をもつことになるかを言いきかせてやると、かれは笑いだし、うれしさに夢中になって、すぐにもでかけていって、すべてをひきさき、すべてを投げだし、すべてを捨てて、ソフィーと同じくらい貧しい者である名誉を手に入れ、ソフィーの夫にふさわしい者になって帰ってくるつもりになる。

なんということだ！　わたしは、かれをさえぎって、そして、かれのはげしいやりかたに、こんどはわたしのほうが笑いだして、こう言ってやる。そんな青くさい考えかたをして、あなたの頭はいつまでたっても成熟しないのだろうか。そして、あなたは、一生かかって哲学を修めたあとでも、正しく考えることを学んだことにならないのだろうか。あなたの無分別な計画を実行すれば、さらに状況を悪化させ、ソフィーをもっと手に負えなくすることが、どうしてわからないのだろう。あのひとにくらべていくらかよけいに財産があるというのは、ほんのちょっとした優越なのだが、それをみんなあのひとのために犠牲にするというのは、ひじょうに大きな優越を示すことになる。だから、誇り高いあのひとは、あなたにたいしてまえのひけ目を感じさせることに心を決めかねているのに、どうしてあとのひけ目を感じさせることに心を決めることができよう。あのひとは、夫から、おまえを金持ちにしてやったのに、などと非難されることに耐えられないのに、おまえのために自分は貧しくなった、などと非難されることにどうして耐えられよう。困った男だ！　あなたがそういう考えをもったことにあのひとが感づかないようによく注意するがいい。そんなことをしないで、あのひとのために倹約して、むだづかいをしないように気をつけるのだ。でなければ、あのひとは、あなたは巧妙な手段でわたしの心を征服しようとしている、投げやりにして失うことになるものを、喜んでわたしのために犠牲にしている、とあなたを非難するかもしれない。

ほんとうのところ、大きな財産があのひとの心配のたねになっているのだ、あのひとが承知しないのは富そのもののせいだとあなたは信じているのだろうか。いや、エミール、そうではないのだ。もっと強固な、そしてもっと重大な理由は、富が富める者の心のうちに生みだす結果にあるのだ。幸運の賜物である財産は、それをもっている人々から、いつも、どんなものよりねうちのあるものと考えられていることを、あのひとは知っているのだ。金持ちはみんな、人のねうちよりも黄金を重くみている。金(かね)と奉仕とを出し合うばあい、かれらはいつも、奉仕は金を完済することにならないと思い、わたしたちが一生のあいだかれらに奉仕するとしても、かれらのパンを食っているなら、わたしたちはまだかれらに借りがあると考えているのだ。では、エミール、あのひとが心配している点についてあのひとを安心させるには、どうしなければならないか。あなたというものをあのひとによくわからせるのだ。それは一日でできることではない。あなたの高貴な魂がもつ財宝のうちに、不幸にもあなたにあたえられている財産のつぐないとなるものを、あのひとに示してやるのだ。変わらない心と時の力によって、あのひとの抵抗を克服するのだ。偉大で高潔な感情によって、あなたの富を忘れさせるのだ。あのひとを愛し、あのひとのためにつくすのだ。あのひとの尊敬すべき両親のためにつくすのだ。そういう心づかいが、気ちがいじみた一時的な情熱の結果ではなく、あなたの心の底にきざまれている、消すことのできない原則の結果であることを証明してみせるのだ。好運に見すてられたすぐれたものに十分の尊敬をはらうのだ。そういうものと好運にめぐまれたすぐれたものとを和解させるただ一つの方法はそれだ。

こういうことばは青年にどんなにうれしい感激をあたえることか、どれほどつよい自信と希望をとりもどさせることか、たとえソフィーが存在しなくても、あるいはソフィーに恋していなくても、かれが進んでするにちがいないあらゆることを、ソフィーを喜ばせるためにしなければならないことを知って、かれの誠実な心はどれほど自分を祝福することか、それはよくわかるだろう。かれの性格がすこしでもわかっていれば、この機会におけるかれの行動を想像できない者はいないだろう。

こうしてわたしは、善良な二人の心のうちあけ相手になり、かれらの恋の仲介者になった。教師たる者にとってすばらしい役目だ！　まったくそのとおり、わたし自身の目にそれほどわたしを高貴な者に見せるようなこと、それほど深く自分に満足を感じさせるようなことは、わたしはこれまでの生涯になにもしなかったのだ。それに、そういう役目には楽しいこともないわけではない。わたしはソフィーの家に行っても迷惑には思われない。そこでは二人の恋人に規律をまもらせる配慮はわたしにまかされている。きらわれはしないかとたえずびくびくしているエミールは、かつてなかったほど従順になっている。かわいいひとはいろいろとわたしに友情を示してくれるが、わたしはそれにだまされはしない。そして、わたしにあてられたものだけをわたしへのものとしてうけとる。そうして彼女はエミールに強制している尊敬を間接的につぐなっているのだ。かずかずのやさしい心づかい、直接エミールに示すくらいならむしろ死んでしまいたいと思っているようなことを、彼女はわたしを通してエミールに示しているのだ。そしてわたしはかれの得にならないようなことをするつもりはないことを知っているエミールは、わたしが彼女と仲よくしていることを喜んでいる。散歩するとき、ソフィーがかれの腕をことわって、そのかわりにわたしの腕をとっても、かれは心をなぐさめている。不平もいわずに離れていくとき、かれはわたしの手をにぎりしめて、「わたしのかわりに話してください」と、口と目でそっと言う。かれは強い関心の目でわたしたちのあとを追ってくる。わたしたちの表情からわたしたちの感情を読みとろうとしている。わたしたちの身ぶりからわたしたちの話の内容を推測しようとしている。わたしたちのあいだで話されることは、かれにとってどうでもいいことはひとつもないことを知っているのだ。善良なソフィーよ、テレマークには聞こえないところで、メントルと語り合うことができるとき、あなたの正直な心はどんなに満足していることだろう。あなたは、なんという愛すべき率直さでやさしい心のうちに感じているすべてのことを相手に読みとらせていることだろう。どれほど大きな喜びをもってその教え子にたいするあなたの評価のすべてを知らせていることだろう。たまらなくなってあなたの話に口を入れようとするうるさい男を、なんというつわりの怒りを見せて追いはらっていることだろう。あなたがその男をほめているとき、その男がほめられているのをあなたが聞いているとき、そして、たえずわたしの返事からかれを愛する新たな理由をなにかしらひきだしているとき、かれが邪魔をしにやってくると、あなたは、なんというかわいらしい恨みをこめて、かれの不謹慎なふるまいをとがめることだろう。

こうして、はっきり名乗りをあげた恋する男として、心を苦しめられることになったエミールは、そのあらゆる権利をもちいることになる。かれは、語り、せがみ、願い、うるさくつきまとう。きついことを言われても、手荒くあしらわれてもかまわない、ただ、自分の言うことを聞いてもらえればいい。とうとうかれは、容易なことではなかったが、ソフィーのほうでもはっきりとかれにたいして愛人としての権威をもってくれること、なにをしなければならないかいいつけてくれること、たのまないで命令してくれること、ことわらないでうけいれてくれること、訪問の回数と日をきめてくれること、これこれの日までは来てはいけない、これこれの時刻をすぎればいてはいけない、と言ってくれること、そういうことを彼女に承知させる。それはすべて冗談(じょうだん)にではなく、ごくまじめにきめられたことで、ソフィーはそういう権利をやっとのことでうけいれたのだが、その権利をもちいる態度はひじょうにきびしく、そのために、かわいそうにエミールは、そういう権利を彼女にあたえたことにたびたびうらめしい思いをさせられている。しかし、彼女がどんなことを命令しても、かれは口答えしない。そしてしばしば、命令に従って帰っていくとき、かれは、「ごらんなさい、あのひとはわたしをあのひとのものにしてくれたのです」と語っている、喜びにあふれた目でわたしをみつめる。そういうとき、誇らしげな女はそっとかれを見はっていて、彼女の奴隷の自負心を心のなかでほほえましく思っている。

＊

アルバーニよ、ラファエロよ、快楽を描く絵筆をかしていただきたい。崇高なミルトンよ、わたしのつたない筆に恋と純真な心の喜びをしるす技術を教えていただきたい。いや、むしろ、清らかな自然の真実をまえにして、人をだますあなたがたの芸術をひっこめていただきたい。感じやすい心、誠実な魂、それだけがあればいい。そして、あなたがたの想像を二人の若い恋人の夢のような喜びのうえにのびのびとさまよわせるがいい。かれらは、両親と指導者にみまもられて、かれらの心を喜ばせる快い幻想になんの不安もなく身をゆだね、欲望に酔いしれて、すこしずつ最後の目標にむかって進みながら、墓にいたるまでかれらを結びつけることになる幸福の絆(きずな)を花と飾りの綱で編んでいる。さまざまのすばらしいイメージにわたし自身も酔いしれて、順序も脈絡もなくそれを寄せ集める。それが呼び起こすはげしい興奮のために、わたしはそれを結びつけることができない。父親、母親、娘、教師、生徒の、それぞれちがった状況から成る甘美な画面、愛と美徳が幸福をもたらすことになるこのうえなく愛すべき二人の結婚に、みんながたがいに協力し合っている甘美な画面、感じやすい心をもっている人なら、だれでも自分でそれを描いてみることができるのではないか。

相手に気に入られたいと心から願っているエミールには、かれが修得した人を喜ばせる才能のねうちがいまこそわかってくる。ソフィーは歌をうたうのが好きだ。かれはソフィーと一緒にうたう。さらにすすんで、彼女に音楽を教える。ソフィーは軽快で、跳びはねるのが好きだ。かれはソフィーと一緒に踊る。かれは跳びはねるソフィーにステップを踏ませ、ちゃんとした舞踏を教えてやる。それは楽しい授業だ。はしゃいだ快活な気分が授業に活気をそえ、それが恋の臆病な気がねを少なくする。たまらなく楽しいそういう授業をすることが恋する男には許されている。愛人(メートレス)の先生(メートル)になることが許されている。

ソフィーの家には、すっかり調子がくるってしまった古いクラヴサンがある。エミールはそれを修理し調律する。かれは指物師であるのと同じ程度にクラヴサンや弦楽器の製作者なのだ。自分でできることはなんでも他人の助けをかりないですませられるようになること、それがいつもかれの格率だった。家は絵にしたいような地点にある。かれはそのさまざまな眺めを写しとる。ときにはソフィーも手伝って、それで父親の書斎を飾る。額縁(がくぶち)は金ピカのものではなく、その必要もない。エミールがデッサンをとっているのをみると、彼女もそのまねをして、かれを手本にその技術を完全に身につける。彼女はあらゆる芸術を修得する。そして彼女の魅力はそれらのすべてに美しさをそえる。父親と母親は、身のまわりに美術品が輝いているのを見て、そういうものだけがなつかしく感じさせていた昔の豊かな生活を思い出す。かれらの家を恋がすっかり飾ってくれることになったのだ。かれらはかつては金と苦労のおかげで楽しみを寄せ集めていたのだが、それと同じ楽しみを、恋はその力だけで、費用もかけさせず、苦労もさせないで、家のなかにひろげてみせる。

偶像を崇拝する者は、自分が高く評価する財宝で礼拝の対象を豊かにし、崇拝する神を祭壇のうえにおいて飾りたてるが、恋する男も、愛する女性がいくら完璧に見えても満足しないで、その完璧なものをたえず新しいもので飾りたいと思っている。そんなものはなくても彼女はかれを喜ばせるのだが、かれのほうで彼女を飾る必要があるのだ。それは彼女に捧げるつもりでいる新たな尊敬のしるしとなる。彼女をながめる喜びに新たな興味をそえることになる。かれには、どんな美しいものでも、崇高な美を飾るものとならなければ、その場所を得ていないように思われる。見ていると、エミールは、ソフィーに教えようとしていることが彼女の趣味にあうかどうか、彼女にふさわしいかどうか、ということは考えもしないで、自分が知っていることはなんでも教えようと熱心になっている。感動させられもするが、笑いたくもなる光景だ。子どもじみた熱心さで、かれはあらゆることについて話してきかせ、あらゆることを説明してやる。教えてやればすぐに相手は理解するものと信じている。彼女と一緒に考えたり、哲学を論じたりする楽しさを、先に心に思い浮べている。彼女のまえにひろげてみせることができない知識はすべて無用のものと考えている。彼女が知らないことをなにか知ってるのは恥ずかしいことだとさえ思っている。

こうしてかれは、哲学、物理、数学、歴史、一言でいえば、いっさいのことについて彼女に講義してやる。ソフィーはかれの熱意に喜んでついて行き、そこから利益を得ようと努力する。彼女のまえにひざまずいて講義することを許してもらえるとき、エミールはどんなに満足していることか。かれは天国がひらかれるのを目のあたりに見ているような気がする。それにしても、そういう姿勢は、先生にとってではないが、生徒にとってはぎごちなくて、教授にいちばんぐあいのいい姿勢とはいえない。そんなときには、生徒は、自分の目を追ってくる目を避けようとしても目のやり場がないし、二人の目がかちあうと、どうしても授業はうまく進まなくなる。

考える技術は女性にとってどうでもいいことではないが、女性は、理論的な学問は初歩的なことだけですませるべきだ。ソフィーはなんでもよく理解するが、たいしたことは覚えない。彼女のもっともいちじるしい進歩は倫理と趣味に属することにみられる。物理では、一般法則と宇宙論についてある観念を得るだけだ。ときには、二人で散歩しているとき、自然のすばらしい光景をながめながら、かれらの純真な心は自然をつくった者にまで高められるようなこともある。二人はその存在に恐れを感じることなく、そのまえで、一緒にかれらの信仰を告白する。

なんということだ。若い盛りの恋人たちが二人だけでいるときに宗教の話をする！　教理問答に時をすごす！　厳粛なことをけがすようなことをして、なんの役にたつのか。そう、たしかに、二人はうっとりするような幻想にひたりながら教理問答をしている。かれらは自分たちを完全なものと考え、たがいに愛し合い、美徳に報賞をあたえる者について感激をこめて語り合っているのだ。かれらが美徳に捧げる犠牲は、美徳をかれらにとって大切なものと感じさせる。抑えなければならない興奮にとらえられながら、かれらは一緒に、天からふる露よりも清らかな涙を流すこともある。その快い涙はかれらの生活の大きな魅力となる。かれらは人間の魂が経験することができたもっとも魅力的な興奮のうちにある。満たされない感じさえ、かれらの幸福を大きくし、犠牲をはらっている自分たちを尊敬すべき者とかれら自身に考えさせる。ひたすら官能の喜びをもとめる人々よ、魂なき肉体よ、かれらもいずれきみたちの快楽を知るだろうが、それを自分たちに拒否した幸福な時代を一生、名残り惜しく感じるだろう。

そんなふうにむつまじくしているにしても、ときには仲たがいが、けんかさえも、起こらないわけではない。彼女にも気まぐれなところがないわけではないし、かれも自分を忘れることがないわけではない。けれども、そういうちょっとした風波はすぐにおさまって、二人の結びつきをいっそう強めるだけだ。そういう経験そのものが、もうそれほど心配するにあたらないことをエミールに教えてくれる。仲たがいがかれの不利になる以上に、仲直りはいつもかれの有利になるのだ。最初の仲たがいから生じた結果は、別の機会にも同じ結果をかれに期待させた。かれは思いちがいをした。しかし、とにかく、かれはいつでもそんなにはっきりした利益を手に入れることにはならないにしても、ソフィーがかれの心にまじめな関心を寄せていることが確認される結果になるということではいつでも得をする。ところで、そのはっきりした利益とはどういうことなのか、それを知りたいという人がいる。よろしい。この例は、ひじょうに有益な格率を述べ、ひじょうに有害な格率を反駁する機会をあたえてくれるだろうから、なおさら喜んでお知らせしよう。

エミールは恋している。だから、ぶしつけなことはしない。それに、気ぐらいの高いソフィーがなれなれしいことを許すような娘でないことはなおさらよくわかるだろう。聡明にふるまうには、なにごとにも限度があるのだが、ソフィーは寛大にすぎるということではなく、むしろ厳格すぎるということで非難されるにちがいない。だから彼女の父親でさえ、ときには、娘の極端な気ぐらいの高さが高慢に変わらなければいいがと心配している。まったく二人だけのときにも、エミールは、ほんのちょっとした愛のしるしをもとめることも、そんなことを願っている様子を見せることとさえも、あえてしないだろう。だから、散歩するとき、ソフィーがその腕を自分の腕にまかせてくれる――彼女はそういう恩恵をかれの権利に変えてはくれないのだ――と、かれはたまに、ためいきをつきながら、彼女の腕を自分の胸にひきよせるくらいのことをするのがやっとなのだ。しかし、長いあいだしんぼうしていたすえに、かれはそっと彼女のドレスに接吻してみる。そして何回かは、ありがたいことに、彼女はそれに気づかないふりをしてくれる。あの日、もっとあからさまに同じことを許してもらおうとすると、彼女は、ふっと、これはたいへんいけないことだと考える。かれはあきらめない。彼女は怒る、腹だたしさになにかきついことを言う。エミールも黙って聞いてはいない。その日は、あと、ずっとふくれていて、二人はたがいに大きな不満を感じたまま別れる。

ソフィーは落ち着けない。母親は彼女の心のうちあけ相手だ。その母親にどうして悲しい気持ちを隠しておけよう。それは最初の仲たがいだったし、一時間の仲たがいはまったくの大事件だ。彼女は自分のあやまちを後悔する。母親はそのつぐないをすることを許す。父親はそれを命令する。

あくる日、落ち着いていられないエミールは、いつもより早くやってくる。ソフィーは母の化粧室にいる。父も同じ部屋にいる。エミールはうやうやしい態度で、しかし暗い顔をして、そこへはいってくる。母と父があいさつをすませるとすぐに、ソフィーは、ふりむいて、かれに手をさしのべながら、やさしい口調で、いかがですの、とたずねる。そのかわいい手がかれにさしのべられたのは、もちろん、接吻してもらうためだということははっきりしているのに、かれはその手をとりながらも、接吻しない。ソフィーは、すこしきまり悪くなって、できるだけぎごちなく見えないように、手をひっこめる。エミールは、女性たちのように生まれついてはいないし、気まぐれがなんの役にたつのかも知らないので、すぐにそれを忘れはしないし、そうはやく気持ちも落ち着けない。ソフィーの父親は、娘が当惑しているのを見て、なにかからかうようなことを言って、彼女をすっかりまごつかせてしまう。かわいそうに、娘は、混乱し、恥ずかしくなって、自分がしていることもわからなくなり、なにもかも忘れて泣きだしたくなる。がまんしていればいるほど、なおさら胸がいっぱいになってくる。とうとう、抑えきれず、涙が一粒おちてくる。それを見て、エミールは、あわてて彼女のまえにひざまずき、その手をとって、感動をこめていくたびか接吻する。「まったく、あなたはお人好しだ、」と父親は大笑いをしながら言う、「わたしなら、こういう気まぐれな女にはそれほど寛大にしないで、わたしを侮辱したその口を罰してやるでしょうね。」そう言われて大胆になったエミールは、懇願の目を母親のほうへむけ、承諾のしるしを見たと考え、身をふるわせて、ソフィーの顔に近寄る。ソフィーは、顔をそむけ、唇にふれられまいとして、バラの頬をむける。遠慮を忘れた若者はそれでは満足しない。相手もしいて抵抗しない。なんという接吻、これが母親の見ているまえでなかったら！　厳格なソフィーよ、気をつけるがいい。これから、かれはたびたび、あなたのドレスに接吻させてくれと言うだろう。ときにはあなたが拒絶してくれることになればいいのだ。

そういうみせしめのあとで、父親はなにか用事があって家を出ていく。母親はなにか口実をつくってソフィーを遠ざける。それから、母親はエミールにことばをかけ、まじめな口調でかれにこういう話をする。

「あなた、わたくしは、あなたのように生まれがよく、育ちもよい若い方、正しい考えをもち、品行も正しい方は、一家の者が示している友情に、その家の不名誉になることでむくいるようなことはなさらないものと信じています。わたくしは交際ぎらいの女でも、貞淑ぶった女でもありません。快活な若い人たちにみとめてやらなければならないことも知っています。いまわたくしの目のまえで許したことは、それを十分に証明しています。あなたのしなければならないことをあなたの先生にきいてごらんなさい。先生は、父親と母親がいるところでなら許される戯れと、親たちのいないところで勝手なことをして、信頼されているのをよいことに、親たちの見ているところでなら無邪気なことにすぎない愛のしるしを罠に変えるようなことをする、そういうこととのあいだには、どれほど大きなちがいがあるかを教えてくださるでしょう。娘はあなたにたいして、許してはならないことが最初わからなかったということのほかには別にまちがったことをしてはいないということを、先生は教えてくださるでしょう。愛のしるしと考えられるようなことはみんなほんとうにそうなるということ、ですから、若い娘がなにも知らないのをよいことに、みんながいるところでなら許される自由なふるまいを人のいないところで勝手にするのは、名誉を重んじる人にふさわしくないということを、先生は教えてくださるでしょう。人のまえでたしなみということが耐えられることはわたくしたちによくわかるのですが、人の知らないかくれたところで、自分の思いついたことを自分ひとりで判断するような人はどこでやめるのか、わたくしたちにはわからないのです。」

わたしの生徒よりもむしろわたしに、そういう正当な苦言を呈したあとで、賢明な母親はわたしたちから去っていく。そしてわたしは、自分のまえでは娘の唇に接吻されることをそれほど大したこととは考えず、だれもいないところで娘のドレスに接吻されることを心配する、母親のたぐいまれな思慮の深さに、いつまでも感心している。いつも見かけのよさのためにほんとうの節度というものを犠牲にしているわたしたちの格率の愚かしさを反省してみると、心がいっそう堕落するとそれだけことばづかいが洗練されてくるわけが、お行儀のいい連中はいっそう誠実さに欠けてくるとそれだけまたお行儀がよくなるわけが、わたしにはよくわかる。

この機会に、もっとはやくから教えてやるべきだった義務をエミールの心に浸透させながら、もう一つこれまで気がつかなかったことをわたしは考えさせられる。それはおそらく、ソフィーにとってこのうえなく名誉になることなのだが、しかしわたしはそれを彼女の恋人に知らせることをさしひかえる。それは、ソフィーがとがめられているあの気ぐらいの高さということは、あきらかに、彼女が自分自身から自分を守るためのひじょうに賢明な用心にほかならないということだ。不幸なことに燃えやすい体質をもっていることを自覚している彼女は、最初の火花を恐れ、全力をあげてそれを遠ざけているのだ。彼女が厳格なのは気ぐらいが高いためではなく、自分を卑下しているからだ。彼女は、ソフィーにたいしてはもてないのではないかと心配している権力を、エミールにたいしてにぎっているのだ。エミールをつかってソフィーと戦っているのだ。彼女にもっと自信があれば、恋人にたいしてももっとずっとやさしくするにちがいないのだ。自その点を別にすれば、あんなに愛想のいい、やさしい娘が世間のどこにいるだろう。他分の心を傷つけられてもあんなにしんぼうづよく耐えられる者がどこにいるだろう。他人の心を傷つけることをあんなに恐れている者がどこにいるだろう。美徳を別にすれば、どんなことにもあれほど自負心をもたない者がどこにいるだろう。それに彼女は、自分の美徳を誇らしく思っているのではない。美徳をもちつづけていくために高い誇りをもっているにすぎない。だから、なんの危険もなしに自分の心の傾向に身をゆだねられるときには、彼女は恋人にさえやさしくする。しかし、慎重な母親は、こうした細かいことは父親にもなにもかも話してはいない。男はなにもかも知っているべきではないのだ。

さらにソフィーは、エミールの心を征服したことに得意になっている様子もなく、すべての人にたいしていっそう愛想がよくなり、気むずかしいことはなおさら言わなくなった。たぶん、そういう変化をもたらしたひとりの人にたいしては別だ。彼女の高貴な心はもう、だれにもしばられてはいないと考えて、誇らしく感じるようなことはない。自由とひきかえに手に入れた勝利を彼女は謙虚な気持ちで喜んでいる。態度は以前ほど自由ではなくなり、恋人ということばを聞くと顔を赤らめずにはいられなくなってからは、ことばづかいにもいっそう気をつかっている。それにしても、当惑した様子にも満ちたりた心がうかがわれるし、その恥ずかしい気持ちさえ不快な感情ではない。ことに若い男の訪問客の相手をするばあい、これまでとちがう彼女のふるまいがいちばんはっきりあらわれる。そういう人々を恐れることもなくなってからは、かれらにたいする彼女の極端に控え目な態度もずっとうちとけてきた。好きな人をきめた彼女は、関心をもたない人々にたいしては気がねすることもなく愛想よくふるまっている。かれらの人柄になんの興味も感じなくなってから、まえほど気むずかしくなくなった彼女は、自分にとっては永久になんの意味もない人として、いつでもかれらを十分に好ましい人たちだと考えている。

ほんとうの愛も媚態を示すことがあるとするなら、恋人がいるところで若い訪問客にたいしてソフィーが示す態度のうちにもいくらかその気配がみられるとさえわたしは考えたい。控え目な態度とやさしい態度との甘美な混じり合いによって恋人のはげしい情熱をかきたてるだけでは満足しないで、彼女はさらに、その情熱を多少の不安でいらだたせるのも悪くはないと思っているらしい。わざと若い訪問客を喜ばせるようなことをして、エミールにたいしてはとても示せないようないきいきとした魅力を、かれの心を苦しめるために見せているらしい。けれどもソフィーはよく気がつき、善良で、分別があるから、じっさいにかれの心を苦しめるようなことはしない。そういう危険な刺激剤の効果をやわらげるうえに、彼女にあっては愛と節度とが思慮に代わるものとなっている。彼女はかれを心配させるとともに、ちょうど必要なときにかれを安心させることをこころえている。だから、ときには不安を感じさせることはあっても、けっして暗い気持ちにならせることはない。愛する人の心を痛めさせるとしても、彼女を許してやることにしよう。彼女はいつまでたっても恋人の心を十分につなぎとめられないのではないかと心配しているのだから。

それにしても、そうした小細工はエミールにどう作用することになるか。かれは嫉妬するだろうか。しないだろうか。それをしらべてみる必要がある。こういう余談もまた、わたしの書物の目的のうちにふくまれるのであって、わたしを主題からそれほど遠ざけることにはならない。

もっぱら臆見にもとづいていることでは、この情念がどんなふうに人間の心にはいりこんでくるかはまえにあきらかにした。しかし、恋愛のばあいはそれとはちがってくる。

このばあいには嫉妬心は自然と密接な関係があるらしいので、それは自然から生じるものではないと考えるのはとてもむずかしい。それに、いくつかの種類の動物は猛烈な嫉妬を示すことさえあるので、動物の例そのものも、異論の余地なく、恋愛における嫉妬は自然から生じるという考えを正しいものとしているようにみえる。雄鶏たちに相手を散々にやっつけることを、牡牛たちに死ぬまで闘うことを教えるのは、人間の臆見だろうか。

わたしたちの楽しみをかきみだし、さまたげるいっさいのものにたいする反感は、自然の感情である。これは異論の余地ないことだ。わたしたちの気に入ったものを独占したいという欲求についても、ある点まで、同じことが言える。けれども、その欲求が、情念となり、狂おしい気持ちに変わるなら、つまり、嫉妬心と呼ばれる、疑いぶかい、いらいらした気分に変わるなら、このばあいには、事情はちがってくる。この情念は自然のものであることもあるし、そうでないこともある。そこで、区別して考えなければならない。

動物からひきだされる例は、まえに「不平等論」のなかで検討された。* いまあらためてそれをよく考えてみたが、その検討は十分堅実なものと思われるので、読者にそれを見ていただくことにしよう。ただ、あの著作のなかで区別しておいたことにつぎのようなことをつけくわえておきたい。自然からくる嫉妬は性の能力と深い関係があり、この能力に際限がないばあい、あるいは際限がないようにみえるばあいには、その嫉妬は極限に達する。というのは、このばあい雄は、その必要にもとづいて権利を主張するので、ほかの雄をいつでもうるさい競争者としか見ることができないからだ。こういう種類の動物では、雌は、いつでも最初にやってきた雄に従い、征服の権利によってのみ雄のものになるから、雄たちのあいだに永久の戦いをひきおこす。

はんたいに、一匹の雄と一匹の雌とが結びつき、その結びつきが一種の道徳的な絆、一種の結婚をもたらすような種類にあっては、雌は、自分の好みによって選んだ雄のものになり、一般にほかの雄をうけつけない。そして、雄は、雌の忠実さを保証するものとしてその好みにもとづく愛情をうけているので、ほかの雄を見ても不安を感じることが少なく、平和にかれらとともに生きていることが多い。こういう種類にあっては、雄は雌と一緒に子どもの世話をする。そして、それを観察するとき感動せずにはいられない自然の掟の一つによって、父親が子どもにたいしてもつ愛着を、雌は父親にむくいているようにみえる。

さて、人間をその素朴な原始状態において考えてみると、男性のかぎられた能力をみても、その欲望に節度があることをみても、かれはひとりの女性で満足するように、自然によってきめられている、ということは容易にわかる。このことは男女の数が、少なくともわたしたちの住んでいる風土においては、等しいことによっても確認される。ひじょうに強い一匹の雄が何匹もの雌を自分のものにしているような種類の動物では、雌雄の数が等しいということはなかなか見られない。そして、男性は鳩のように卵を抱かないとしても、また、乳をあたえる乳房をもたないので、この点においては四足獣の部類にはいるとしても、子どもは長いあいだ這っているし、力もないので、母親と子どもは、父親の愛着と、その結果である心づかいをうけないで生きていくことはむずかしい。

そういうわけで、いくつかの種類の動物の雄にみられる激しい嫉妬が男性にたいして全然なんの結論ももたらすものではないことは、すべての事実が一致して証明している。そして、一夫多妻制が確立されている南方の風土にみられる例外そのものも、いっそうよく原則を確認しているにすぎない。妻が何人もいるからこそ夫たちの圧制的な警戒心が生じるのだし、自己の無力感が男性に、自然の掟に反する強制手段をもちいさせているのだ。

わたしたちのあいだでは、この自然の掟は、そういうことで破られることは少ないが、それとは逆の、いっそう忌まわしいことで破られていて、嫉妬心はその動機を原始的な本能よりもむしろ社会的な情念のうちにもっている。女性にいんぎんな社会の男女関係では、たいてい、恋する男は相手の女性を愛しているというよりもむしろ恋敵を憎んでいるのだ。自分ひとりが言うことをきいてもらえるのではないことをかれが心配するのは、すでにその起源をあきらかにしておいた自尊心の結果なので、かれにあっては愛よりもむしろ虚栄心が苦しめられているのだ。それにまた、わたしたちのまずい教育はたえず感情をいつわることを女性に教えているし、(一五)その欲望に強い刺激をあたえてもいるので、どんなにはっきりと示されているその愛着もほとんどあてにはならないし、女性は、恋敵のことを気にしている恋人を安心させる特別の愛情のしるしを見せることもできなくなっている。

ほんとうの恋についていえば、事情はちがってくる。わたしは、さきに示した著作のなかで、この感情は人が考えているほど自然のものではないことをあきらかにした。さらに、男性にその妻にたいして愛着を感じさせる和やかな習慣と、ありのままに見ることができなくなっている対象の幻想的な魅力で男性を酔わせる激しい情熱とのあいだには、大きなちがいがある。恋愛という情念は、ひたすら独占と特別の愛情をもとめていて、うぬぼれとちがうところはただ、うぬぼれは、すべてをもとめてなにもあたえないから、どんなばあいにも正しくないのだが、恋愛は、もとめるものと同じ程度のものをあたえるから、当然、まったく公正な感情になる、ということだ。さらにまた、恋は多くをもとめれば、それだけ信じやすくもなる。恋を感じさせる幻想はそれを容易になっとくさせることにもなる。恋は落ち着きを欠いているとしても、尊敬には信頼がある。そして、尊敬をともなわない恋はけっして誠実な心には存在しなかった。だれでもみんな、愛する者のうちに、自分が尊重している美点を愛しているのだから。

こうしたことが十分あきらかにされたなら、エミールはどんな種類の嫉妬を感じるか、まちがいなく、言うことができる。この情念は人間の心にその芽をほとんどもたないのだから、その形はもっぱら教育によって決定されるのだ。恋をして嫉妬を感じても、エミールは、怒ったり、暗い顔をしたり、疑ったりしないで、繊細になり、敏感になり、臆病になるだけだろう。いらだったりしないで、不安になるだけだろう。競争者をおどかすようなことはしないで、むしろ愛人の心を征服しようと努力するだろう。競争者を敵として憎んだりしないで、一個の邪魔ものとして、できれば、遠ざけたいと思うだろう。憎むとしても、それは、かれがもとめている心を大胆にもかれと争っているからではなく、その心を失う現実の危険をかれに感じさせるときだろう。かれは、他人が自分と競争するつもりになったからといって、不当な高慢心から腹を立てるといったような愚劣なことはしまい。特別の愛を手に入れる権利はもっぱら人柄にもとづいていること、また、名誉は結果によってあたえられることを承知しているかれは、いままでよりずっと気をつかって好ましい人間になろうとするだろうし、おそらく成功することにもなる。寛大なソフィーは、多少は心配させることによってエミールの愛をいらだたせながらも、その心配が大きくならないようにすることを、そのつぐないをすることも、こころえていることだろう。そして、競争者たちは、エミールをためすために競争者になることを許されていたにすぎないので、やがて遠ざけられることになる。

それにしても、知らないうちに、わたしはどこへ連れていかれてしまったのか。ああ、エミール、きみはどうしたのだ。わたしは、きみのうちにわたしの生徒をみとめることができるだろうか。きみはなんと低いところへ落ちてしまったことよ！　あれほどきびしくきたえられてきたあの青年はどこにいるのだ。きびしい季節をものともせず、体(からだ)をこのうえなくつらい労働に、心を知恵の掟だけにゆだねていた青年、偏見を、情念を寄せつけず、真実だけを愛し、道理だけに屈し、自分でないものにはなにものにもしばられていなかったあの青年はどこにいるのだ。いまでは、無為な生活をしているうちに柔弱になってしまったかれは、女性たちに支配されている。女性たちがおもしろがることがかれの仕事になっている。女性たちの意志がかれの掟になっている。一人の若い娘がかれの運命を決定する者になっている。かれはその娘のまえにはいつくばっている。まじめなエミールが子どものおもちゃにされている！

それが人生の情景のうつりかわりというものだ。それぞれの時期にはそれを動かすそれぞれの力がある。しかし人間はいつでも同じなのだ。かれは、十歳のときにはお菓子に、二十歳のときには愛人に、三十歳のときには快楽に、四十歳のときには野心に、五十歳のときには利欲にひっぱり廻される。人間がひたすら知恵をもとめるのはいつのことか。知らずに知恵へ導かれていく者はしあわせなことよ。どんな案内者をつかってもかまわない、目的地に連れてってくれさえすればいいのではないか。英雄たち、賢者たちさえも、人間的な弱さにそういう税金をはらったのだし、その指で糸捲き棒を折ったような者*も、そのために偉大な人間でなくなったわけではない。

恵まれた教育の効果を一生の生活のうえに拡大したいと思うなら、子どものころのよい習慣を青年期のあいだもちつづけさせるがいい。そして、あなたがたの生徒がそうあるべきものになったら、あとはあらゆる時期に同じような者でいられるようにするがいい。あなたがたの仕事のこれからしなければならない最後の仕上げはそういうことだ。なによりもそのためにこそ、青年に教師を残しておくことが必要なのだ。そういうことがなければ、教師がいなければ恋愛もできないなどと心配する必要はほとんどない。教師たち、とくに父親たちに思いちがいをさせるのは、ある生きかたは別の生きかたを排除する、だから、大きくなったら小さいときにしていたことはなにもかもやめなければならない、と考えることだ。そんなことなら、子どものめんどうをみるのがなんの役にたつ。子ども時代をよくすごしたことも悪くすごしたことも、子ども時代が終わるとともに意味がなくなるだろうし、人はまったくちがった生きかたをするようになるとともに、必然的に別の考えかたをするようになるだろうから。

記憶を喪失させるのは重い病気だけだが、習慣を喪失させるのは激しい情念だけだといっていい。わたしたちの趣味や傾向は変化するとしても、その変化は、かなり急激に起こることもあるのだが、習慣によって弱められる。わたしたちの好みが変わっていくばあいにも、じょうずに色彩を薄めていくばあいと同じように、巧みな技術者は変化を目だたないようにし、さまざまな色調を溶け合わせ、混ぜ合わせ、それだけ浮きあがったものがないようにするために、いくつかの色調を作品の全体のうえにひろげなければならない。この規則は経験によって確認されている。節度のない連中は毎日のように、愛情、趣味、考えを変えて、一定したものとしてはなんでも変える習慣をもっているだけだ。ところが均衡のとれた人は、たえず以前の習慣にもどってきて、老年になってさえ、子どものころに好んだ楽しみにたいする趣味を失わない。

新たな時期に移ったとき、青年がそれに先だつ時期を軽蔑することにならないようにするがいい。新しい習慣を身につけながらも以前の習慣を捨てることにならないようにするがいい。いつからはじめたことでもいい、よいことはいつでもすることを好ませるがいい。そうしてこそあなたがたの仕事を台なしにしなかったことになるのだし、かれらのことはその生涯の終わりまで安心できることになる。いちばん気がかりな変化はいまあなたがたが注意している時期に起こる変化なのだ。これはいつまでも名残り惜しく思われる時期だから、ここでもちつづけていた好みはあとになってもなかなか失われない。ところが、ここで中断されると、一生とりかえしがつかないことになる。

あなたがたが子どもや青年につけさせたつもりでいる習慣は、たいてい、ほんとうの習慣ではない。かれらは強制されてそういう習慣を守るだけのことで、心ならずもそれに従っているかれらは、それから解放される機会を待ちこがれているのだ。長く刑務所にいたからといって刑務所にいる趣味が得られるわけはない。そのばあいには、習慣は、嫌悪を弱めるどころか、強めるのだ。エミールにはそういうことはない。かれは子どものころ、なにをするにもいつも自分の意志で、喜んでしていたので、大人(おとな)になってもあいかわらず同じやりかたで行動することによって、いつも快い自由感に習慣の力をつけくわえているのだ。活動的な生活、腕をつかう仕事、訓練、運動は、かれにはどうしても必要なことになっているので、それをやめれば苦痛を感じずにはいられない。柔弱なじっとしている生活を急にかれにしいることは、かれを監禁し、束縛し、耐えがたい窮屈な状態にとどめておくことになる。そのためにかれの気分も健康も同じようにそこなわれることは疑いないと思われる。しめきった部屋ではかれは落ち着いて息もできないくらいだ。かれには戸外の空気が、運動が、労働が必要なのだ。ソフィーのかたわらにいてさえ、ときどき横目で野山をながめずにはいられない、彼女と一緒に野山をかけまわりたいと思わずにはいられない。それでも、じっとしていなければならないときはじっとしているのだが、落ち着かず、そわそわしている。心のなかでもがいているようにみえる。かれは鎖につながれているからこそそこにとどまっているのだ。では、わたしはかれにやむをえないことをさせているのだ、かれに束縛をあたえているのだ、とあなたがたは言うだろうが、それはたしかにその通りだ。わたしはかれを人間の状態にしばりつけているのだ。

エミールはソフィーを愛している。しかしもともとどんな魅力がかれをとらえたのか。感受性、美徳、節度あることにたいする愛だ。愛人がもっているそういう愛を愛することによって、かれは自分のそういう愛を失ったことになるだろうか。ソフィーのほうでもまた、なにとひきかえに自分をあたえようとしたのか。彼女の恋人の心に生まれながらあるあらゆる感情、ほんとうによいものを尊重する気持ち、質素な生活、飾らない性質、高潔な無欲、富と驕りにたいする軽蔑、そういったものとひきかえにだ。エミールはまえからそういう美徳をもっていたので、恋のためにそれを押しつけられたのではない。だからエミールは、ほんとうのところ、どんな点で変わったことになるのか。かれはいままでどおりの自分でいる新たな理由を得た。それだけがかってのかれとちがっている点だ。

この書物をいくらかでも注意して読んでくれるなら、そこにエミールがみいだされるあらゆる状況はまったく偶然にかれの周囲に寄せ集められたのだと思っているような人がいるとは考えられない。都会は好ましい娘をたくさん提供しているのに、かれの気に入る娘は遠くはなれた片田舎にしかみつからないというのは偶然のことだろうか。かれがその娘にめぐりあうのは偶然のことだろうか。二人が意気投合するのは偶然のことだろうか。二人が同じところに住めないのは偶然のことだろうか。彼女からそんなに遠くはなれたところにしかかれが宿をみつけられないのは偶然のことだろうか。かれがたまにしか彼女に会えないのは、そして、たまに彼女に会う楽しみを大へんな苦労をしなければ得られないというのは偶然のことだろうか。かれは柔弱になっている、とあなたは言う。はんたいに、かれはますます頑健になっているのだ。ソフィーがかれに忍ばせる苦労に耐えるには、わたしがつくりあげたような丈夫な体をしていなければならないのだ。

かれは彼女からたっぷり二里はなれたところに宿をとっている。この距離は鍛冶場のふいごとなる。それによってわたしは愛の矢じりをきたえているのだ。二人が向かい合わせの家に住んでいるとしたら、あるいはかれが、ふんわりと、乗りごこちのいい馬車に乗って彼女に会いに行けるとしたら、かれはのんびりと彼女を愛することになるだろう、パリふうに愛することになるだろう。海がレアンドロスをヘロからひきはなしていなかったとしたら、レアンドロスはヘロのためなら死んでもいいという気になったろうか。*読者よ、よけいなことを言わせないでいただきたい。あなたは、わたしを理解できるような人なら、細かい点にも十分にわたしの規則をみいだせるのだ。

最初のころは、ソフィーを訪ねて行くのに、なるべくはやく行けるように、わたしたちは馬をつかっていた。わたしたちは、それをぐあいのいい乗物と考え、つづけて馬に乗って行く。五回目に、わたしたちは出迎えをうけた。家から半里以上はなれたところで、わたしたちは道に人影をみとめる。エミールはじっとそのほうをながめる。胸をわくわくさせる。近くまで行って、ソフィーがいることがわかると、かれは馬から飛び降りて、かけだし、飛んでいったかと思うと、愛すべき人々の足もとにいる。エミールはりっぱな馬が好きだ。かれの乗馬は元気で、自由になったと思うと、野原を横ぎって向こうへ走っていく。わたしはあとを追っかけて、やっとのことで馬をつかまえて、もどってくる。困ったことに、ソフィーは馬をこわがっている。わたしは彼女のそばへ行くことができない。エミールはそんなことはまるで気がつかないでいるが、ソフィーがそっとかれに、あなたは先生に御迷惑をかけていますよ、と教えてやる。エミールはすっかりあわてて、かけてきて、二匹の馬の手綱をとり、あとにひきさがっている。なんでも順番にするのは当然のことだ。かれはみんなより先に行って、わたしたちの乗物の始末をすることになる。そんなふうにソフィーをあとに残して行くことになったので、かれには馬というものはそれほどぐあいのいい乗物だとは思えなくなる。かれは息せききってひきかえしてきて、途中でわたしたちと一緒になる。

つぎにでかけていくときには、もうエミールは馬に乗って行こうとはしない。「どうして?」とわたしは言ってやる。「従僕を一人つれていって世話をさせればいい。」かれは言う。「ああ、そんなことをして、あの尊敬すべき一家によけいな負担をかけていいものだろうか。あなたにもよくわかっているように、あの家では、だれにでも、客にも馬にも、食事をさせようとしている。」わたしはつづける。「まったく、あの人たちには客を手厚くもてなそうとする貧しい人の高貴な心がある。金持ちは豪奢な暮らしをしながらも、けちで、友人を泊めるだけだ。ところが貧しい人たちは友人たちの馬も泊めてくれる。」「歩いて行こう」とかれは言う。「あなたにはそうする気力はないかしら。あなたは、あなたの子どものくたびれる遊びを喜んで一緒にしてくれたものだけれど？」「大いにけっこうだ」と即座にわたしは答える。「それに、恋というやつも、わたしの考えでは、そんなにはでにしてもらうことを望んではいないらしい。」

近くまで行くと、わたしたちは、前回よりももっと家から離れたところで、母親と娘にであう。わたしたちは矢のように飛んできたのだ。エミールは汗だらけになっている。いとしい人の手がハンケチで頬をぬぐってくれる。世の中に馬がどれほどたくさんいるとしても、わたしたちは今後、馬をつかう気にはなかなかなれまい。

それにしても、どうしても晩を一緒にすごせないというのはかなりつらいことだ。夏は去ろうとして、日は短くなってきている。わたしたちがなんと言っても、夜になって帰っていくことはけっして許してもらえない。だから、午前中に行っていなければ、向こうへつくとほとんどすぐに戻らなければならない。母親は、わたしたちのことをしきりに気のどくがり、心配しているうちに、やっぱり世間の手前があるので自分の家に泊めることはできないけれど、ときどき泊まっていける宿を村にみつけてやることはできると考えるようになる。それを聞いてエミールは、手をうって喜び、うれしさにわくわくしている。ソフィーも、その日、そういう方法をみつけてくれた母親に、なぜとは知らずに、いつもよりたびたび接吻する。

しだいにわたしたちのあいだに、なごやかな友情、純真な親しみが生まれ、つよめられていく。ソフィーあるいは母親から言われた日に、わたしはたいていわたしの友人と一緒に行く。ときにはかれをひとりで行かせることもある。信頼は魂を向上させるし、大人(おとな)はもう子どもあつかいにしてはいけないのだ。それに、わたしの生徒がわたしの尊敬にあたいしないなら、わたしはこれまでにどれだけ前進したことになるのか。かれをおいてわたしひとりで行くこともある。そんなときには、かれは悲観しているが、不平は言わない。不平を言ったところでどうにもならないのだ。それに、わたしはかれのためにならないようなことをしに行くのではないことを、かれはよく知っているのだ。さらに、わかりきったことだが、わたしたちは、一緒に行くにしても、別々に行くにしても、どんな天気だろうとためらいはしない。気のどくがられるような状態で向こうへついてもまったく平気なのだ。困ったことに、ソフィーはそういう名誉をわたしたちにあたえてくれない。お天気が悪いときに来ることを禁じている。これは、わたしがひそかに教えている規則に彼女が逆らっている唯一の場合だ。

ある日、かれは一人ででかけていった。そして、翌日でなければ帰ってこないものと思っていたのが、その日の晩に帰ってきたのを見て、わたしはかれを抱擁して言った。「ああ、エミール、きみは友人のところへ帰ってきてくれたのだね。」しかし、かれは、わたしのやさしいことばにふさわしい返事をしないで、ややむっとした態度でこう言うのだ。「わたしが自分の意志でこんなにはやく帰ってきたのだとは思わないでください。わたしは心ならずも帰ってきたのです。あのひとが帰るようにと言ったので。わたしはあのひとのために帰ってきたので、あなたのために帰ってきたのではありません。」この率直なことばに心を動かされて、わたしはもういちどかれを抱擁して、こう言った。「率直な魂よ、正直な友よ、わたしのものをわたしに隠してはいけない。きみはあのひとのおかげで帰ってきたのだが、わたしのおかげでそう言っているのだ。きみが帰ってきたのはあのひとがさせたことだが、きみの率直な態度はわたしがつくりあげたものだ。すぐれた魂にみられるそういう高貴な率直さをいつまでももちつづけるがいい。どうでもいいような人には好きなように考えさせるがいい。けれども、わたしたちが友人のためにしたわけではないことをその友人がわたしたちの美しい行為にするのを黙って聞いているのは罪悪なのだ。」

わたしは、かれの告白に気高い心以上にソフィーへの愛をみとめたり、かれは帰ってきたことを自分の人柄のせいにしたくないと思っている以上にソフィーのすぐれた人柄のせいにしたいと思っているのだと言ったりして、その告白の価値を軽く考えさせるようなことはもちろんしない。けれども、それとは知らずにかれがその心の底をわたしにみせていることはこういうことでわかる。つまり、もしかれが、自分の恋のことを考えながら、おそい足どりで、ぶらぶら帰ってきたとすれば、エミールはたんにソフィーの恋人であるにすぎない。多少はぶつぶつ言いながらも、大急ぎで、汗をかいて、やってきたとすれば、エミールはかれのメントルの友人なのだ。

こういうやりかたを見れば、わたしの青年がソフィーのそばで毎日をすごしているとか、いつでも好きなときに彼女に会っているとかいうことにはとうていならないことがわかる。週に一回か二回でかけていくことが許されている限度で、しかもその訪問も、たいていたった半日のことで、翌日に及ぶことはたまにしかない。かれはじっさいに彼女に会っていることよりも、会えることを期待したり、会ったことを喜んだりすることにはるかに多くの時間をついやしているのだ。訪問にあてる時間も、彼女に近づいていくのに、そして彼女から遠ざかってくるのにかかる時間よりも彼女のかたわらですごされる時間のほうが少ないのだ。真実で、純粋で、甘美な楽しみ、しかし現実のものであるよりもむしろ想像の所産であることが多いかれの楽しみは、かれの恋をかきたてながらも、心を柔弱にはしない。

彼女に会わない日は、かれはなんにもしないでじっとしているのではない。そういう日々にこそもとのままのエミールなのだ。かれはぜんぜん変わっていない。たいていのばあい、かれは近辺の野山をかけまわっている、博物学の勉強をつづけている。土地を、その産物を、耕作法を観察し、調査している。そこで見られる仕事ぶりを自分が知っている仕事とくらべてみている。かれはそのちがいの理由をしらべてみる。その土地のやりかたよりも別のやりかたのほうがすぐれていると判断するときには、それを農夫たちに教えてやる。もっと使いやすい形の鋤(すき)をすすめるとすれば、自分でひいた図面によってそれをつくらせる。泥炭地をみつければ、その地方ではまだ知られていないそれの効用を教えてやる。しばしばかれは自分で仕事をしてみせる。かれは農夫たち自身がつかうよりもらくらくと農具をつかい、かれらよりももっと深い、まっすぐな溝を掘り、もっと均等に種子をまき、もっとじょうずに土床をつくる。それを見て、農夫たちはすっかり驚いている。かれらはエミールを口さきだけの農学者だといってばかにするようなことはしない。かれがじっさいに農業を知っていることをかれらは見ているのだ。一言でいえば、かれはその熱意と心づかいを基本的で一般的な効用をもつあらゆることに注いでいる。さらに、それだけにとどまらない。かれは農民たちの家を訪ね、かれらの状態、家族、子どもの数、土地の広さ、生産物の種類、販路、かれらの資産、負担、負債などについてきいてみる。かれは、金はいくらもあたえない。たいていのばあい、金はまちがったことに使われることを知っているからで、金をやるときにはその使い道を自分で教えて、かれらの意に反しても、それがかれらの役にたつようにしてやる。かれは農民たちに労働者を提供し、また、しばしば、かれらが必要としている工事をかれら自身にさせてその日当(にっとう)をはらってやる。ある者には半ば傾いた家を修理させ、屋根を葺かせ、ある者には資力がないために放っておいた土地を開墾させ、またある者には、なくしてしまった家畜のかわりに、牛や馬や、あらゆる種類の家畜を提供してやる。二人の隣人が訴訟をしようとしていれば、その二人をなだめて、仲直りさせる。ある農夫が病気になれば、それを看護させ、自分でも看病してやる。(二六) ある者が隣りに住む有力者に苦しめられていれば、保護してやり、力ぞえしてやる。貧しい若い男女がたがいに愛し合っているとすれば、援助して結婚させてやる。年とった女が愛児を亡くしたとすれば、彼女を訪ねていって、なぐさめてやる。かれはその家にはいったかと思うとすぐに出てくるようなことはしない。かれは貧乏人を軽蔑しない。不幸な人々のそばをいそいで立ち去ろうとはしない。しばしば、援助してやっている農民たちの家で食事をすることがある。かれの助けを必要としていない人々のところでごちそうになることもある。ある者にとっては恩人となり、ある者にとっては友人となりながら、かれはたえずかれらと同等の者としてふるまっている。要するに、かれはいつでも自分の金をつかってよいことをすると同時に自分のからだをつかってよいことをしている。

ときには、あの恵まれた村の方向へ行ってみることもある。かれは、ひそかにソフィーの姿を見ることを、ソフィーに見られないで、散歩する彼女を見ることを期待できるかもしれない。けれどもエミールは、いつでも率直にふるまっている。なにごともごまかすことを知らないし、ごまかそうとは思わない。かれには、自分はよきものであるという信念から生まれる自尊心を喜ばせ、はぐくむ好ましい繊細さがある。かれは禁止されていることを固くつつしみ、ソフィー自身からうけたいと思っているものを偶然からうけることになるようなところへけっして近づかない。しかしかれは好んでその周辺をさまよい、愛人が来た場所にたたずみ、彼女がわざわざしてくれたこと、かれを出迎えるために足を運んでくれたことに感動する。彼女を訪ねることになっている日の前日には、どこか近所の農家へ行って、翌日のおやつになるものを頼んでおく。かれはなにげないふりをしているが、散歩の足はその農家の方向へむかう。偶然たずねてみるようにみんなはその農家へはいっていく。そこで果物や菓子やクリームを出される。食いしんぼうのソフィーはそういう心づかいに無関心ではいない。そしてわたしたちが用意しておいたものを心から喜んでくれる。わたしたち、というのは、わたしは彼女にお礼を言われるようなことを全然していなくても、きまってわたしもお礼を言われていたからだが、これはそんなに間の悪そうな様子を見せないでお礼を言おうとする若い娘の婉曲なやりかただ。父親とわたしは葡萄酒を飲む。しかしエミールは御婦人がたの好きなほうにまわって、ソフィーのさじがすくった皿のクリームをそっととろうとたえずねらっている。

＊

菓子を食べながら、わたしはエミールに、かれが昔よくやっていたかけくらべのことを話す。みんなはそのかけくらべとはどういうことか知りたいと思う。わたしはそれを説明する。みんなは笑って、あなたは今でも走れますかとかれにきく。かれは答える。「昔よりずっと速く。走ることを忘れてしまったとしたら、わたしは大へん残念に思うでしょう。」その場にいるだれかは、この人が走るのをぜひ見たいもの、と思うが、それを言いだせないでいる。ほかのだれかがひきうけてそれを申し出る。かれは承知する。近所の若者が二、三人あつめられる。褒美（ほうび）があたえられることになり、できるだけ完全に昔の遊戯を再現するために、決勝点のところに菓子がおかれる。みんなは走る用意をし、父親が手を叩いて合図する。エミールは鷲のように風を切って走り、のろまな三人の若者がまだいくらも進まないうちに、競走路を走りおえている。エミールはソフィーの手から褒美をうけるが、アエネアスにおとらず気まえのいいかれは、負けた者にみんなやってしまう。

　みんなが盛んに喝采しているとき、ソフィーは進んで勝利者に戦いをいどみ、自分だって同じくらい速く走れると自慢する。かれは彼女と勝負をあらそうことを辞さない。そして、彼女が競走路にはいる支度をしているとき、ドレスの両脇をまくりあげ、エミールをその戦いで打ち負かすことよりもかれの目にほっそりした脚を見せることに興味をそそられて、スリップが十分みじかいかどうか見ているとき、エミールは母親になにか耳うちする。母親は微笑して、承諾のしるしを見せる。そこでかれは競走相手とならんで位置につく。そこで、合図をしたと思うと、彼女はさっと小鳥のように飛びたつ。

女性は速く走るように生まれついていない。女性が逃げだすのは、つかまえてもらうためだ。走ることだけが女性の不得手なことではないが、走るときだけは女性は見ぐるしい様子になる。肱をひいて体にくっつけるのでおかしなかっこうになるし、高い踵の靴をはいているので、まるで、跳びはねないで走ろうとするバッタのように見える。

ソフィーがほかの女性以上に速く走れるものとは考えていないエミールは、走り出そうともしないで、ばかにしたような微笑をうかべて、彼女が飛び出すのを見送っている。ところが、ソフィーは身軽だし、踵の低い靴をはいている。彼女は足を小さく見せるために細工(さいく)をする必要はないのだ。彼女はひじょうな速さで走って行くので、この現代のアタランテ*に追いつくためには、もうずっと先のほうに彼女を見ているエミールにはぎりぎりの余裕しかない。そこで、かれも飛び出す、獲物におそいかかる鷹のように。かれは彼女を追い、うしろに迫り、ついに、息せききって走っている彼女に追いつき、左の腕をそっと彼女の体にまわし、羽根のようにかるがる抱きあげると、その柔らかいものを自分の胸におしつけながら、そのまま走りつづけて、まず彼女に決勝点にふれさせ、「ソフィーの勝ち！」と叫ぶと、彼女のまえに片膝をついて、自分が負けたことをみとめる。

こうしたさまざまなことのほかに、さらにわたしたちが習った職業の仕事がある。少なくとも一週に一日は、それに、天気が悪くて外を歩き廻ることができない日にはいつでも、わたしたち、エミールとわたしは、ある親方のところへ働きに行く。そこでわたしたちは、職人よりも高い身分の者らしく、働くまねをするのではない、しんけんに、ほんものの職人として働く。そこへ訪ねてきたソフィーの父親は、わたしたちがほんとうに仕事をしているのを見てすっかり感心し、妻と娘に見てきたことを話さずにはいられない。「見にいってごらん」とかれは言う。「あの青年は仕事場にいる。かれが貧しい身分の者を軽蔑しているかどうかわかるだろうよ。」こういうことを聞いて、ソフィーがどんなにうれしく思ったかは容易に想像されるだろう。そのことはくりかえし話され、母親と娘は、なにも知らせずにでかけていって、仕事をしているエミールを見たいと思い、そんなことはなんにも言わないで、わたしにきいて、いつ仕事に行くかたしかめたうえ、その日、馬車に乗って町にやってくる。

仕事場にはいると、ソフィーは、むこうの隅に一人の青年の姿をみとめる。その青年は、短い上着をきて、髪を無造作にたばね、熱心に仕事をしていて、ソフィーのほうを見むきもしない。ソフィーは足をとめて、母親に合図する。エミールは、片手にのみをもち、もう一方の手に金槌をもって、枘穴を仕上げる。それから一枚の板を鋸で切り、それを板どめでとめて、けずる。そういうことを見てもソフィーは笑わない。それは彼女を感動させる。それは頭の下がる光景なのだ。女性よ、あなたの主人を尊敬するがいい。かれはあなたのために働いているのだ。あなたのパンをかせいでいるのだ。あなたを養っているのだ。これが男なのだ。

母親と娘がエミールのすることを熱心に見ているとき、わたしは気がついて、かれの袖をひく。かれはふりかえって二人の姿をみとめ、道具をおいて、喜びの声をあげてとんでいく。しばらくは喜びにわれを忘れているが、やがてかれは二人をそこにかけさせて、また仕事にとりかかる。しかしソフィーはじっとしてはいられない。彼女はさっと立ちあがって、仕事場を見てあるき、道具をしらべ、削った板にさわり、床のうえにちらばった木っぱをひろい、わたしたちの手をみつめて、この仕事はきれいだから好き、と言う。さらに、快活な娘はエミールのまねをしてみる。その真っ白な柔らかい手で、鉋を板のうえにのせて押してみる。鉋はすべって板にくいこまない。わたしは、愛の神が笑いながら空で羽ばたいているのが見えるような気がする。愛の神が喜びの声をあげて、「ヘラクレスは仕返しをした」*と叫んでいるのが聞こえるような気がする。

そのあいだに、母親は親方にこんなことをきいている。「あなたはあの職人たちにいくら払っているのですか」「奥さま、わたしはお二人に一日二十スーずつお払いしたうえに食事をさしあげているのですが、あの若いかたは、その気になれば、もっとずっとたくさんかせげることになるでしょう。このへんでいちばん腕のいい職人ですからね。」「一日二十スー、そのうえに食事を出しているのですね！」母親はそういって、感嘆してわたしたちのほうを見ている。「そういうわけですよ、奥さま」と親方は答える。それを聞いて母親は、エミールのところへ駈け寄って、かれを抱擁し、自分の胸にひきよせ、涙にくれて、ほかのことはなにも言えず、ただ、「あたしの息子！　ああ、あたしの息子！」といくたびもくりかえしている。

わたしたちの仕事のじゃまをするようなことはしないで、しばらく、一緒に話をしていたあとで、母親は娘に言う。「さあ、かえりましょう。もうおそくなるし、家で心配するといけませんから。」それから、エミールに近寄り、かれの頬を軽くつっついて、言う。「りっぱな職人さん、ねえ、一緒に行きません？」かれはとても悲しそうな様子で答える。「わたしはやとわれているのですから、親方にきいてみてください。」そこで、わたしたちがいなくなってもさしつかえないかどうか親方にきいてみると、親方は、それは困る、と答える。「いま急ぎの仕事があるのです」とかれは言う。「あさってまでに納めなければならない品物なのです。わたしは、あのお二人をあてにして、やってきた職人をことわってしまったのです。お二人がいなくなれば、どこからほかの職人をつれてきたらいいかわかりませんし、約束の期日に品物が納められなくなるでしょう。」母親はなんにも言わないで、エミールが口をきくのを待っている。エミールは下をむいて黙っている。その沈黙にやや意外な面持ちで、母親はエミールに言う。「それで、あなたにはなにもおっしゃることはありませんの？」エミールはやさしい目で娘をみつめ、こう答えるだけだ。「よくおわかりのように、わたしはここにいなければならないのです。」そこで婦人たちは帰ることになり、わたしたちをあとに残して立ち去る。エミールは戸口まで二人を送っていき、できるだけ長いあいだうしろ姿を見送って、ためいきをつき、もとのところへかえっていって、なにも言わずに、また仕事にとりかかる。

道々、気を悪くした母親は、エミールの妙な仕打ちについて娘に話す。「なんということでしょう」と母親は言う。「残っていなくたって親方を満足させるのはそんなにむずかしいことではなかったでしょうに。あの青年は、あんなに気まえがよくて、必要もないのにお金をつかっているのに、適当な機会にはもうお金がみつからないとでもいうのでしょうか。」「ああ、お母さま」とソフィーは答える。「どうかエミールは、お金に大きな力をあたえて、それをつかって、個人的な契約にそむいたり、平気な顔で約束を破り、他人にも約束を破らせたりするようなことになりませんように。あの人がいなくなったために親方がうける損害など、あの人はすぐに弁償してやれるということは、あたしにもよくわかっています。でも、それでは、あの人は、自分の心を財産の奴隷にすることになり、義務を果たすかわりに財産を提供したり、お金さえ払えば、どんなことでもまぬがれられるのだと考えたりする習慣を身につけることになるでしょう。エミールはそれとはちがった考えかたをしているのですし、あたしも、あの人があたしのために考えかたを変えることにならないようにと願っているのです。お母さまは、あの方には残っていることがなんの苦にもならないと考えているのでしょうか。お母さま、思いちがいをなさってはいけません。あの人は、あたしのために残っているのです。あの人の目を見て、あたしにはそれがよくわかりました。」

しかしソフィーは、愛のほんとうの心づかいについても寛大なわけではない。それどころではない、彼女は厳格で、気むずかしい。いいかげんに愛されるくらいなら愛してもらわなくてもいいのだ。彼女には、自分を意識し、高く評価しているすぐれた者としての、自分で自分を尊敬しているように尊敬されることを欲しているすぐれた者としての、高貴な自負心がある。彼女のねうちを完全にみとめてくれないような相手、彼女の魅力と同じ程度に、いやそれ以上に、彼女の美徳のために彼女を愛してくれないような相手、彼女よりも自分自身の義務を重くみていないような相手、それを別にして、どんなものよりも彼女を愛してくれないような相手を、彼女はうけつけはしないだろう。彼女の掟(おきて)よりほかに掟を知らない男性を彼女は恋人にもちたいとは思わなかった。彼女のために心をゆがめられなかった男性の心を支配することを彼女は願っているのだ。オデュッセウスの部下を卑しい動物に変えてしまったキルケーは、かれらを軽蔑し、ただひとり、変えることができなかったオデュッセウスに身をまかせるのだが*、ちょうどそれと同じことだ。

しかし、そういう冒すことのできない神聖な権利を別にすれば、ソフィーは、自分のあらゆる権利に極度に敏感で、それをエミールがどれだけ細心に尊重しているか、どれだけ熱意をもって彼女の意志を実行しているか、どれだけ巧みに彼女の意志を見ぬいているか、どれだけ注意して言われたとおりの時間にやってくるか、というようなことに気をつけている。おくれて来ることも、早くからやって来ることも、望ましくない、正確に来ることを彼女は望んでいる。早く来るのは、彼女のことよりも自分のことを考えているからだ。おくれるのは、彼女を軽くみているからだ。ソフィーを軽くみる！　そういうことは二度とくりかえされることはあるまい。一度もたれた不当な疑いがもうすこしでなにもかもだめにしてしまうところだった。しかしソフィーは公正で、自分のまちがいを十分につぐなうことを知っている。

ある晩、わたしたちは待たれていた。エミールは、来るように言われていたのだ。みんなはわたしたちを迎えに出ている。わたしたちはやってこない。どうしたのだろう。なにか悪いことでも起こったのだろうか。あの人たちのところからなにも知らせてこないのだろうか。わたしたちを待っているうちにもうおそくなってしまう。かわいそうにソフィーは、わたしたちは死んでしまったのだと思う。彼女は悲嘆にくれ、苦悩に沈み、泣きながら一夜をあかす。晩のうちに使いを出し、わたしたちの様子をきき、わたしたちの消息をもって朝かえってくるように言いつける。その使いはわたしたちが出した使いと一緒にかえってくる。わたしたちの使いは口頭で、わたしたちがあやまっていることをつたえ、わたしたちは達者でいることを話す。すこしおくれて、わたしたちも姿を見せる。場面は急転する。ソフィーは涙をぬぐいさる。いや、まだ涙を流しているとしても、それは怒りの涙だ。彼女の誇り高い心はわたしたちが生きていることをたしかめたところで満足できなかった。エミールは生きている。それなのに、待ちぼうけをくわせたのだ。

わたしたちがやってきたとき、彼女は自分の部屋にとじこもってしまいたいと思う。彼女はそこにいるようにと言われ、とどまっていなければならない。けれども、すぐに心を決めて、なんにも知らない人ならだまされてしまいそうな、落ち着いた、満足しているような様子をみせる。父親はわたしたちを出迎えて言う。「あなたがたは友だちを心配させていたのですよ。ここには、そうすぐにはあなたがたを宥してくれない者がいるのですよ。」「お父さま、それはいったいだれのこと?」とソフィーは言いながら、できるだけ不自然にならないような微笑らしいものを浮かべている。「だれだってかまわないではないか、あなたのことを言ってるわけではない。」と父親は答える。ソフィーはもうなんにも言わないで、やりかけの仕事のうえに目を落とす。母親はとりすました冷たい態度でわたしたちを迎える。エミールは、当惑して、ソフィーに近寄る勇気もない。彼女のほうが先に口をきいて、ごきげんいかが、とかれにたずね、そこにかけるようにすすめ、まったくさりげない様子をみせるので、はげしい情念のことばをまだぜんぜん理解していない気のどくな若者は、そういう冷静な態度にだまされ、かえってかれのほうが気を悪くしてしまいそうになる。

思いちがいをしていることをかれにわからせるために、わたしはソフィーの手をとって、ときどきそうしているように、その手にわたしの唇をあてようとする。彼女は、急に手をひっこめながら、異常な言いかたで、「あなた」と一言いっただけ。そういう無意識的な動きがすぐに彼女の気持ちをエミールにはっきりわからせる。

ソフィー自身も、自分の気持ちを知られたことに気がついて、それほど自制しなくなる。彼女の見かけの冷静さは皮肉をこめた軽蔑に変わる。なにを言われても、彼女は、ゆっくりと、しかしはっきりしない口調で、手短に答えるだけだ。怒った調子をあまりにもあらわに示すことを恐れているらしい。エミールは、恐怖に半ば死んだようになって、悲痛な面持ちで彼女をながめ、彼女のほんとうの感情をもっとよく読みとるために、自分のほうへ彼女の目をむけさせようと努力する。ソフィーは、かれの自信のある態度になおさらいらだって、二度とそういうことをたのむ勇気をなくさせるような一瞥をかれに注ぐ。エミールは、どぎまぎし、ふるえあがって、もう彼女に話しかけることも、彼女をみつめることもできない。それはかれにとって大へんしあわせなことだ。というのは、たとえかれに罪がなかったとしても、もし彼女の怒りにかれが平気でいられたとしたら、彼女はけっしてかれを宥しはしなかったにちがいないのだ。

そこで、いよいよわたしの出る幕だ、と思って、わたしはまたソフィーに近づく。わたしはまたソフィーの手をとる。彼女はもうその手をひっこめない。彼女は気分が悪くなりかけているのだ。わたしはやさしい口調で彼女に言う。「ソフィー、わたしたちはつらい思いをしている。しかし、あなたは道理をわきまえた、公平な人だ。わたしたちの言うこともきかないで、わたしたちを裁くようなことはしないでしょう。わたしの言うことをきいてください。」彼女はなんにも答えないが、わたしはこんなふうに話をする。

「わたしたちはきのう四時に出発しました。七時にこちらへ来るように言われていたのですが、わたしたちは、この近くまできてから休むために、いつも必要以上の時間をかけているのです。わたしたちは、もう四分の三の道のりを歩いてきていたのですが、そのとき、痛ましい叫び声がわたしたちの耳に聞こえてきました。それは、わたしたちのいるところからすこし離れた丘の峡間から聞こえてきたのです。叫び声のするほうへ駈けつけてみますと、そこに一人の気のどくな農夫がいたのです。その農夫は、すこしばかりお酒を飲んで馬に乗って町から帰ってくる途中、馬から落ちて、おまけにひどい落ちかたをして、脚を折ってしまったのです。わたしたちは大声をあげて、助けをもとめたのですが、だれもやってきません。その傷ついた男を馬に乗せようとしましたが、どうしてもできません。ちょっと動かしても、かわいそうに、烈しい痛みを感じるのです。わたしたちは離れた木立のなかに馬をつないでおくことにしました。それから、わたしたちの腕を担架のかわりにして、傷ついた男を載せ、できるだけ静かにその男を運んで、その家へ行くために通らなければならない道をかれに教えてもらって行きました。長い道のりでした。いくたびか休まなければなりませんでした。疲れきって、やっとのことでわたしたちはその家につきました。それとわかって、驚きと悲しみにたえなかったのですが、わたしたちは、その家をもう知っていたのです。そして、わたしたちがいっしょうけんめい運んできたそのあわれな男は、わたしたちが初めてこちらへ来た日にとても親切にわたしたちをもてなしてくれた男だったのです。わたしたちは三人とも、すっかり混乱していたので、そのときまでおたがいにだれだかわからなかったのでした。

その男には二人の小さい子どもがあるだけでした。まもなく三人目の子が生まれることになっていたかれの妻は、帰ってきた夫の様子を見て、びっくりしたため、はげしい痛みを感じて、まもなく子どもを生みました。だれの助けも期待できない人里はなれた一軒家で、そんなことになってしまって、どうすることができたでしょう。エミールは、森においてきた馬をつれてきて、それに乗って大急ぎで町へ医者を迎えにかけつけることにしました。エミールは馬を医者に渡し、すぐには看護婦もみつからなかったので、こちらに急ぎの使いを出したあとで、召使いを一人つれて歩いてひきかえしてきたのですが、そのあいだ、わたしは、十分おわかりのように、脚を折った亭主と出産の苦しみにあえいでいるおかみさんとをかかえて、困りきっていたのですが、とにかく、その二人を助けるために必要と思われるいっさいのことを家にいて準備していました。

それからあとのくわしいことは申し上げますまい。そういうことは問題にならないのですから。夜中の二時になるまで、わたしたちは二人とも、ほんのしばらくも休めませんでした。やっと夜明け前にわたしたちはこちらの近くの宿にかえってきて、そこで、あなたがたがおめざめになる時刻を待ち、わたしたちの身に起こったことをお知らせするつもりでいたのでした。」

あとはなにも言わずに、わたしは黙っている。しかし、だれもなにも言い出さないうちに、エミールは愛人に近づき、声を高めて、わたしが期待していた以上にしっかりした態度で、彼女に語りかける。「ソフィー、あなたはわたしの運命を決める人だ。あなたはそれをよく知っている。あなたはわたしを苦しみのために死んでしまうような目にあわせることもできる。けれども、人間愛にたいする権利をわたしに忘れさせることができると思ってはいけない。それはわたしにとってはあなたの権利よりももっと神聖な権利なのだ。わたしはあなたのためにそれを放棄するようなことはけっしてしないだろう。」

このことばを聞いて、ソフィーは、なにも答えずに、立ちあがって、その腕をかれの頸にまわし、かれの頰に接吻する。それから、たとえようもないやさしみをこめて、かれに手をさしのべながら、彼女は言う。「エミール、この手をおとりになって。これはあなたのものです。あなたの好きなときに、あたしの夫、あたしの主人になってください。あたしはその光栄にふさわしい者になるように努力いたします。」

彼女がエミールを抱擁したかと思うと、すっかり喜んだ父親は、手をうって、「もう一度、もう一度」と叫ぶ。そして、ソフィーは、そのうえなにか言われるまでもなく、すぐにエミールのもう一方の頰に二度接吻する。けれども、ほとんどそれと同時に、いま自分がしたことにすっかりおびえて、母親の腕に身を投じ、恥ずかしさに真赤になった顔を母親の胸に隠す。

みんながどんなに喜んだかは言うまでもない。それはだれにもわかることだ。昼食のあとで、ソフィーは、その気のどくな、苦しんでいる人たちをたずねていくことはできないものか、それはそんなに遠いところか、ときく。ソフイーはたずねていきたがっているし、それはよいことだ。わたしたちはでかけていく。二人は別々の寝台にねかされている。エミールが寝台を一つもってこさせたのだ。かたわらに付き添いの人たちがいて、世話をしている。エミールがつれてきたのだ。それにしても、どちらの寝台も、世話が行きとどかないために、二人はその体（からだ）のためばかりでなく、寝心地が悪いためにも苦しがっている。ソフィーは、おかみさんのエプロンを借りて、彼女をちゃんと寝かせてやる。つぎに同じようなことを亭主にもしてやる。ソフィーのやさしい軽い手は、二人に痛みを感じさせるすべてのもののうえに伸べられて、かれらの痛む体をもっとふんわりと寝かせてやることをこころえている。その手が近くへきただけでもう、かれらはらくになったような気がする。まるで彼女は、苦しみをあたえるものをなにもかもはじめから知っているようだ。あんなに繊細な好みをもっているこの娘は、きたならしいものにもいやな臭いにも顔をそむけないし、だれの手も借りないで、病人に苦しい思いをさせないで、きたならしいもの、いやな臭いをなくしてしまうことを知っている。いつもあんなにつつましくて、ときにはひどく気ぐらいの高い様子を見せる彼女、男の寝台にふれるようなことはぜったいにしなかったにちがいない彼女は、なんにも気にしないで傷ついた男に寝がえりをうたせ、長いあいだじっとしていられるようにもっとぐあいのいい状態においてやる。情けぶかい行ないにたいする熱意はつつましい態度にまさる。彼女はなにをするにもひじょうにものやわらかで、しかもたいへん器用なので、病人は体にさわられたのにほとんど気がつかないうちにらくになった感じがする。妻と夫は、自分たちの世話をしてくれる娘、自分たちをあわれみ、なぐさめてくれる愛らしい娘に、口をそろえて祝福をあたえる。これは神にいいつけられて天から自分たちのところへやってきた天使なのだ、このひとは、天使のような姿をしている、このひとには天使のような美しさが、やさしい、親切な心がある。エミールは感動して黙って彼女をながめている。男性よ、きみの伴侶（はんりょ）を愛するのだ。きみの労苦をいたわるために、きみの苦しみをやわらげるために、神はきみに伴侶をあたえているのだ。これが女なのだ。

わたしたちは生まれた赤ん坊に洗礼をうけさせる。二人の恋人は赤ん坊を抱いて洗礼をうけさせながら、心のなかで、やがてはほかの人に同じことをしてもらいたいという熱い願いを感じている。二人は思いがかなうときを待ちこがれている。その時はもうすぐに来るものと信じている。ソフィーにはもうなんにも気にかかることはなくなった。ところで、わたしに気がかりなことが生じてくる。二人はまだかれらが考えているようなところには来ていない。こんどはわたしの言い分をきいてもらわなければならないのだ。

ある朝、二日間二人が顔を合わせていなかったあとで、わたしは一通の手紙をもってエミールの部屋にはいっていく。そして、じっとかれの顔をみつめながら、かれに言う。「ソフィーは死んだ、という知らせを聞いたら、あなたはどうする。」かれは鋭い叫び声をあげ、手をうって立ちあがる。そして、ひとことも言わずに、血ばしった目でわたしを見ている。わたしは落ち着きはらってつづける。「さあ、なんとか言うがいい。」すると、わたしの冷静な態度にいらいらして、かれは、怒りに目を輝かせながら、わたしに近づいてくる。そして、立ちどまると、ほとんど威嚇するような態度で言う。「わたしがどうするかって……。わたしにはわからない。ただ、わかっていることは、そんなことを知らせにきたやつとはこれから一生顔を合わせないつもりだ、ということだ。」「安心するがいい」とわたしは笑いながら言う。「あのひとは生きている、達者でいる、あなたのことを考えている、そして、わたしたちは今晩くるようにいわれている。しかし、ひとまわり散歩してこよう。散歩しながら話をすることにしよう。」

かれの心をすっかりとらえている情念は、以前のように、純粋に道理にもとづいた話をすることを許さなくなっている。ほかならぬその情念によってわたしの言いきかせることに強い関心をもたせる必要がある。わたしは右のような恐ろしい前おきによってそういうことをしたわけだ。そこで、かれはわたしのことばに耳をかたむけるにちがいないとわたしは信じている。

「エミール、幸福にならなければならない。これはあらゆる感覚をもつ存在の目的なのだ。これは自然がわたしたちに感じさせる基本的な欲求であり、けっしてわたしたちになくならないただ一つの欲求でもある。だが、その幸福はどこにあるのか。だれがそれを知っているのか。みんなそれをもとめているのだが、それはだれにもみつからない。

人々は一生をついやして幸福を追っかけまわしているのだが、それをつかまえることもなく死んでいく。若い友よ、生まれたばかりのきみをわたしの腕に抱きあげたとき、そして、至高の存在者をわたしがあえて結んだ約束の保証人として、きみの生涯の幸福にわたしの生涯を捧げたとき、わたしはどういうことを約束したのか、わたし自身知っていたのだろうか。いや、わたしはただ、きみを幸福にすることによって自分も確実に幸福になれるということを知っていたにすぎない。きみのためにその有益な探求をしていたわたしは、それをわたしたち二人の共同の仕事にしていたのだ。

　わたしたちのしなければならないことがわからないあいだは、なにもしないでいるというのが賢いやりかただ。これがすべての格率のなかで人間にとっていちばん必要な格率なのだが、しかもこれは人間がいちばん守ることのできない格率なのだ。どこに幸福があるのかも知らずに幸福をもとめるのは、幸福から遠ざかる危険におちいることだ。まちがった道はたくさんあるのだから、その道と同じだけの、逆のことになる危険を冒すことだ。しかし、行動しないでいられるというのはだれにでもできることではない。快適な生活をもとめる強い願いがわたしたちをとらえている落ち着かない状態にあって、わたしたちは、そういう生活をもとめるためになにもしないでいるよりも、それを追っかけまわして道に迷っているほうがいいと思っている。そして、それを知ることができる場所からひとたび離れてしまうと、わたしたちはそこへ帰っていくことができなくなる。

同じように無知でありながらも、わたしは同じような過ちは避けようとした。きみの世話をしながら、わたしは、一歩でもむだな歩みを踏みだすまい、きみにもそういうことはさせまいと決心した。わたしは自然の道に踏みとどまって、自然が幸福への道を教えてくれるのを待つことにした。ところが、その道は自然の道にほかならないこと、そしてわたしは、それとは知らずに、幸福への道を歩んでいたことがわかったのだ。

わたしの証人になってもらいたい。わたしの審判者になってもらいたい。わたしはきみの判定をけっして否認しないつもりだ。きみの幼い時代はそれにつづくことになる時代のために犠牲にされはしなかった。きみは自然がきみにあたえていたすべてのよいことを楽しんだ。自然がきみにおしつけていた苦しいこと、しかしわたしがそれからきみを守ってやることができた苦しいことでは、きみはほかの苦しいことに耐えられるようにしてくれることのほかにはなにも感じなかった。きみが苦しんだのはいつももっと大きな苦しみを避けるためだった。きみは憎しみも、束縛も知らなかった。自由で満足していて、いつも正しく善良だった。みじめな状態と不徳はかならず相伴うものだし、人間は不幸であるときのほかには邪悪になることはけっしてない。きみの子ども時代の思い出が老年になるまでつづいてもらいたいものだ。きみの善良な心は子ども時代を思い出すたびにかならず、その時代をみちびいてくれた者にいくばくかの祝福をあたえることだろう。わたしはそれを疑わない。

きみが理性の時期に達してからは、わたしはきみを人々の臆見からまもってやった。きみの心が感じやすくなってからは、わたしはきみを情念の支配からまぬがれさせてやった。もしそういう心の平静をきみの人生の終わりまでもちつづけさせることができたとしたら、わたしはつくりあげたものを安全なところにおくことができたろうし、きみはいつまでも、人間が幸福でありうるかぎりの幸福な人間*でいられるだろう。しかし、エミール、いくらきみの魂をステュクスの流れにひたしたところでだめだった。あらゆる点できみを傷つくことのない人間にすることはできなかった。きみがまだ克服することを学んでいない新たな敵が、その手からきみを救ってやることがわたしにはできなかった敵が、立ちあがってきたのだ。その敵とは、きみ自身だ。自然と運命はきみを自由にしておいた。きみは貧困に耐えることができた。肉体の苦痛に耐えることができた。心の苦しみはきみにはまだ知られていなかった。きみは人間の条件のほかにはなにものにもしばられていなかった。ところがいまでは、きみは自分で自分にあたえているあらゆる結びつきにしばられている。欲望を感じることによって、きみはきみの欲望の奴隷になってしまった。きみ自身はぜんぜん変わらなくても、なにもきみを傷つけるものがなくても、なにもきみの存在にふれるものがなくても、どんなに多くの苦しみがきみの魂を攻めたてることだろう。きみは、病気でもないのに、どんなに多くの悩みを感じることだろう。死にもしないのにどんなに多くの死に苦しめられることだろう。ちょっとしたうそ、まちがい、疑いも、きみを絶望させることができるのだ。

きみは芝居で、主人公たちがたいへんな苦しみかたをして、気ちがいじみた叫び声で舞台を振動させ、まるで女みたいに悲しんだり、子どもみたいに泣いたりして、そんなことで公衆の喝采を博しているのを見た。いつも変わらない断乎たる態度だけが期待されていいはずの、ああいう人間の嘆きや叫びや、憐れみを乞う声が、きみに感じさせた憤激を思い出してみるがいい。きみはすっかり憤慨してこんなことを言っていた。なんだ、これがわたしたちに見ならえという範例なのか。そのまねをしろというお手本なのか。人間はまだそれほどつまらないもの、みじめなもの、弱いものとはいえない、さらにその弱さに美徳の仮面をかぶせてそれを讃美する必要があるとでも思っているのか、と。若い友よ、これからは芝居にたいしてもっと寛大になるがいい。きみもいまでは芝居の主人公の一人になっているのだ。

きみは耐え忍ぶことを、死ぬことを知っている。肉体の病気のときには必然の掟(おきて)に従うことを知っている。しかしきみはまだ、心の欲望に掟をあたえてはいない。ところが、わたしたちの生活の悩みが生まれてくるのは、多くの場合、わたしたちの必要からではなく、むしろわたしたちの感情からなのだ。わたしたちの欲望の範囲はひろく、わたしたちの力はほとんど無にひとしい。人間はその願望のために無数のものに執着しているが、人間そのものは、なにものにも、自分の生命にさえも、固く結びついているわけではない。人間はいっそう多くの愛着をもてば、いっそう多くの苦しみをまねく。すべては地上を過ぎ去るだけだ。わたしたちが愛しているものもすべて、おそかれはやかれわたしたちから遠ざかっていく。ところがわたしたちは、すべては永遠につづくことになるかのようにそれに執着している。ソフィーは死んだのではないかと考えただけで、あいう恐怖にとらえられる。きみは、あのひとはいつまでも生きているものと思っていたのか。あのひとの年ごろで死ぬ人はいないのか。あのひとも死ぬことになる、わが子よ、しかも、きみより先に死ぬかもしれない。いま、こんなことを言っているときにも、あのひとが生きているかどうか、だれが知っていよう。自然はきみにただ一度だけ死ぬことを命じているのに、きみは第二の死を自分にあたえている。だからきみは二回死ぬことになるのだ。

そんなふうに放恣(ほうし)な情念におさえつけられているきみは、これからどんなにみじめな状態にとどまっていることだろう。いつも、ないもの、失われたもの、不安なことばかりだ。きみはきみに残されているものさえ楽しむことができなくなる。すべてを失いはしないかという心配はなにひとつ自分のものにさせないことになる。自分の情念だけについていこうとしたために、いつまでたってもきみはその情念を満足させることができないことになる。きみはたえず休息をもとめるだろうが、それはたえずきみから逃れていくだろう。きみはみじめな人間になり、邪悪な人間になるだろう。きみの際限のない欲望だけを掟としているきみは、どうしてそういう者にならずにいられよう。心ならずも失うことに耐えられないとしたら、どうして自分から捨てることができよう。義務のために好みを犠牲にし、自分の心情に逆らっても理性に耳をかたむけるようなことがどうしてきみにできよう。きみの愛人の死を知らせるような者の顔は見たくないと言っているきみは、生きている彼女をきみからひきはなそうとする者、きみにむかって、「彼女はきみにとっては死んだのだ、美徳は彼女をきみからひきはなすのだ」と言うような者と、どうして顔を合わせることができよう。どんなことがあっても彼女と一緒にならなければならないとしたら、ソフィーが結婚していようといまいと、きみが自由であろうとなかろうと、彼女がきみを愛していようと憎んでいようと、相手がきみに彼女をあたえようと拒絶しようと、そんなことはどうでもいい、きみは彼女をほしがっている、どんな犠牲をはらっても彼女を自分のものにしなければならない、ということになる。まあ、わたしに教えてもらいたい、自分の心の願いだけを掟としている者、自分が欲していることにはどんなことにも抵抗できない者は、結局、どんな恐ろしい罪におちいることか。

わが子よ、勇気がなければ幸福は得られないし、戦いなしには美徳はありえない。「徳」ということばは「力」からきている。力はあらゆる美徳のもとになるものだ。美徳は、その本性からすれば弱いが、その意志によって強い存在だけにあたえられているのだ。正しい人のねうちはただそういうことにあるのだ。だからわたしたちは、神を善なる者と呼んではいるが、有徳なる者とは呼ばない。神は善を行なうためには努力する必要はないからだ。乱用されている美徳ということばをきみに説明するために、わたしはきみがわたしの言うことを理解できるようになるのを待っていた。美徳を実践するのになんの骨も折れないあいだは、それがどういうことであるかを知る必要はほとんどない。この必要は情念がめざめたときに生じてくる。きみにももうその時が来ているのだ。

まったく素朴な自然のうちにきみを育てることによって、わたしは、きみにつらい義務を説いて聞かせるようなことはしないで、そういう義務をつらく感じさせる不徳からきみを守ってやった。うそを忌まわしいものときみに教えるよりもむしろきみには無用なものにしてやった。各人の権利を認めることよりもむしろきみ自身のものだけに関心をもつことを教えた。わたしはきみを有徳な人間にするよりもむしろ善良な人間にした。しかし、たんに善良な人間にすぎない者は、善良な人間であることがかれにとって喜ばしいことであるあいだだけ善良な人間でいられるにすぎない。善良な心は人間的な情念の衝撃によってうちくだかれ、失われる。たんに善良であるにすぎない人間はその人自身にとって善良であるにすぎない。

有徳な人とはどういう人か。それは自分の愛情を克服できる人だ。そうすればその人は自分の理性に、良心に従うことになるからだ。その人は自分の義務をはたし、正しい秩序のうちにとどまって、なにものもかれをそこから逸脱させることはできない。これまでのところ、きみは見かけだけ自由であったにすぎない。まだなにごとも命令されていない奴隷のように、きみにはかりそめの自由があっただけだ。いまこそじっさいに自由になるがいい。きみ自身の支配者になることを学ぶがいい。きみの心情に命令するのだ、おお、エミール、そうすればきみは有徳な人になれる。

だからここで新たな修業をしなければならないのだが、この修業はいままでの修業よりずっと骨が折れる。自然はわたしたちにあたえている苦しみからわたしたちを解放してくれるか、それとも、それに耐えるすべを教えてくれる。しかし自然は、わたしたち自身から生じてくる苦しみにたいしては、なにも教えてはくれない。わたしたち自身のするがままにまかせ、わたしたちが、情念の犠牲となって、むなしい苦悩に屈服し、さらに、恥としなければならない涙を流してそれを名誉に思っているのを黙って見ているのだ。

いまきみははじめて情念を感じている。それはおそらくきみにふさわしいただ一つの情念なのだ。もしきみが人間らしくそれを支配することができるなら、それはまた最後の情念ともなるだろう。きみはほかのすべての情念を征服して、美徳にたいする情熱にだけ従うことになるだろう。

その情念は罪にはならない、わたしはそれをよく知っている。それを感じている二つの魂と同じように純粋な情念だ。それは節度から生まれ、純真な心によってはぐくまれた。恵まれた恋人たちよ！　美徳の魅力はきみたちの愛の魅力をますばかりだ。そしてきみたちを待っている快い結びつきは、きみたちの愛着の結果であるとともに、きみたちの知恵の結果でもある。だが、正直な人間よ、わたしに言ってもらいたい、それほど純粋な情念もやっぱりきみを押さえつけているのではないか、やっぱりきみはその奴隷になっているのではないか、そして、もしあのひとがあしたにでも純潔を失うならば、きみもあしたにでもその情念を圧し殺してしまえるだろうか。いまこそきみの力をためしてみるときだ。力をもちいなければならないときになってはもう手おくれだ。そういう危険な試みは、危険から遠いところで行なわなければならない。敵をまえにおいて闘う訓練をするものではない。戦争にならないうちにそれに備えなければならない。すっかり準備をととのえたうえで戦争にでかけなければならない。

許された情念と禁じられた情念を区別して、前者に身をゆだね、後者を拒否しようとするのはまちがいだ。それを支配していられるならば、すべての情念はよい情念なのだ。それに屈服させられてしまうなら、すべての情念は悪い情念なのだ。自然によってわたしたちに禁じられているのは、わたしたちの愛着をわたしたちの力よりも遠いところへひろげることだ。理性によってわたしたちに禁じられているのは、わたしたちに獲得できないものを望むことだ。良心によってわたしたちに禁じられているのは、誘惑されることではなく、誘惑に負けることだ。情念をもつこと、もたないことは、わたしたちの自由にはならない。しかし、情念を支配することはわたしたちの力でできる。わたしたちが押さえている感情はすべて正しい感情なのだ。わたしたちを押さえつけている感情はすべて罪になるのだ。ある人が他人の妻を愛していても、その不幸な情念を義務の掟に従わせておくなら、それは罪にはならない。自分の妻でも愛のためにすべてを犠牲にしてまで愛することは罪になるのだ。

長たらしい道徳訓をわたしから聞くつもりでいてはならない。きみにあたえるべき教訓をわたしは一つしかもたない。その教訓にほかのすべての教訓がふくまれているのだ。人間であれ。きみの心をきみにあたえられた条件の限界に閉じこめるのだ。その限界を研究し、知るがいい。それがどんなに狭くても、そこに閉じこもっているかぎり、人は不幸にはならない。その限界を越えようとするときはじめて不幸になる。無分別な欲望をおこして不可能なことを可能なことと考えるとき不幸になるのだ。自分の人間の状態を忘れて空想的な状態をつくりあげるとき不幸になるのだ。そんなことをしても、いつでも人はふたたび自分の状態に落ちこんでしまう。それをもたないことがつらく思われる財産は、自分はそれにたいする権利をもっていると信じている財産だけだ。それを手にいれることは明らかに不可能ならばあいには心は離れていく。希望のない願いは心をくるしめはしない。乞食（こじき）は国王になりたいという望みに心をくるしめられはしない。国王も、自分はもう人間ではないと考えなければ神になりたいとは思わない。

傲慢な心から生まれる錯覚はわたしたちのもっとも大きな悪の源だ。いっぽう、人間のみじめさを深く考えることは賢明な人にいつもつつましい態度をとらせる。かれは自分の場所にとどまっている。そこから脱け出ようと身をもがくようなことはしない。自分の力をむだにつかいはたして、自分の手にとどめておくことのできないものを享楽しようとはしない。そんなことはしないで、自分の手にあるものを完全に自分のものにするために全力をもちい、あらゆる点でわたしたちのように多くのことを願っていないために、現実にわたしたち以上に力があり、豊かなのだ。死すべき存在、滅び去る存在であるわたしは、すべてが変わっていき、過ぎ去っていくこの地上にあって、自分もそこからあしたにも消えていくこの地上にあって、永遠の絆(きずな)をつくりあげようなどと考えるべきだろうか。ああ、エミール、ああ、わが子よ、きみを失えば、わたしになにが残っていることになるだろう。それでもわたしは、きみを失うことを覚悟しなければならない。きみはいつわたしの手から奪われることになるのか、だれにわかっていよう。

だから、幸福に、賢明に生きようとするなら、きみの心を失われることのない美しさにだけ結びつけるがいい。きみにあたえられている条件をきみの欲望の限界とし、きみの義務をきみの好みに先行させるのだ。必然の掟を道徳的なことにまでひろげ、きみの手から奪われるようなものを失うことを学ぶがいい。美徳がそれを命じているときすべてを捨てることを、偶然的なものを超越することを、そういうものから心をひきさかれることなしに離れることを、けっしてみじめにならないように逆境にあっても勇気を失わないでいることを、けっして罪を犯さないようにきみの義務を固くまもることを学ぶがいい。そうすればきみは、運命がどうあろうと幸福になれるし、情念を感じていても賢明になれる。そうすればきみは、はかない幸福を楽しんでいるときにさえ、なにものにもみだされない快楽をみいだすことになる。幸福にとらえられることなく、幸福をとらえることになり、なにものもとどめておくことができない人間は、失うことを知っているものを楽しめるだけだということをさとることになる。きみは、たしかに、架空の楽しみという幻想はもつことにはならないが、その結果である苦悩を感じることもないだろう。そういう交換によってきみは大きな得をすることになる。そういう苦悩はひんぱんに現実に感じられるのだが、そういう楽しみはたまにしか味わえず、しかもむなしい楽しみなのだから。人をだますいろいろな臆見を克服したきみは、さらに、この世に大きな価値をあたえている臆見を克服することになる。きみは安らかに人生をすごし、恐れることもなく人生を終えることになる。どんなことにも執着しないように、人生にも執着しないことになる。ほかの連中が、恐怖にとらえられ、この世を去ることによって存在しなくなるのだと考えるとき、この世のむなしさを知っているきみは、これから生きはじめるのだと考えるだろう。死は悪人の生の終わりだが、正しい人の生の始まりなのだ。」

エミールは不安を感じながらも注意ぶかくわたしのことばに耳をかたむけている。こういう前おきからなにか不吉な結論がでてくるのではないかと心配している。精神力を訓練する必要を説いているわたしはそういうつらい訓練をかれに命じようとしているのだと予感している。そして、外科医がやってくるのを見てふるえあがっている負傷者のように、もうその傷口に、はげしい痛みをあたえる手、しかし、傷がくさってしまうのを防いでくれる救いの手が感じられるような気がしている。

落ち着かない、不安な気持ちで、わたしが、結局なにを言おうとしているのかはやく知りたがっているかれは、なにも答えないで、恐れを感じながらも、わたしに問いかける。「わたしはどうしなければならないのです。」ほとんどふるえながら、目をあげることもできずに、かれはそう言う。わたしはきっぱりした口調で言う。「しなければならないこと、それは、ソフィーと別れなければならない、ということだ。」「なにを言うんです！」かれはわれを忘れて叫ぶ。「ソフィーと別れる！　あのひとと別れる、あのひとをだます、裏切り者になる、詐欺師になる、嘘つきになる！……」わたしはかれのことばをさえぎって言う。「とんでもない。エミールは、このわたしから、そんなふうに呼ばれてもしかたない人間になれと教えられることを恐れているのだろうか。」かれは激しい興奮を見せながらつづける。「いや、あなたからも、ほかのだれからも、そんなことは教わらない。あなたがどう考えようと、わたしはあなたがつくったものをいつまでも大切にすることができる。そんなふうに呼ばれる者にならないようにすることができる。」

そういう最初の狂乱をわたしは予期していた。わたしは落ち着いてそれがおさまるのを待つ。かれにむかって自制を説きながら、わたし自身、自制心を欠いているとしたら、そんなことを言いきかせるわたしは、いい気なものだ、ということになるだろう。エミールはわたしというものを十二分に知っているから、わたしがなにかよくないことをかれにもとめるはずはないと信じているし、別れるということばにかれがあたえている意味でソフィーと別れるのはよくないことだということもよく知っている。だから、やがてかれはわたしの説明を待つことになる。そこでわたしは話をつづける。

「ねえ、エミール、人間は、どんな状況におかれているにしろ、あなたが三カ月まえから感じている幸福よりも大きな幸福を感じることができるとあなたは考えているのかしら。もし、そう考えているなら、そういうまちがった考えを捨てるがいい。人生の楽しみを味わうまえに、あなたは人生の幸福をくみつくしてしまったのだ。あなたが感じたこと以上のことはなにもないのだ。官能の喜びは一時的なものにすぎない。そこでは平常の心の状態はいつもそこなわれる。あなたは現実にはけっして楽しめない多くのものを、期待することによって楽しんできたのだ。人がもとめているものを美しく見せる想像は、それを手に入れたとき消え去る。それ自身によって存在する唯一の存在者を別にすれば、存在しないもののほかには美しいものはなにもない。あの状態がいつまでもつづいたとするなら、あなたは最高の幸福をみいだしたことになるだろう。しかし人間に関係のあるすべてのものには衰えが感じられる。人生にあっては、あらゆることに終わりがあり、あらゆるものが移り変わっていく。たとえ、わたしたちを幸福にしている状態がたえずつづいていくとしても、それを楽しむ習慣がその味わいを失わせる。外側はなにも変わらなくても、心は変わっていく。幸福がわたしたちを見捨てるか、わたしたちが幸福を見捨てる。

あなたが夢中になっているあいだに、考えてもいなかった時が流れていった。夏は終わり、冬が近づいてくる。きびしい季節になっても、わたしたちはあいかわらずでかけていくことができるとしても、先方はけっしてそういうことを許してはくれまい。わたしたちがどう思っても、どうしても生活の方法を変えなければならない。現在のようなことはもうつづけるわけにはいかない。待ち遠しい思いをしているあなたの目をみれば、あなたにとっては、そういう問題はたいして困ったことではない、ということはわかる。ソフィーの承諾とあなた自身の希望とは、雪を避ける容易な方法、あのひとに会うためにでかけていくようなことはもうしないですむ方法を、あなたに教えている。それはたしかに便利な方法だ。だが、春になれば、雪は溶けるが、結婚はそのまま残る。どんな季節にも向く結婚を考えなければならない。

あなたはソフィーと結婚することを望んでいるが、あなたがあのひとを知ってからまだ五カ月にもならない。あなたはあのひととの結婚を望んでいる、あのひとがあなたに適当だからではなく、あなたの気に入ったからだ。恋は適当か否かをけっして見誤ることはない、はじめ愛し合っていた者がしまいに憎み合うことになる、というようなことはけっしてありえないのか。あのひとには徳性がある。わたしはそれを知っている。けれども、それで十分だろうか。りっぱな人というだけで、適当な人ということになるだろうか。あのひとの徳性にではなく、性格にわたしは疑問を感じているのだ。女の性格が一日ではっきりわかるだろうか。女の気質を完全に知るためには、そのひとをいろいろな状況において見る必要があるということをあなたは知っているのか。四カ月間の交際は一生のあいだのことをあなたに保証してくれるだろうか。二カ月間の不在があのひとにあなたのことを忘れさせてしまうかもしれない。ほかの男が、あなたさえいなくなれば、あのひとの心からあなたを追い出してしまえると待っているかもしれない。現在まであなたにあんなに関心をもっていたひとも、帰ってきてみれば、まったく冷淡になっているかもしれない。感情は原則によって動くものではない。あのひとはいつまでもひじょうにまじめであっても、あなたを愛さなくなるということもありうる。あのひとは心変わりなどしないで、忠実に待っているだろう。わたしはそう考えたい。けれども、あなたがたが試練をうけてみなければ、どうしてあなたにあのひとの責任をもち、あのひとにあなたの責任をもつことができよう。あなたがたは、その試練をうけるのに、それがあなたがたにとってなんの役にもたたなくなるときまで待つつもりなのか。おたがいに相手をよく知るために、もう別れることができなくなるときを待つつもりなのか。

ソフィーはまだ十八歳にもなっていない。あなたはやっと二十二歳になったばかりだ。そういう年齢は恋愛の時期で、結婚の時期ではない。なんという若い父親と母親！ 子どもを育てられるようになるために、まあ、せめて、自分が子どもでなくなるまで待つがいい。まだその年齢にならないのに耐え忍んだ妊娠の重荷がどれほど多くの若い女性の体質を弱め、健康をそこなっているかをあなたは知っているのか。まだ十分にできあがっていない体のなかにいて栄養をあたえられなかったために、どれほど多くの子どもがいつまでも虚弱な子どもでいるかを知っているのか。母親と子どもが同時に成長していくばあいには、母と子のどちらの成長にも必要な物質が二人に分けられるばあいには、自然が成長のために必要としているだけのものを、どちらもあたえられないことになる。それでも二人とも丈夫になるということがどうしてありえよう。わたしがエミールをまったく見そこなっているのでなければ、かれは、妻や子どもの生命と健康を犠牲に自分の待ち遠しい気持ちを満足させるようなことはしないで、もっとおそくなってから妻をもち、丈夫な子どもをもつことにしたいと思うだろう。

あなた自身のことを話そう。夫となり父となることを願っているあなたは、その義務を十分に考えてみたことがあるのか。一家の主人となることによって、あなたは国家を構成する者になろうとしている。だが、国家を構成する者であるとはどういうことか。あなたにそれがわかっているのか。あなたは人間としての義務を研究してきた。しかし、市民の義務というものを、あなたは知っているのか。政府、法律、祖国〔国家〕とはどういうものかわかっているのか。どんな代償をはらって生きていくことを許されるのか、また、だれのために死ななければならないのか、それがわかっているのか。あなたはなにもかも学んだつもりでいるが、じつはまだなにもわかっていないのだ。市民の世界のうちに一つの場所を選ぶまえに、その場所を知ることを、そこでどんな地位があなたにふさわしいかをよく知ることを学ぶがいい。

エミール、ソフィーと別れなければならない。わたしは、あのひとを捨てろ、と言っているのではない。あなたにそんなことができるとしたら、あのひとは、あなたの妻にならないほうがよっぽどしあわせだろう。あのひとにふさわしい者になって帰ってくるために、別れなければならないのだ。いまでも自分はあのひとにふさわしいと考えるような生意気な人間であってはならない。ああ、あなたにはまだなすべきことがどれほどたくさんあることか。さあ、その高貴なつとめを果たすがいい。別れていることにも耐えられるようになるがいい。忠実な心にむくいることができるものを手にいれるがいい。帰ってきたとき、あのひとにたいしてなにごとかを誇ることができるように、そして、恩恵としてではなく、褒美(ほうび)としてあのひとの手をもとめることができるようになるがいい。」

まだ自分自身と闘った経験がなく、あることを欲しながら別のことも望むことにまだ慣れていない青年は、なかなか降参しない。かれは抵抗し、言い争う。自分を待っている幸福をどうしてこばむことができよう。自分にさしのべられた手をすぐに取ろうとしないのは、それを軽蔑することではないか。知らなければならないことを学ぶためにあのひとから離れていく必要がどこにあるのか。さらに、そうすることが必要だとしても、解けがたく結ばれることによって、帰ってくる確実な保証をあのひとに残していってはなぜいけないのか。あのひとの夫になったら、いつでもあなたについていこう。結婚したら、安心してあのひとと別れよう……。「結婚して別れる、ああ、エミール、なんというばかげたことを！　恋をしている男が恋しいひとと別れても暮らしていけるというのはりっぱなことだが、夫は必要もないのに妻のもとを離れるようなことはけっしてすべきではない。あなたの心配をなくしてやるには、あなたは不本意ながら結婚をおくらせるということになる必要があるようだ。あなたはソフィーに、しかたなしに別れるのだ、と言えなければならないのだ。そんなら、その通りにしよう。そして、あなたは理性に従おうとはしないのだから、それとは別の主人をみとめるがいい。あなたはわたしに約束したこと*を忘れてはいない。エミール、ソフィーと別れなければならない。わたしはそれをもとめている。」

このことばを聞くと、かれは顔を伏せ、口をつぐんで、ちょっと考えこんでいたが、すぐに、自信にみちた態度でわたしをみつめて、「いつでかけましょう」と言う。「一週間後に」とわたしは言う。「この別れにソフィーが耐えられるようにしてやる必要がある。女は弱いものだ、手心をしてやらなければいけない。それに、あなたとはちがって、あのひとにとってはこの別れは義務ではないのだから、それに耐える勇気がそれほどないにしても許されることなのだ。」

若い二人が別れを告げるときまで二人の愛の記録をつづけたいという気持ちをわたしは十二分にもっている。けれども、もうだいぶまえからわたしは読者の寛大さに甘えている。手みじかにかたづけることにしよう。エミールは、いま友人に見せたような自信を恋人のまえでももちつづけることができるだろうか。わたしとしては、できると思っている。かれの愛の真実さそのものからかれはそういう自信をひきだすことになるのだ。彼女と別れることがそれほどつらく思われないとしたら、彼女のまえでかれはもっとおどおどしていることだろう。かれは自分を罪ぶかい人間と感じながら彼女と別れることだろうが、そういう役割は誠実な心をもつ者にはかならず当惑を感じさせる。ところが、かれは、その犠牲がつらいことであるだけに、それをつらいことにしているひとのまえでいっそう誇らしい気持ちになる。かれに決心させた動機について相手が思いちがいをしはしないかなどと心配してはいない。彼女をみつめるたびにかれはこう言ってるようだ。「ああ、ソフィー、わたしの心のなかを読みとってください。そして、変わらない心をもっていてください。あなたは徳性をもたない恋人をもっているのではないのです。」

誇り高いソフィーもまた、思いがけない心の打撃に、とりみだすことなく耐えようとする。それに動じないふうに見せかけようとする。しかし、彼女は、エミールとちがって、名誉ある戦いと勝利を経験してはいないので、そういう健気な態度をもちつづけられない。彼女は自分を押さえきれずに、涙を流し、ためいきをつく。さらに、忘れられるのではないかという恐れが別離の悲しみを深くする。彼女が涙を流すのは、恋人のまえでではない。その恐れを見せるのは恋人にたいしてではない。恋人のいるところで少しでもためいきをもらすくらいなら、彼女は息をつまらせてしまうだろう。彼女の嘆きを聞くのは、彼女の涙を見るのは、わたしなのだ。彼女はわたしに心をうちあけたいと思っているようなふりをしている。女性というものは巧妙で、本心を隠すことを知っている。彼女はわたしのきびしいやりかたを心のなかでひどく恨んでいるので、なおさらわたしの機嫌をとろうと気をつかっているのだ。彼女は自分の運命がわたしの手に握られていることを感じているのだ。

わたしは彼女をなぐさめ、安心させ、彼女の恋人、というよりもむしろ彼女の夫について責任をもってやる。かれが彼女に忠実であるように、彼女もかれにたいして忠実な心をもちつづけるなら、二年後にはかれは彼女の夫になるだろう、とわたしは断言する。彼女はわたしを十分に信用しているから、わたしが彼女をだまそうとしているのだとは思っていない。わたしは二人のどちらにも相手のことを保証してやる。かれらの心、徳性、わたしの誠意、かれらの両親の信頼、すべてが二人を安心させる。とはいえ、人間の弱さにたいして理性がなんの役にたつ。二人はもう会えないことになるかのように、別れを告げる。

そのとき、ソフィーはエウカリス*の恨みを思い出し、自分がほんとうにエウカリスと同じことになったのだと思う。別れているあいだその幻想的な恋をめざめさせないようにしよう。あるときわたしはこう言ってやる。「ソフィー、エミールと本のとりかえっこをなさい。テレマークと同じような者になることを学ばせるために、エミールにあなたの『テレマーク』を渡しなさい。そして、エミールは、あなたが喜んで読む『スペクテーター*』をあなたに渡すことにしましょう。それを読んで、貞淑な妻のつとめを学びなさい。そして、二年後にはそれがあなたのつとめになることを考えなさい。」その交換は二人を喜ばせ、二人に自信をあたえる。やがて悲しい日が来る。いよいよ別れなければならない。

ソフィーの尊敬すべき父親は、わたしは万事かれと打ち合わせておいたのだが、わたしの別れのあいさつをうけて、わたしを抱擁し、それから、わたしを一人だけ呼んで、重々しい態度で、やや興奮した口調で、こんなことを言う。「わたしは万事あなたの考えどおりにしました。わたしは名誉を重んじる人と約束していることを承知していました。あとはただ一言だけ申し上げたい。あなたの教え子はわたしの娘の唇に結婚の契約をしたことを忘れないでください。」

二人の恋人の態度のなんという大きなちがい！　エミールは、激しい興奮にとらえられ、身を動かし、われを忘れて、叫び声をあげ、父親、母親、娘の手に熱い涙を注ぎ、むせび泣きながら召使いたちまで抱擁し、ほかの場合なら人を笑わせるようなとりみだした様子で、いくたびとなく同じことをくりかえしている。ソフィーは、陰鬱な、青ざめた顔、うつろな目、暗いまなざしをして、じっと身を動かさず、なにも言わず、泣きもせず、だれも、エミールさえも見ようとしない。エミールが手をとっても、抱きしめても、なんの反応も示さない。彼女はじっとしたままで、エミールの涙にも、愛撫にも、かれがなにをしても、なにも感じない。彼女にとってはエミールはもう行ってしまったのだ。その様子は、彼女の恋人のうるさい泣きごとや騒々しい悲しみ以上に、どれほど人の心をうったことか。かれはそれを見、それを感じ、つらい思いをさせられる。わたしはやっとのことでかれを連れ去る。あと一瞬間そのままにしておけば、かれはもう出発しようとはしないだろう。かれがそういう悲しい面影を心にいだいて立ち去ることになったのをわたしは喜んだ。ソフィーにたいする義務を忘れさせるようなことにかれが心を誘われるとき、別れてきたときに見たようなソフィーの姿を思い出させても、かれを彼女のもとへ連れもどせないとしたら、かれは完全に正気を失ってしまった、ということになるのだ。

旅について

青年が旅をするのはよいことかどうかと人々はたずねる。そして、それについていろんなことを言い合っている。質問をちがったふうにもちだせば、つまり、人間は旅をしたことがあるほうがよいか、とたずねるとすれば、たぶん人々はそんなに言い争いはしまい。

書物の悪用は学問を殺す。人々は、読んだことは知っているのだと思い、自分はもうそれを学ぶ必要はないと思いこんでいる、あまりたくさん読むことは、なまいきな無学者をつくるのに役だつにすぎない。文学が栄えたすべての時代のなかで、現代ほど書物が読まれていた時代はないし、現代ほど人々がものを知らなかった時代もない。ヨーロッパのすべての国のなかで、フランスほどたくさんの歴史や旅行記が印刷されている国はないし、フランスほど人々がほかの国民の精神や風俗を知らない国もない。たくさんの書物はわたしたちに世界という書物を忘れさせる。あるいは、この書物をまだ読んでいるとしても、わたしたちはみんな、自分のページだけながめている。「ペルシャ人なんてあるのかしら*」という文句を知らなかったとしても、そんな文句を聞いただけで、それは国民的偏見がいちばん幅をきかしている国の、その偏見をよけいひろめている女性のことばであることが、わたしにはわかるにちがいない。

パリの人間は人間というものを知ってるつもりでいるが、フランス人を知ってるだけだ。いつでも外国人がいっぱいいるパリにいて、パリの人間は、外国人の一人一人を、異常な現象とみなして、世界のほかのところではそれと同じようなものはぜんぜん見られないのだと考えている。この大都会に住む人たちを身近に見たことがなければ、かれらのあいだに暮らしたことがなければ、あんなに才気にみちた人間があんなにまぬけになれるとはとても信じられないだろう。奇妙なことに、かれらはみんな、ある国についての記述をたぶん十ぺんも読んでいながら、その国の一人の住民にすっかり驚いて目をみはることになる。

真実にたどりつくために著作家たちの偏見とわたしたちの偏見との二重の壁を突き破らなければならないというのはやりきれないことだ。わたしは旅行記を読んで生涯をすごしてきたが、同じ国民について同じ観念をあたえてくれる二つの旅行記をみいだしたことはない。自分で観察することができたすこしばかりのことを読んだこととくらべてみて、わたしはとうとう旅行家をほうりだしてしまった。そして、それらを読んでなにか学ぼうとして時間をついやしたことを残念に思った。観察すべき事実はどんな種類のことでも、読んではならない、見なければならない、とつくづく思い知らされたからだ。旅行家たちがみんな正直で、見たこと、あるいは信じたことだけを語り、真実がかれらの目にふれて染まるまやかしの色だけが真実の姿を変えるにすぎないばあいにも、右のことは正しいだろう。そのうえ旅行家のうそと不誠意のなかから真実をみつけださなければならないとしたら、どういうことになるか。

だから評判の高い書物にたよるのは、書物を読んだだけで満足するような人々にまかせておこう。それは、ライムンドゥス・ルルスの術*と同じく、知りもしないことについておしゃべりをすることを学ぶために役だつのだ。十五歳のプラトン*たちを、クラブで哲学を論じたり、ポール・リュカスとかタヴェルニエとかを信用してエジプトやインドのしきたりを学会に報告したりするように仕込むために役だつのだ。

一国民しか見ていない者は、人間というものを知ることにはならないで、一緒に暮らしてきた人々を知っているだけだということを、異論の余地ない格率とわたしは考えている。そこで、さっきの旅についての問題を提起するもう一つの方式がある。「立派に教育された人間が自分の同国人しか知らなくてもいいのか、あるいは、人間一般を知る必要があるのか」ということだ。こういえば論争も疑問もなくなる。この通り、むずかしい問題の解決は問題提起の方式にかかっていることがよくある。

しかし、人間というものを研究するために、地上を隈なく歩き廻る必要があるのか。ヨーロッパ人を観察しに日本へ行く必要があるのか。人間を知るためにすべての個人を知る必要があるのか。そんなことはない。ある人々はたがいにとてもよく似ているので、かれらを別々に研究するまでもない。十人のフランス人を見た者はすべてのフランス人を見たのだ。イギリス人や、そのほかいくつかの国民については同様には言えないにしても、それぞれの国民には、その国民の、一人ではだめだが、幾人かについての観察から帰納的にひきだされる固有の特殊な性格がある、ということもたしかだ。十人のフランス人をくらべてみた者はフランス人というものを知っていることになるが、同様に、十カ国の国民をしらべてみた者は人間というものを知っていることになる。

知識を得るためには国々をめぐりあるくだけでは十分でない。旅のしかたをこころえていなければならない。観察するためには、見る目をもっていなければならないし、知りたいと思っている対象のほうへその目をむけなければならない。旅行が書物よりももっと教えることが少ない人もたくさんいる。かれらは考える技術を知らないからだ。書物を読むとき、かれらの精神は少なくとも著者によって導かれるのだが、旅行しても、かれらは自分で見ることが全然できないからだ。またある者は、知ろうとしないからこそ、知ることにならない。そういう人の目的はまったく別のことにあるので、知るということにほとんど関心をもたないのだ。見たいとも思っていないものが正確に見えることはめったにない。世界のすべての国民のなかで、フランス人はいちばん旅行する国民だ。しかし、自分の国のことで頭がいっぱいになっているので、それに似ていないことはなにもかも一緒くたにして考える。世界の隅々にまでフランス人はいる。フランスにみいだされる以上に、旅をしたことがある人が多数みいだされる国はない。それなのに、ヨーロッパのすべての国民のなかで、いちばん多く見ている国民が、諸国民について知ることがいちばん少ない。

イギリス人もやはり旅行するが、ちがう旅行のしかたをする。この二つの国民はあらゆる点で反対であるにちがいない。イギリスの貴族は旅行するが、フランスの貴族は旅行しない。フランスの人民は旅行するが、イギリスの人民は旅行しない。このちがいはイギリスの名誉になるものと思われる。フランス人は旅行するとき、たいてい、なにかしら利益をめざしている。ところがイギリス人は、通商を目的としてなにかいっぱいもって行くことはあるにしても、外国へただ幸運をもとめて行くようなことはしない。かれらが旅行するのは、金をつかうためにであって、やりくりをして生きるためにではない。かれらは大きな誇りをもっているので、外国へ行ってぺこぺこするようなことはしない。だからこそかれらは、まったく別のことを念頭においているフランス人にくらべて、外国でいっそうよく学ぶことにもなる。もっとも、イギリス人もまたその国民的偏見をもっている。かれらはどの国民よりも多くの偏見をもっているとさえいえる。しかし、その偏見は、無知よりもむしろ情念にもとづいている。イギリス人には傲慢から生まれる偏見があり、フランス人には虚栄心から生まれる偏見がある。

いちばん教養のない国民は一般にいちばん賢明な国民なのだが、同様に、いちばん旅行することの少ない人々はいちばんじょうずに旅行をする。わたしたちがやってるようなたわいない研究においてはわたしたちほど進歩していないし、わたしたちのむなしい好奇心の対象にとらえられることも少ないので、かれらはほんとうに有益なことだけに注意をはらうからだ。スペイン人のほかにはそういうふうに旅をする人をわたしはほとんど知らない。フランス人はその国の芸術家たちのところへかけつけ、イギリス人はなにか古い美術品のデッサンをとらせ、ドイツ人はサイン帖をもってあらゆる学者のところへ訪ねていく。かれらがそんなことをしているあいだに、スペイン人は黙々と統治制度、習俗、治安状態を研究しているのだが、四つの国の人のなかでスペイン人だけが、故国へ帰っていくとき、かれが見たことから自分の国にとって有益ななんらかの考察をもちかえる。

古代人は旅行したり、書物を読んだり、書いたりすることが少なかった。しかも、現代にまで残っているかれらの書物を見れば、わたしたちが同時代人を観察している以上によく、かれらがたがいに相手を観察していたことがわかる。かれが描いている国々にわたしたちを連れていってくれるただ一人の詩人であるホメロスの書物にまで溯らなくても、ヘロドトスには、かれの歴史は考察というより物語なのだが、その歴史のなかで、現代のすべての歴史家がその書物に肖像や性格を盛り込むことによって描いているよりもずっとよく習俗を描いている名誉をこばむことはできない。タキトゥスは、どんな作家がこんにちのドイツ人について記述しているよりもよく、当時のゲルマニア人について記述している。古代史に通じている人々は、現代のどんな国民が隣りの国の国民を知っているよりもよく、ギリシャ人、カルタゴ人、ローマ人、ガリア人、ペルシャ人を知っていることは疑いないことだ。

諸国民の独自の性格は日々に消えうせ、それにつれていっそうつかみにくくなっていくということもみとめなければならない。人種が混じり合ってくるにつれて、民族が溶け合ってくるにつれて、かつては一目瞭然だった国民的な相違もしだいに失われていくことがわかる。昔はそれぞれの国民はもっと自国のなかに閉じこもっていた。諸民族のあいだには、交流も、旅行も、共通の利害、相反する利害も、政治的社会的交渉も、それほどなかった。商議と呼ばれるあの王さまどうしのいざこざも、駐在大使とか常任公使とかいうものもなかった。遠洋航海はめったに行なわれなかった。遠い国々との貿易はあまりなかったし、多少あったにしても、それは、君主みずから外国人をつかってやることか、それとも、だれにも範を示すことにならない軽蔑された連中、諸国民をたがいに近づけることもしない連中がやることだった。いまではヨーロッパとアジアとのあいだに、かつてガリアとスペインとのあいだにあったよりもはるかに多くの交渉がある。かつてはヨーロッパだけでも、こんにちの地上ぜんたいよりも、もっとばらばらだったのだ。

それにまた、古代の民族は、たいてい、自分たちを土着の民族、つまりもともとその国土に生まれた民族とみなし、久しいまえからその国に住んでいたので、かれらの祖先がそこに定住した遠い時代の記憶をうしなっていたし、時の流れがかれらのうえに永続的な刻印をあたえることを風土に許してもいた。ところがわたしたちのあいだでは、ローマ人の侵入のあとで、もっと近い時代の蛮族の移動が、すべてを混ぜ合わせ、溶け合わせてしまった。こんにちのフランス人はもう、かつてのようなブロンドの髪と背の高い真っ白な体をもってはいない。ギリシャ人はもう、美術のモデルになるような美しい人々ではない。ローマ人の顔さえ、かれらの天性と同じように、特徴が変わってしまった。ダッサン地方から出てきたペルシャ人は、サーカシア人*との混血によって、かれらの本来の醜さを日々に失っている。ヨーロッパ人はもうガリア人、ゲルマニア人、イベリア人、アロブロゲス人*ではない。かれらはみんな、顔を見ればいろんなふうに変質したスキュティア人〔獰猛な野蛮人〕だ。習俗を見ればなおさらだ。

こういうわけで、古代における人種の別、大気と土地の性質が、かつてはそれぞれの民族の気質、容貌、習俗、性格をつよく特徴づけていたのだが、こんにちではそういうものはそれほどいちじるしい特徴をおびることはありえない。落ち着きのないヨーロッパ人は、どんな自然の原因にもそのしるしをきざみつける時をあたえない。そして、森は切り倒され、沼地は干拓され、大地は、昔のようによく耕されてはいないのだが、もっと一様な方式で耕され、自然のものさえ、以前のような土地と土地、国と国とのあいだのちがいをもつことを許されなくなっている。

そういうことを考えてみれば、わたしたちにはもう見られない独自の相貌といちじるしい差異をもつものとしてさまざまの国の住民を示しているからといって、ヘロドトスやクテシアス*やプリニウスをそれほど性急に笑いものにすることもなくなるだろう。昔の人と同じような顔をみとめるためには昔の人と同じような人をみつけなければなるまい。人間はいつも同じだったと考えるためには、なにものも人間を変えなかったと考えなければなるまい。もし、これまでに存在したすべての人間を同時に見ることができるとしたら、こんにち異なる国民のあいだにみられる人間のちがいよりも、異なる時代のあいだにみられる人間のちがいのほうがいっそう大きいにちがいない。それに疑いをもつことができるだろうか。

観察がいっそうむずかしくなると同時に、それはいっそうなげやりに、不完全に行なわれている。これは、人類の博物誌におけるわたしたちの研究があまり成功していないことのもう一つの理由だ。旅行からはその旅行を企てさせた目的に応じて知識が得られる。その目的が一つの哲学体系をつくりあげることにあるなら、旅行家はかれが見たいと思っていることのほかにはけっして見ない。その目的がもうけることにあるなら、それが人々の注意を完全に吸収して、かれらはもうけることばかり考えている。諸国民を混ぜ合わせ、溶け合わせる通商と技術もまた、相手の国民を研究するようなことはさせない。たがいにどんな利益が得られるかがわかれば、そのうえなにを知る必要があろう。

いちばん快適に暮らせる場所をあとで選ぶために、わたしたちが暮らすことのできるあらゆる場所を知るのは、人間にとって有益なことだ。もし、各人が自分でなにもかも間に合わせることができるなら、必要なことはただ、人間を養うことができる土地の広さを知ることだ。だれも必要としないし、他人のものをなにもほしがらない未開人は、自分の土地のほかにはどこの土地も知らないし、知ろうともしない。生きていくためにもっと広い土地をもとめなければならなくなっても、人が住んでいる場所はさける。かれは野獣をさがすだけで、身を養うためにそのほかのものを必要としない。けれども、わたしたちは文化生活を必要としているし、人間を食わずにすませられないことにもなっているので、わたしたちはみんな、むさぼりくえる人間がいちばんたくさんみつかる地方をうろついているほうが得になる。こういうわけで、すべてはローマへ、パリへ、ロンドンへ殺到する。人間の血を安い値段で売ってるところはかならず首都なのだ。そんなふうだから、人々は大国の国民しか知らないのだし、大国の国民はみんな似たりよったりなのだ。

わたしたちの国には知識を得るために旅行する学者がいる、と人は言うが、それはまちがいだ。学者も、ほかの連中と同じように、利益のために旅行するのだ。プラトンやピタゴラスのような人はもうみつからない。たとえ、そういう人がいるとしても、わたしたちからはるか遠いところにいる。わたしたちの学者は宮廷の命令をうけて旅行するにすぎない。かれらは派遣され、旅費をもらい、金をもらって、あれこれのことを見にいくのだが、道徳的なことを見にいくのではないことはぜったいに確実だ。かれらはある一つのことにすべての時間をついやさなければならない。かれらはごく正直な人間だから、あたえられた金を盗むようなことはしない。たとえ、どこの国にしろ、物好きな人がいて、自分の費用で旅行しているとしても、それはけっして人々を研究するためではなく、人々に教えるためだ。かれらに必要なのは学問ではなく、見せびらかすことだ。旅行することによって臆見の軛(くびき)をはらいのけることをどうしてかれらは学べるものか。かれらは臆見のために旅行するにすぎない。

国を見るために旅行することと、国民を見るために旅行することとのあいだには、大きなちがいがある。第一の目的はいつでも物好きな人間の目的だ。かれらにとっては第二の目的は二次的なものにすぎない。哲学しようとする者にとってはまったく逆になるべきだ。子どもは、人間を観察できるようになるまえに、事物を観察する。大人(おとな)はまず自分と同じ人間を観察すべきで、つぎに、ひまがあれば、事物を観察する。

そこで、わたしたちがへたに旅行していることから、旅行は無用だと結論するのは、正しい推論ではない。しかし、旅行の有益なことがみとめられたとしても、それがすべての人にふさわしいことになるだろうか。とんでもない。それは、はんたいに、ごくわずかな人にだけふさわしいことだ。しっかりしていて、まちがったことを教えられても心を迷わされず、不徳の見本を見せられてもそれにひきずられない人にだけふさわしいことだ。旅行は天性をその傾向へ推しすすめ、人間を完全によくしたり悪くしたりする。世界を廻って帰ってくる人は、帰ってきたとき、その後一生のあいだ変わらない人になっている。よくなって帰ってくる者より悪くなって帰ってくる者のほうが多い。でかけるとき、善への傾向をもっている者より悪への傾向をもっている者のほうが多いからだ。へたに育てられた青年、正しく導かれていない青年は、旅行のあいだにかれらが訪ねていく国民のあらゆる不徳を身につけ、それらの不徳に混じっている美徳を一つも身につけない。ところが、めぐまれた素質の青年、よい天性をよく育てられた青年、そして、ほんとうに知識をひろめたいという意図をもって旅をする青年は、みんな、でかけていったときよりもいっそうすぐれた者、いっそう賢明な者になって帰ってくる。わたしのエミールはそんなふうに旅をするだろう。もっとよい時代に生まれるべきだったあの青年、ヨーロッパが目をみはってその人柄をたたえたあの青年*も、そんなふうに旅をしたのだった。この人は若い花の盛りに国のために死んでいったが、もっと長く生きるにふさわしい人だった。かれの美徳によってのみ飾られているその墓は、一人の外国人がそこに花を撒いたのちに、それにふさわしい名誉を捧げられることになったのだ。

理性によってなされることはすべて規則をもたなければならない。教育の一部と考えられる旅行にもその規則がなければならない。旅をするために旅をすること、それはさまよいあるくこと、放浪することだ。知識を得るために旅をするというのも、まだあまりにも漠然としている。ある決まった目標をもたない知識の獲得は意味ないことだ。わたしはあるはっきりした必要を青年にあたえてから知識をもとめさせたいと思うのだが、正しく選ばれたその必要が知識の性質を決定することにもなるだろう。これもやはりわたしが実践しようと努力してきた方法のつづきなのだ。

さて、ほかの存在との物理的な関連において、ほかの人間との道徳的な関連において、自分を考察したのちに、かれに残されていることは、同じ市民たちとの社会的な関連において自分を考察することだ。そのためにはかれはまず統治体〔政府〕一般の本質、さまざまの統治形態を研究し、さらにかれが生まれた国の統治体を研究して、この統治体のもとに生活することが自分にとって適当かどうかを知らなければならない。なにものによっても廃棄されえない一つの権利によって、各人は、成年に達して自己の支配者になれば、かれを共同体に加入させている契約を破棄して、その共同体が成立している国を去ることもまた、自由にできることになるからだ。かれは理性の時期ののちにもその国にとどまることによってのみ、かれの父祖たちが結んだ約束を暗黙のうちに確認しているものとみなされる。かれは、相続権を放棄できるのと同じように、祖国を捨てる権利を獲得する。さらに出生の場所は自然の賜物の一つだから、自分の出生地を見捨てるとき、人はそれを譲り渡すわけだ。厳密な権利によれば、各人は、どこで生まれようと、自分の責任においていつでも自由でいられるのだが、自分の意志で法律に服従すれば、危険から保護される権利を獲得する。

　そこでわたしは、たとえば、こういうことをかれに言ってやる。「これまであなたはわたしの指導のもとに生活してきた。あなたには自分を支配する力はなかった。けれども、あなたはもう、法律があなたの財産の処理を許して、あなたをあなた自身の主人にする年ごろに近づいている。あなたは、すべてのものに、あなたの資産にさえ、しばられながら、社会にひとりでいる自分をみいだすことになる。あなたは家庭をもつことを考えている。それはけっこうな考えだ。それは人間の義務の一つだ。けれども、結婚するまえに、あなたはつぎのようなことを知らなければならない。あなたはどんな人間でありたいのか。なにをして一生を送るつもりか。あなた自身と家族の者のパンを確保するためにどんな方法をとるつもりか。というのは、そういう心づかいを主な仕事にしてはならないにしても、いちどはそういうことも考えなければならないからだ。あなたは、自分が軽蔑している人々に依存する状態に身をおくことを望んでいるか。たえず他人にふりまわされる状態にあなたをおき、悪者からのがれるためにあなた自身悪者になることを余儀なくさせる社会関係によって、あなたの財産を確保し、あなたの身分を固定させることを望んでいるか。」

　そういってわたしは、商業にたずさわるにせよ、官職につくにせよ、利殖を志すにせよ、かれの財産を有利にもちいるあらゆる可能な方法を示してやる。そして、かれを危険な目にあわせないこと、かれを不安定な依存状態に陥れないこと、他人の手本と偏見でかれの習慣、感情、行動をきめるように強制しないことは、そこには一つもないことを教えてやる。

わたしはこう言ってやる。「自分の時間と体の用い方にはもう一つある。それは軍務につくこと、つまり、ごく安い給料でやとわれて、わたしたちに害をあたえたわけでもない人たちを殺しに行くことだ。この職業は人々のあいだでひじょうに高く評価されていて、人々はそういうことにしか役にたたない連中に異常な尊敬をはらっている。さらに、それは、ほかの手段にたよらないですむようにしてくれるどころではなく、ほかの手段をいっそう必要なものにするだけだ。この職業に献身する人々を破産させることもこの職業の名誉になっているからだ。たしかにかれらはみんな破産するわけではない。ほかの職業のばあいと同じように、この職業をしていても金持ちになれる風潮が知らないまに生じてもいる。しかし、成功している連中がそのためにどんなふうにふるまっているかをあなたに説明すれば、そのまねをしてみたいという好奇心を起こさせることになるとは思われない。

あなたはさらにこんなことを知るだろう。この職業においてさえ、いまでは度胸（どきょう）も勇気も問題にはならないのだ。もっとも、女性にたいする度胸や勇気はたぶん別だ。はんたいに、このうえなくへいつくばった奴、下等な奴、卑屈な奴が、いつでもこのうえなく尊敬されているのだ。まじめに職務をはたす気を起こしでもしたら、あなたは軽蔑され、にくまれ、たぶん追っぱらわれるだろう、少なくとも越権だと罵られるだろうし、同僚が婦人の化粧室で御奉公しているのに、あなたは塹壕で御奉公したとすれば、すべての同僚のために地位を奪われてしまうだろう。」

こういう仕事はみんな、たいしてエミールの趣味に合わないだろう、ということは十分に考えられる。かれはわたしにこう言うだろう。「なんということを！　わたしは子どものころの遊戯を忘れてしまったのかしら。わたしの腕をなくしてしまったのかしら。わたしの力はつかいはたされてしまったのかしら。わたしはもう働くこともできないのかしら。あなたのあらゆるすばらしい仕事や、人間のあらゆるばからしい意見がわたしになんのかかわりがあるのかしら。わたしは親切で正しい人間であることのほかには光栄を知らない。愛する者と一緒に独立して生き、労働によって毎日あらたな食欲と健康を獲得することのほかには名誉を知らない。あなたが話したようなやっかいなことは、どれを考えてみても、わたしはあまり心を誘われない。どこか世界の片隅にあるすこしばかりの畑、それがわたしのもとめている財産のすべてだ。わたしは、それを有利につかうことにわたしの欲のすべてをむけて、落ち着いて暮らすことにしよう。ソフィーとわたしの畑、それでわたしは財産家になれる。」

「そうだ、友よ、妻と、自分のものになっている畑、賢者の幸福にはそれで十分なのだ。しかし、その二つの宝物は、人目にたつものではないにしても、あなたが考えているほどありふれたものでもない。ごくまれにしか見あたらない宝があなたによって発見された。もう一つの宝について語ることにしよう。

あなたのものになっている畑、ねえ、エミール、あなたはそれをどんなところに選ぶつもりなのか。大地のどこの片隅であなたはこう言えるのだろう。『ここでわたしはわたしの主人であり、わたしのものになっている土地の主人でもあるのだ』と。どんなところへ行けば容易に金持ちになれるかはよくわかっているが、どんなところへ行けば金持ちにならなくてもすませられるのか、だれが知っていよう。どこへ行けば独立して自由に生きられるのか、だれに害をくわえる必要もなく、被害をうける心配もなしにいられるのか、だれが知っていよう。いつも誠実な人間でいられる国がそんなに易々とみつかるとあなたは思っているのか。策謀もせず、争いもせず、束縛されもせずに生きていける正当で確実な方法がなにかあるとするなら、それは、たしかに、自分の土地をたがやし、自分の手で働いて生きることだ。だが、『わたしが踏んでいる土地はわたしのものだ』とつぶやくことができる国がどこにあるのか。そういうめぐまれた土地を選ぶまえに、あなたがもとめている安らかな生活がそこでみつかるかどうか十分にたしかめることだ。乱暴な政府や、迫害をくわえる宗教や、背徳的な習俗があなたを不安に陥れることにならないように気をつけるがいい。あなたの労苦の結果をむさぼりくう過酷な税金、あなたの資産をすりへらしていくきりのない訴訟を避けるがいい。正しく生きながらも、知事やその下役、裁判官、僧侶、近くにいる権力者、あらゆる種類の悪者、かれらを無視すればいつでもあなたを苦しめようとしている悪者に、おせじをつかう必要がないようにするがいい。とくに貴族や金持ちに悩まされることにならないようにするのだ。かれらの土地はどこでもナボテのぶどう畑*の隣りにあることになると考えるがいい。あなたにとって不幸なことに、高い地位にある人があなたの小さな家の近くに家を買うか建てるかすることになれば、そいつは、なにか口実をつくって、あなたの土地に侵入してそれを自分のものにする方法を考えだす、それとも、たぶん、あくる日にも、あなたは生活手段のすべてをひろい街道にとられてしまう憂き目を見る、といったことにならないともかぎらない。あなたにも勢力があって、そういう困った事態はすべて防げるというなら、あなたの富ももっているほうがいい。それはもっているのにいっそう骨が折れるわけでもない。富と勢力はたがいに支え合っている。一方がなくなれば、かならず他方も十分には維持されないのだ。

ねえ、エミール、わたしはあなたよりも多くの経験をもっている。わたしにはあなたの計画の困難なことがいっそうよくわかる。とはいえ、それはすばらしい計画だ、りっぱなことだ。それはあなたをじっさいに幸福にするだろう。だからそれを実行するように努力しよう。わたしはあなたにこう提案したい。わたしたちがきめた、あなたが帰ってくるまでの二年間を、わたしがいま話したようなあらゆる危険をまぬがれて、あなたが家族とともに幸福に暮らせる安住の地をヨーロッパのどこかにさがすことに捧げようではないか。わたしたちが成功するなら、あなたは、ほかのたくさんの人がさがしてもみつからなかったほんとうの幸福をみつけたことになり、そういうことに時をすごしたのを後悔しなくてもすむ。もし、成功しなければ、あなたは夢をさまされることになる。避けがたい不幸をなぐさめられ、必然の掟(おきて)に従うことになる。」

わたしは、こんなふうに提案された探求がわたしたちをどこまで導いていくかをわたしの読者のすべてがわかってくれるかどうかは知らない。しかしわたしは、こういう目的ではじめられ、つづけられる旅から帰ってくるとき、エミールが統治の問題、統治者の行動、かれらのいろんな格率のすべてに精通して帰ってくることにならないとしたら、かれは知性を、あるいは、わたしが判断力を、まったく欠いていると言わなければならない、ということはよく知っている。

国制法〔国家基本法〕学はこれから生まれなければならないのだが、それはけっして生まれることはあるまいとも考えられる。この部門において現代のすべての学者の先生であるグロティウス*は子どもにすぎない。しかも、さらに困ったことに、不正直な子どもだ。グロティウスを雲上に祭りあげ、ホッブズに呪詛の声を浴びせているのを聞くと、この二人の著書を読んでいる、あるいは理解している良識のある人がどれだけいるかわたしにはわかる。事実は、かれらの原理はまったく同じようなことなのだ。ただ表現がちがっているのだ。かれらはまた方法もちがっている。ホッブズは詭弁に、そして、グロティウスは詩人たちに支えられている。あとはなにもかも二人に共通しているのだ。

この重大な、しかも無用な学問をつくりだす能力のあったただ一人の近代人は、高名なモンテスキューだったにちがいない。しかしかれは国制法の原理を論じようとはしなかった。かれは既成の統治体の実定法を論じるだけで満足した。ところで、この二つの研究以上にちがうものは世の中にはなにもないのだ。

とはいえ、現にあるような政府について健全な判断をくだそうとする者は、この二つの研究をあわせおこなわなければならない。存在するものを十分によく判断するためには存在すべきものを知らなければならない。これらの重要な問題を解明しようとするときに感じるもっとも大きな困難は、個人にそれらを検討する興味を起こさせ、「わたしになんのかかわりがあるのか」、また、「そこでわたしになにができるのか」という二つの疑問に答えることだ。わたしたちはエミールを、どちらの疑問にも答えられる状態においてやった。

第二の困難は、子ども時代の偏見から、それに従って人々が育てられてきた格率から、とくに、自分がほとんど関心をもたない真理についてたえず語りながら、口には出さない自分の利害のことばかり考えている著作家の不公平から生じてくる。じっさい、人民は教授の椅子も、恩給も、アカデミー会員の席もあたえはしない。人民の権利がどうしてああいう連中によって確立されることになるか、考えてみるがいい！　わたしはこの困難もまたエミールにとってはぜんぜん存在しないことになるようにしてきた。かれは政府とはどういうものかほとんど知らない。かれに必要なただ一つのことは、最善の政府をみつけることだ。かれの目的は書物をかくことではないし、いつか書物をかくとしても、それは権力者に取り入るためにではなく、人類の権利を確立するためにだろう。

さらに第三の困難、それほど根拠があるわけではない、もっともらしい困難が残っているのだが、わたしはそれを解決したいとも提起したいとも考えていない。それがわたしの熱意をおびえさせることにならなければそれでいい。こういう種類の研究においては、正義にたいする心からの愛と真理にたいするほんとうの尊敬にくらべれば、すぐれた才能などそれほど必要ではないことを十分に確信しているからだ。そこで、統治についての問題が公正に論じられるとするなら、わたしの考えでは、いまこそまたとない機会なのだ。

観察するまえに、観察の規準となるものをつくらなければならない。一つのものさしをつくって、測定するものをそれとくらべてみなければならない。わたしたちの国制法原理がそのものさしだ。わたしたちが測定するのは、各国の国制法だ。

わたしたちの基礎的な知識は明快、単純で、事物の本性から直接にえられることになる。それは、わたしたちのあいだで問題を論議することによってつくられ、問題が十分に解決されたばあいにはじめて、わたしたちはそれを原理に転化することになる。*

たとえば、まず自然状態にさかのぼって、わたしたちはこういうことをしらべてみよう。人間は奴隷として生まれるのか、それとも自由な者として生まれるのか、結社の一員として生まれるのか、それとも不羈独立の者として生まれるのか。人間は自分の意志によって結集するのか、それとも力に強制されて結集するのか。人間を結集させた力は一つの恒久的な権利となり、この権利によって、その最初の力は、ほかの力によって打ち勝たれたばあいにも、人に義務を課することになるのか。したがって、太古の諸民族を服従させたといわれているニムロデ王*の力があらわれてからは、それを打倒したほかの力はすべて、不正な力、簒奪者の力ということになり、ニムロデ王の子孫、つまりかれの権利継承者のほかには、正統な王者はもういないことになったのか。それとも、その最初の力がなくなれば、それに代わる力がこんどは義務を課して、まえの力にもとづく義務を廃棄する、したがって、人は服従をやむなくされているあいだだけ、服従の義務を負わされているにすぎず、それに抵抗できるようになればすぐに服従をまぬがれることになるのか。こういう権利は、力に大したものをつけくわえることにならないと思われるし、たんなることばの遊戯にすぎないともいえる。

　こういうことをしらべてみよう。病気というものはすべて神からくるものであるといえるのではないか。しかし、だからといって、医者を呼ぶのは罪になるといえるのか。

　さらにこういうことをしらべてみよう。人は、街道で財布(さいふ)を要求する強盗に、財布を隠しておけるばあいにも、とにかく強盗がもっているピストルもまた権力なのだからと考えて、良心的に財布を渡す義務があるのか。

　この場合、権力ということばは、正当な権力、したがって、その存在の根拠となる法に従っている権力とは別のものを意味するのか。

　右のような力の権利を否認して、自然にもとづく権利、つまり父親の権威を社会の原理と認めることにするなら、こういうことを研究しよう。その権威の及ぶ範囲はどれくらいか。それはどのように自然のうちに基礎づけられているのか。それには、子どもの利益、子どもの無力、父親が子どもにたいしてもっている自然の愛情、これらのほかに別の根拠があろうか。だから、子どもが無力でなくなれば、そして、かれの理性が成熟すれば、かれは自己保存のために適当なことの唯一の自然の判定者、したがって自己の支配者になるのではないか。そして、あらゆるほかの人間から、自分の父親からさえも、独立するのではないか。父親が息子を愛することが確実である以上に、息子が自己を愛することは確実なのだから。

父親が死ねば、子どもたちは長兄あるいはだれかほかの者に、父親ほど子どもたちにたいして自然の愛着をもたない者に、服従しなければならないのか。そして、子孫代々、いつの世にもただ一人の家長がいて、家族の者はみんな家長に服従しなければならないのか。このばあいには、どうして権威が分割されることになるのか、そして、どんな権利にもとづいて、地上ぜんたいには人類を統治する首長が一人だけではないことになるのか、それを研究しなければなるまい。

諸国の人民は選択をすることによって形成されたと仮定するなら、このばあいには、権利を事実から区別することになる。そこでわたしたちはこうたずねよう。かれらは、やむなくされたからではなく、欲したからこそ、兄、叔父、あるいは親族の者に服従したのだから、こういう社会は、かならず自由な、意志による結社に帰着するのではないか、と。

つぎに、奴隷制度に移って、こういうことをしらべてみよう。人間が、なんの制限も、保留もせずに、どんな種類の条件もなしに、ほかの人間に自分を譲り渡すのは正当なことでありうるのか。つまり、人間は、かれに自己保存の責任を直接に負わせている自然の意志に反して、また、なにをなすべきか、なにをしてはならないかをかれに命じている良心と理性に反して、人格、生命、理性、「自我」、行動のあらゆる道徳性を放棄する、一言でいえば、死ぬまえに生存することをやめることができるのか。

かりに、奴隷制度になんらかの保留、なんらかの制限があるとするなら、こういうことを検討してみよう。このばあいには、その制度はまさしく一つの契約なのであって、この契約においては、二人の契約者は、その資格からいって共通の上位者をもたないか(二七)ら、契約の条件についてはどちらもあくまで自分の利害の判定者であり、したがって、契約をするばあいにはどちらも自由人なのであり、権利を侵害されたと考えればすぐに、自由にその契約を破棄することもできるのではないか。

そこで、奴隷でもなんの保留もせずに主人に自分を譲り渡すことはできないというのに、どうして人民がなんの保留もせずに自己を首長に譲り渡すことができるのか。また、奴隷がいぜんとして主人が契約を履行しているかどうかを判定する者であるのに、どうして人民は首長が契約を履行しているかどうかを判定する者でありえないことになるのか。

こうしてふりだしにもどらなければならなくなったわたしたちは、人民という集合名詞の意味を考えて、人民をつくるためには、わたしたちが仮定している契約に先だって、暗黙の契約にせよ、一つの契約が必要なのではないか、ということを研究することになる。

王を選ぶまえに人民はすでに人民なのだが、社会契約のほかになにが人民を人民にしたのか。だから、社会契約はあらゆる市民社会の基礎になっているのだ。そこで、この契約の本質のうちにこそ、それがつくりだす社会の本質を探求しなければならない。

わたしたちは、その契約の内容はどんなものか、それはほぼつぎのような公式で言いあらわせるのではないか、研究してみることになる。「わたしたちはみんな共同に、自分の財産、人格、生命、そして自分の力のいっさいを、一般意志の最高指揮にゆだねる、そして、みんなで一緒に、全体の分割できない一部としての各自の部分をうけとる。」

こういうことを仮定したうえ、わたしたちに必要な用語を定義するために、契約者のそれぞれの個別的人格のかわりに、この結社行為は、集会における投票数と同数の部分から構成される道徳的集合的一体をうみだすことに注意しよう。この公共的人格は一般に「政治体」という名称をおび、これは、受動的であるときには、構成員から「国家」と呼ばれ、能動的であるときには「主権者」と呼ばれ、それを同類のものとくらべるときには「国」と呼ばれる。構成員自身についていえば、かれらは集合的には「人民」の名をおび、「都市」〔国家〕の成員、つまり主権に参与する者としては個別的に「市民」と呼ばれ、主権に服従する者としては「臣民」と呼ばれる。

わたしたちは、この結社行為が公共と個人との一つの相互的な約束をふくんでいることと、そして各個人は、いわば自分自身と契約しているのだが、二重の関係において、つまり、個人にたいする主権者の一員として、また主権者にたいする国家の一員として、約束していることに注意する。

さらにわたしたちはこういうことに注意しよう。だれも自分とだけ約束したことにしばられはしないのだから、臣民のだれにたいしても考えられる二つのちがった関係のために、すべての臣民に主権者にたいする義務を負わせることができる公共の議決も、国家に国家自体にたいする義務を負わせることはできない。そこでわかることは、ただ一つ社会契約のほかには、正確にいって、基本的な法は存在しないし、存在しえないということだ。もっともこれは、政治体も、ある点においては、他者と約束を交わすことがありえないという意味ではない。外国との関係においては、それは一つの単純な存在、一つの個体になるからだ。

二つの契約当事者、つまり各個人と公共は、両者の紛争を判定できるような共通の上位者を全然もたないのだが、両者の各〻は好きなとき自由に契約を取り消せるのか、つまり、権利を侵害されたと思えばすぐに一方的に契約を破棄できるのかどうか、しらべてみよう。

この問題を解明するためにこういうことを考えてみよう、社会契約にしたがえば、主権者は共同的で一般的な意志によらなければ行動できないので、その行為は、同様に、一般的、共同的でない目的をもつはずはない。だから、個人が主権者によって直接に権利を侵害されるのには、かならずすべての個人の権利が侵害されなければならないが、そういうことはありえない。それは自分自身に害をあたえようとすることになるからだ。だから、社会契約は、公共の力のほかにはなんの保証も必要としない。権利の侵害はかならず個人の側から生じることになるからだ。そして、そのばあい、個人は約束を守らなくてもいいことにはならないで、約束を破ったことを罰せられるのだ。

これに類する問題をすべて解決するために、たえず念頭におくように気をつけなければばならないことは、社会契約は特別な性質の契約で、それだけに適したものである、ということだ。というのは、人民は自分自身とだけ契約しているからだ。つまり、主権者としての人民全体が臣民としての個人と契約しているのだ。この条件が政治機構のいっさいの仕組と動きをもたらすのだ。また、これだけが、こういうことがなければ不条理で、圧制的で、恐るべき乱用に陥るおそれがある約束を、正当で、道理にかなった、なんの危険もともなわないことにしているのだ。

個人は主権者にだけ従属したのだし、主権は一般意志にほかならないのだから、各人は主権者に服従しながら、自分自身に服従しているにすぎないこと、人は社会契約によって自然状態にあるときよりもいっそう自由になることがわかってくる。

人の面において自然的自由と社会的自由とをくらべてみたあとで、財産の面において、所有権と領土権とを、個人の所有地と主権者の領土とをくらべてみよう。所有権のうえにこそ主権は築かれているとするなら、所有権は主権がなによりも尊重しなければならない権利だ。それは、個別的、個人的権利であるかぎりは、主権にとって神聖不可侵の権利だ。全市民の共有のものとみなされるばあいには、すぐにそれは一般意志に支配され、この意志はそれを廃止することができる。だから主権者はある個人の財産にも、幾人かの個人の財産にも手をふれる権利をまったくもたないが、すべての人の財産を正当に没収することができる。こういうことは、たとえば、スパルタでリュクルゴスの時代に行なわれた。しかし、ソロンによる負債の免除は非合法な政令だった。

一般意志のほかにはなにものも臣民に義務を負わせることはないのだが、一般意志はどんなふうに表明されるか、どんなしるしによって確実に一般意志とみとめられるか、法とはなにか、法の真の性格はどういうことか、それを研究することにしよう。これはまったく新しい主題で、法の定義はこれからつくられなければならないのだ。

人民がその構成員の一人あるいは幾人かを特別扱いにすると、人民はたちまち分裂する。全体とその部分とのあいだに、それらを二つの別々の存在とする一つの関係がつくられ、一方には部分があり、他方にはその部分を除いた全体があることになる。しかし、ある部分を除いた全体は全体ではない。だから、そういう関係がつづいているかぎり、全体はなくなり、相等しくない二つの部分があることになる。

はんたいに、全人民が全人民のことを規定するばあいには、人民は全体のことだけを考えている。だからある関係がつくられるとしても、それはある観点から見た全体的なものと別の観点から見た全体的なものとの関係であって、全体の分裂は起こらない。このばあいには、規定されることは一般的なことで、規定する意志も一般的な意志だ。なにかそれとは別の種類の行為で、法の名をもつことができる行為があるのか、しらべてみよう。

主権者は法によってのみ語ることができるとするなら、そして法は、国家の全構成員にひとしくかかわりのある一般的な対象しかもつことができないとするなら、主権者は個別的な対象についてなにごとかを規定する権力はけっしてもたないことになる。しかし、国家を維持していくには個別的なこともまた決定される必要があるから、そういうことがどんなふうに行なわれるかを研究することにしよう。

主権者の行為は一般意志の行為、法律でしかありえない。そこでつぎに、その法律を実施するために、決定的な行為、力の行為、つまり統治行為が必要になる。そしてこの統治行為は、主権者の行為とは反対に、個別的な対象しかもちえない。たとえば、首長を選ぶことを主権者が規定する行為は一つの法律だが、この法律を実施してその首長を選ぶ行為は一つの統治行為にすぎない。

そこで、第三の関係において集合した人民が考えられる。つまり、人民が主権者としてつくった法律の執行者、為政者としての人民が考えられる(二八)。

こういうことをしらべてみよう。人民がその主権を捨ててそれをある一人の人間に、あるいは何人かの人間にあたえることは可能なのか。選挙行為は法律ではないし、選挙を行なうときには人民は主権者そのものではないから、どうして人民はそのときもってもいない権利を移転することができるのかわからないのだ。

主権の本質は一般意志にあるが、ある個別意志はいつも一般意志に一致することになるといっても、それがどうしてたしかめられるかということもわからない。むしろ個別意志はしばしば一般意志と反対になると推測しなければならない。私的な関心はいつもかたよった好みにむかい、公共の関心は平等をめざすからだ。そして、その一致は可能であるとしたところで、それは必然的な、破られることのない一致ではないというだけでも、そこからは主権は生じえないことになる。

こういうことを研究してみよう。社会契約を破ることなしに、人民の首長は、どんな名目で選ばれたにしても、人民から法律の実施を命令される人民の役人とは別物であるということがありえようか。それらの首長はその行政について人民に報告する義務があるのではないか。そして、法律を守らせることを委任されているかれらもまた、法律に従わなければならないのではないか。

人民はその主権を譲り渡すことはできないとしても、それを一時委任することはできるのか。主人をもつことはできないとしても、代表者をもつことはできるのか。これは重要な問題で、検討にあたいする。

人民は主権者も代表者ももつことはできないとして、こういうことをしらべてみよう。

どうして人民は自分で法律をつくれるのか。人民は多くの法律をもつべきか。しばしば法律を変えるべきか。大国民が自国の立法者になるのは容易なことか。

ローマ国民は大国民ではなかったか。

大国民があるのはよいことか。

さきの考察から、国家には、臣民と主権者とのあいだに中間的な団体があることになる。そして、一人あるいは幾人かの構成員でつくられるこの中間的な団体は、国家の行政、法律の実施、社会的政治的自由の維持を委託されている。

この団体の構成員は、「為政者」あるいは「王」と呼ばれる。つまり支配者である。この団体の全体は、それを構成する人間の面から考えれば、「統治者」と呼ばれ、その活動の面から考えれば、「政府」と呼ばれる。

自己にはたらきかける政治体全体の作用を考えれば、つまり、全体の全体にたいする関係、主権者の国家にたいする関係を考えれば、この関係は、連比例の外項の関係にくらべられ、政府はその中項となる。為政者は主権者から命令をうけ、それを人民につたえる。そこで、すべての偶然的なものを相殺するなら、為政者の自乗は、一方においては臣民、他方においては主権者である市民の積に等しい。この三つの項のどれを変質させてもかならずすぐに均衡が破れる。主権者が統治しようとしたり、統治者が法律をあたえようとしたり、あるいは臣民が服従をこばんだりすれば、規律にかわって混乱がみられ、国家は解体して専制政治か無政府状態に落ちこむ。

国家が一万の市民によって構成されていると仮定しよう。主権者は集合的に、国体をなすものとしてのみ考えられるが、各個人は、臣民として、個人的な、独立した存在をもつ。そこで主権者対臣民は一万対一になる。つまり国家の構成員の一人一人は、主権に完全に支配されていても、主権の一万分の一の分け前しかもたない。人民が十万の人間から構成されているとすれば、臣民の状態は変わらないで、各人はやはり法律の完全な支配をうけているのだが、一方、かれの投票は、十万分の一に力が低下して、法律の作成にたいする影響力は十分の一になる。こうして、臣民はいつでも一なので、主権者の比率は市民の数に応じて増大する。そこで、国家が拡大すればするほど自由は減少する。

ところで、個別意志の一般意志にたいする関係、つまり習俗の法律にたいする関係が薄くなれば、それだけ抑圧する力は大きくならなければならない。他方において、国家が大きくなれば、公共の権力を委託されている者はその権力を乱用するいっそう多くの誘惑と手段をあたえられるので、政府が人民を抑制する力をいっそう多くもつことになれば、主権者のほうでも政府を抑制する力をいっそう多くもたなければならない。

この二重の関係から、主権者、統治者、人民の連比例はいいかげんな観念ではなく、国家の本質の一つの帰結であることになる。さらにまた、二つの外項の一つ、人民〔臣民〕は、固定したものなので、複比が増大するか減少すればいつでも、単比も増大するか減少することになる。これはそのたびに中項が変わらなければ起こりえない。そこで、政府の、ただ一つだけの絶対的な構成方式があるのではなく、大きさの異なる国家があるのと同じ程度に性格の異なる政府があるべきだ、という結論をひきだすことができる。

人民の数が多ければ多いほど、習俗と法律との関係が薄くなるとするなら、十分に明快な類推によって、為政者の数が多ければ多いほど政府は弱体になる、とも言えるのではないか、それをしらべてみよう。

この格率を説明するために、為政者の一人一人のうちに本質的にちがう三つの意志を区別しよう。第一には、個人に固有の意志で、これは自分の個人的な利益だけをめざす。第二には、為政者に共通の意志で、これはひたすら統治者の利益にむすびつく。団体の意志と呼ぶことができるこの意志は、政府にとっては一般的だが、政府がその一部をなす国家にとっては個別的な意志だ。第三には、人民の意志、つまり主権者の意志、これは、全体的に考えられる国家にとっても、全体の一部と考えられる政府にとっても、一般的な意志だ。完全な立法においては、個別的個人的な意志はほとんどなくならなければならず、政府に固有の団体意志はほんの副次的なものとなり、したがって、一般意志、主権者の意志がほかのいっさいの意志を規制するものとなる。はんたいに、自然の秩序にしたがえば、それらの異なる意志は、視野が狭くなるにつれていっそう活発になる。一般意志はいつでもいちばん弱く、団体意志は二番目で、個別意志がなによりも先に立つ。そこで、為政者の各〻は、第一に自分自身で、つぎに為政者で、つぎに市民であることになる。これは社会秩序がもとめている順序とは正反対の順序だ。

右のようなことを確定したあとで、政府がただ一人の人間の手にあるものと仮定しよう。ここでは個別意志と団体意志とが完全に結びつけられ、したがって、団体意志はそれがもちうる最高度の強さにあることになる。ところで、この強さの程度にこそ力の行使は左右されるのだから、また、政府の絶対的な力は、いつでも人民の絶対的な力なので、変わりはないから、もっとも行動力のある政府は、ただひとりの人が統治する政府だということになる。

はんたいに、政府と最高権力〔主権〕とを一体にし、主権者を統治者に、市民をみんな為政者にしてみよう。そうすると、団体意志は完全に一般意志と溶けあい、一般意志以上の行動力をもたず、個別意志に完全な力をあたえることになる。そこで政府には、絶対的には同じ力がありながらも、最小の行動力しかないことになる。

これらの規則は異論の余地ないことで、そのほかの考察もそれを確認してくれる。たとえば、為政者たちはかれらの団体に属する者として、市民がかれの団体〔人民＝主権者〕に属する者としてよりも、ずっと積極的であること、したがってまた個別意志もそこではるかに多くの影響力をもっていることがわかる。為政者の一人一人はたいてい政府のなにか特殊の職務をゆだねられているのだが、市民のほうは、一人一人別々に考えれば、主権に属するどんな職務ももってはいないからだ。それにまた、国家が大きくなればなるほど、その現実的な力は、版図に比例してではないにしても、ますます増大するのだが、国家が同じままであるなら、いくら為政者の数がふえても、それによって政府はいっそう大きな現実的な力を獲得しはしない。政府は、わたしたちがまえと同じものと仮定している国家の力を委託されているからだ。そこで、為政者が多数いれば、政府の活動は弱まるのであって、その力が増大することはありえない。

為政者の数がふえるにつれて、政府が弱体になること、また、人民の数が多ければ多いほど、政府の抑圧力は増大しなければならないことを知ったあとで、政府にたいする為政者の比は、主権者にたいする臣民の比と逆にならなければならない、つまり、国家が大きくなればなるほど、政府は収縮して、首長の数は人民の増加に応じて減少するというふうでなければならない、とわたしたちは結論することになる。

ついで、そういう形態のちがいをもっと正確な名称のもとに確定するために、第一に、主権者は全人民に、あるいは人民の大多数に統治を委託することもできるということをみとめよう。あとのばあいには、たんなる個人である市民よりも為政者である市民のほうが多いことになる。この統治形態には「民主政」という名があたえられる。

それとも、主権者は政府を少数者の手に収縮させることもできる。このばあいには為政者よりもたんなる市民のほうが多いことになるが、この形態は「貴族政」という名をもつ。

最後に、主権者は統治のすべてをただ一人の為政者の手に集中させることもできる。この第三の形態はいちばんふつうの形態であって、「君主政」あるいは王政と呼ばれる。

これらの形態はすべて、あるいはとにかく最初の二つは、数の増減を許すこと、しかもかなり大きなひらきさえもつことに注意しよう。民主政は全人民を包容することもできるし、半数にまで縮小することもできる。貴族政もまた、人民の半数から不確定な最小の数にまで縮小することができる。王政でさえも、ときには、分割をみとめている。たとえば父と子に、あるいは二人の兄弟に、または別の方式で分割される。スパルタにはいつでも二人の王がいたし、ローマ帝国には同時に八人もの皇帝がいたこともあるが、帝国は分裂していたとは言えなかった。それぞれの統治形態がそれに隣る形態と区別されなくなる一点がある。そして、三つの特殊な名称のもとに、政府は、じっさいには、国家にふくまれる市民と同数の形態をとることが可能なのだ。

さらにこういうこともある。それらの政府の一つ一つは、ある面においては、さまざまな部分に分けられ、ある部分はある方式で、ほかの部分はほかの方式で管理されるので、それら三つの形態の組み合わせから多くの混合形態が生じ、その一つ一つにはすべての単純形態を掛け合わせることができる。

最善の統治形態についてはいつの時代にも盛んに論議されたが、それぞれの形態はあるばあいには最善のものとなり、別のばあいには最悪のものとなるということは考慮されなかった。わたしたちとしては、さまざまな国家において、為政者の数[二九]は市民の数と逆にならなければならないとするなら、一般に、民主政は小国に、貴族政は中位の国に、君主政は大国に適当であると結論しよう。

こういう研究をつづけることによってこそ、市民の義務と権利とはどういうことか、義務と権利とは分けられるのか、祖国〔国家〕とはなにか、それは正確にいってなにによって成立しているか、また、なにによって各人は、自分には祖国があることを、それとも祖国などないことを知ることができるか、こういうことがわかってくるだろう。

こうして市民社会そのものの種類を一つ一つ考えてみたあとで、わたしたちはそれらをくらべ、それらのあいだのさまざまな関係を観察してみよう。あるものは大きく、あるものは小さい。あるものは強く、あるものは弱い。それらはたがいに攻撃し、侮辱し、滅ぼしあっていて、そのたえまない作用と反作用のうちに、人間がすべてその最初の自由をもちつづけていたばあいにくらべていっそう多くのみじめな人間をつくりだし、いっそう多くの人間の生命を犠牲にしている。わたしたちはこういうことをしらべてみよう。社会制度のもとではあまりにも大きな自由がもたらされているのではないか、それとも、あまりにも自由が失われているのではないか。すべての社会はたがいに自然の独立をもちつづけているのに、法律と人間に支配されている個人は、いつでも、二つの状態〔自然と社会〕から利益をうけることなく、それらの弊害になやまされているのではないか。だから、多くの市民社会があるくらいなら、世界にはそんなものはないほうがましなのではなかろうか。こういう混合状態こそ、二つの状態の性格をもちながら、どちらの状態も確実にしないで、「戦時の備えも許さず、平和な時代の安全も許さない*」のではないか。こういう部分的で不完全な結合こそ圧制と戦争を生みだすのではないか。そして圧制と戦争こそ人類のもっとも大きな災厄ではないか。

さらに、そういう不都合にたいして考えられた一種の対策、それぞれの国家を、国内では自主権をもつものとしておきながら、国外のあらゆる不正な攻撃者に強力に対抗させる、同盟と連合による対策をしらべてみよう。どんなふうにして健全な連合社会を確立することができるか、なにがそれを永続的なものにすることができるか、また、主権をそこなうことなしに、どの点まで連合の権利を拡張することができるか、こういうことを研究してみよう。

サン・ピエール師*は、国家のあいだに永久平和を維持するために、ヨーロッパのすべての国家の結合を提案していた。そういう結合は実行可能だったろうか。また、それが確立されたと仮定して、長つづきするものと考えられたろうか。(二〇) これらの研究は直接に国際法のあらゆる問題へわたしたちを導いていき、それが国制法の問題の解明を完成することになる。

最後に、わたしたちは戦争法のほんとうの原理を確定し、なぜグロティウスその他の連中はまちがった原理しかあたえていないかをしらべてみる。

わたしたちが考えをすすめているあいだにも、良識をもっているわたしの青年が、わたしのことばをさえぎって、こんなことを言うとしても、わたしは驚きはしないだろう。「わたしたちは人間でではなく、材木でわたしたちの建物をつくっているようだ。一つ一つの部分をこんなにきちんと規則どおりにならべているのだから。」「あなたの言う通りだ。だが、法というものは人間の情念によっては曲げられないこと、そして、わたしたちが問題にしていたのは国制法の正しい原理を確立することだった、ということを考えるがいい。さて、わたしたちの基礎は確立されたのだから、こんどは、そのうえに人間が建てたものをしらべることにしたらいい。あなたはそこにすばらしいものを見るだろう。」

そこでわたしは、かれに「テレマーク」を読ませ、旅をつづけさせる。わたしたちは恵まれたサレントゥムの都を、そして、いろいろ不幸な目にあったのち賢明になった善良なイドメネウスをさがしにいく。途中でわたしたちは、多くのプロテシラオスにであうが、フィロクレスにはであわない。ダウニア人たちの王アドラストスも見あたらないわけではない。*しかし、わたしたちの旅のことは読者に想像してもらうことにしよう。それとも、わたしたちのかわりに、読者に、「テレマーク」をもって旅をしてもらうことにしよう。そして、著者〔フェヌロン〕自身さけている、あるいは、心ならずも暗示している、悲しい現実にふれるのはやめよう。

それに、エミールは国王ではないし、わたしも神さまではないから、テレマークとメントルが人々に恩恵をほどこしたのを見ならうことができないからといって、わたしたちは心を苦しめられはしない。わたしたち以上に自分の場所にとどまることを知っている者、そこからぬけでようとはしない者はいないのだ。同じつとめがすべての人にあたえられていること、心の底から善を好み、自分の力でできるかぎり善を行なっている人はみなそのつとめを果たしていることを、わたしたちは知っている。テレマークやメントルは架空の人物であることをわたしたちは知っている。エミールはなにもしないでぶらぶら旅をしているわけではないし、王公であったばあいよりもいっそう多くのよいことをしている。わしたちは、王になれば、よいことはできなくなる。王でありながらよいことをすれば、表面的なよいことを一つしているつもりでいるあいだに、それとは知らずに現実に悪いことを千していることになる。わたしたちが王であり、賢明な人間であるとしたら、わたしたち自身と他人のためにまずしたいと思うよいことは、王位を辞して、本来のわたしたちにかえることだろう。

わたしはすでに、なぜ旅行がすべての人にとって無益なことになるかを語った。旅行が青年にとってさらに無益なことになるのは、青年に旅をさせるときの、あの旅のしかたのせいだ。教師たちは青年の教育よりも自分の楽しみごとに気をとられていて、青年を都市から都市へ、宮殿から宮殿へ、クラブからクラブへと連れて歩く。それとも、教師が学者であり、文学者であるなら、方々の図書館へ行き、骨董屋にはいり、古い遺跡を発掘し、古い碑文を書き写すことで時をすごさせる。どこの国へ行っても、かれらは別の時代のことに関心をもっている。それは別の国のことに関心をもっているようなものだ。だから、かれらは多くの費用をかけて、くだらないことに熱中しながら、あるいは退屈しながら、ヨーロッパを廻ってあるいたすえ、かれらに関係のありそうなことはなにひとつ見ないで、かれらの役にたちそうなことはなにひとつ学ばないで、帰ってくる。

各国の首都はみんな似たようなものだ。そこでは、あらゆる民族がまじりあい、あらゆる習俗が溶けあっている。そういうところへ行って諸国民を研究しようとしてもだめだ。わたしの見るところでは、パリとロンドンは同じ都市にすぎない。そこに住んでいる人間は、ちがう偏見も二、三もってはいるが、どちらに偏見が少ないということはないし、かれらの実践的格率はすべて同じだ。宮廷にはどんな種類の人間が集まることになるかはよくわかっている。人口の密集と財産の不平等がどんな習俗を生みだすことになるかはよくわかっている。人口二十万の都市と聞けば、そこで人々はどんなふうに暮らしているかわたしにはすぐにわかる。そういう場所のことでわかるかもしれないもっとくわしいことは、わざわざそれをしらべに行くねうちはない。

それほど動きがなく、商業も盛んでないところ、あまり外国人が来ないところ、住民の移動が少なく、財産や身分の変動が少ないところ、そういう辺鄙な地方にこそ、その国民の精神と習俗を研究しに行かなければならない。首都は通りすがりに見物するがいい。そして、遠くへ行ってその国を観察するがいい。フランス人はパリにはいない、トゥーレーヌにいる。ロンドンにいる人よりもマーシアにいる人のほうがいっそうイギリス人らしいイギリス人だし、マドリードにいる人よりもガリシアにいる人のほうがいっそうスペイン人らしいスペイン人だ。* そういう遠いところでこそ国民は特徴をもち、まじりけのない姿を見せる。そういうところでこそ統治のよい結果、悪い結果がいっそうはっきりとあらわれる。半径を大きくすれば弧の割合がいっそう正確にわかるのと同じだ。

習俗と統治の必然的な関係は「法の精神」* という書物で十分に述べられているから、その関係を研究するにはこの著作を参考にするのがいちばんいい。しかし、一般的にいって、統治の相対的なよさを判定するには、単純でわかりやすい二つの規則がある。その一つは人口だ。人口が減少しつつある国ではどこでも、国家は没落にむかっている。そして、ほかのどの国よりも人口が増加しつつある国は、ほかのどの国よりも貧しい国であっても、かならずいちばんよく統治されている国だ。(二二)

しかし、そういうことになるには、その人口増加が統治と習俗の自然の結果でなければならない。それが植民やそのほかの偶発的、一時的な方法によってもたらされたとすれば、このばあいには、そういう方法は薬の必要ということで病気の存在を証明していることになる。アウグストゥスが独身を禁止する法律を発布したとき、その法律はすでにローマ帝国の衰退を明らかにしていたのだ。よい統治が市民を結婚できるようにしてやらなければならないので、法律が市民に結婚を強制するようであってはならない。強制によってもたらされることをしらべる必要はない。基本的な法則に反する法律は守られないで空文になってしまうのだ。そういうことではなく、習俗の影響と統治の自然の傾向によってもたらされることをしらべなければならない。習俗と統治、それだけが恒久的な効果をもつ手段なのだ。たえず個々の病気にたいするつまらない薬をもとめて、共通の病源にさかのぼろうとはせず、それらはすべてを同時になおさなければならない病気であることを見ぬこうともしなかったのが、よきサン・ピエール師の政策だった。病人の体にできる潰瘍の一つ一つを別々に手当することではなく、そういう潰瘍を生じさせる全身の血をきれいにすることが問題なのだ。イギリスには農業にいろんな賞があるそうだ。それ以上なにも聞く必要はない。それは農業がイギリスで今後ながく栄えないことを証明していると思われる。

統治と法律の相対的なよさの第二のしるしもまた人口からひきだせるが、別の方式で、つまり人口の量ではなく、その分布からひきだされる。国土の広さと人口とがたがいに等しい二つの国も、国力においてはひじょうにちがっていることがありうる。そして、その二つの国のうち、より強力なのは、かならず住民がより均等に国土に分布している国だ。それほど大きな都市をもたない国、したがってまた、見ばえのしない国のほうが、大きまって他方を打ち破ることになる。国家を疲弊(ひへい)させるのは、その弱点となるのは、大都市なのだ。大都市が生みだす富は表面的、幻想的な富だ。金(かね)はたくさんあっても品物はないのだ。フランス王にとってパリ市は一つの州と同じくらいのねうちがあると言われているが、わたしは、パリはいくつかの州と同じくらいの犠牲をフランス王に払わせているのだ、多くの点においてパリは地方によって養われているのだ、地方の収入の大半はパリに流れこんで、そこにとどまり、人民の手にも国王の手にもかえってくることはないのだ、と考えている。計算のうまい連中が支配しているこの時代に、パリがなくなればフランスはずっと強大になることを見ぬける者がひとりもいないというのは、不可解なことだ。人民が均等に分布していないことは国家にとって有利でないばかりでなく、それは人口減少そのものよりも破滅的だ。人口減少はある生産をゼロにするだけだが、筋の通らない消費はマイナスの結果をもたらすからだ。フランス人とイギリス人が、首都の大きいことを自慢して、パリとロンドンとどちらが人口が多いかと言い争っているのを聞くと、この二つの国民のどちらが、光栄にも、いっそうへたに統治されているかということで、二人が言い争っているように思われる。

ある国民を都会から離れたところで研究するがいい。そうしなければあなたがたはその国民を知ることにはならない。ある政府の表面的な形態、いかめしい行政組織と役人の慣用語で飾りたてられた形態を見るだけではなんにもならない。さらに、政治が人民のうえに、そして施政のあらゆる段階において、生みだす効果を見て、その政府の本質を研究しなければだめだ。形式と実質とのちがいは、施政のあらゆる段階に分けられているから、それらの全体を考えてみなければ、そのちがいを認識することはできない。ある国では、下級の役人のやり口を見ると政治の方針がわかってくる。ある国では、国民がほんとうに自由であるかどうかを判定するためには、国会議員がどんなふうに選ばれるかを知らなければならない。どんな国だろうと、その都市だけを見ている者が、統治状態を知ることは不可能だ。その方針は、都市にたいしても農村にたいしても同じであることはけっしてないからだ。ところで、国を形成しているのは農村なのだ。そして、国民を形成しているのは農民なのだ。

こんなふうにさまざまの国民を、辺鄙な地方にいて、素朴な本来の精神をもつ人々のうちに研究してみれば、わたしの銘句*の正しさを十分に示し、人の心を十分になぐさめてくれる一般的な事実がみとめられる。すべての国民は、そういうふうに観察するならば、ずっとよく見えてくるからだ。自然に近づけば近づくほど、国民の性格には善なるものが支配的になる。都会に閉じこもるからこそ、文化のために変質させられるからこそ、国民は堕落することになり、粗野ではあっても害をあたえない二、三の欠点を、快いけれども有害な不徳に変えることになるのだ。

こういう考察から、わたしが提案している旅行のしかたにはもう一つの利益があることがわかる。それは、青年が、恐るべき堕落が支配している大都会にそう長く滞在しないので、堕落に感染する危険が少ないこと、素朴な人々のあいだで、たくさんの人とつきあう必要のないところで、堅実な判断力、健康な趣味、正しい品行を失わずにいられることだ。それにしても、堕落に感染する危険は、わたしのエミールにたいしては、ほとんど恐れるにあたらない。かれはそういうことから身を護るために必要なものをすべてもっている。そのためにわたしがとった予防措置のなかで、わたしが高く評価しているのは、かれが心のうちにもっている愛着だ。

いまではもう、人々は、ほんとうの恋が青年の気持ちにどれほど影響することになるかを知らない。青年を指導している人々も、青年以上にほんとうの恋というものを知ってはいないので、それを忘れさせているからだ。しかし青年は、恋をしていなければ、どうしても放蕩をすることになる。表面的なことでごまかすのはやさしいことだ。恋などしていなくてもひじょうに潔癖に生活しているという多くの青年を、人はわたしに教えてくれるだろう。しかし、自分はそんなふうに青年時代を送ったと言うとき、うそをついていない大人の男性、ほんとうの男性を教えてもらいたいものだ。美徳や義務を問題にするとき、いつでも人は体裁だけを考えている。このわたしは、現実をもとめているのだが、もし、現実に到達するのに、わたしが示している方法とは別の方法があるとしたら、わたしは思いちがいをしているのだ。

エミールに旅をさせるまえに恋をさせるという考えは、わたしが思いついたことではない。つぎのような逸話がそれをわたしに示唆したのだ。

ヴェネチア*にいたころ、わたしはあるイギリスの青年の家庭教師のところへいっていた。それは冬のことで、わたしたちは暖炉のそばにいた。家庭教師は郵便をうけとった。かれは何通かの手紙を読んだ。それから、一通の手紙を声を出して青年に読んでやった。それは英語で書かれていたので、わたしにはなんのことか全然わからなかった。しかし、教師が読んでいるあいだに、見ていると、青年は、だれにも気づかれないようにできるだけそっと、かれがつけていた刺繍をした美しい袖飾りをひきさいては火にくべている。そういう気まぐれにおどろいて、わたしは青年の顔をながめていたが、そこには感動の色がみられるようだった。しかし、情念の外にあらわれるしるしは、どんな人のばあいにもだいたい似たようなものだが、それには国民性によるちがいがあって、思いちがいをしやすいものだ。すべての国民は、口で語るときと同じように、顔で語るときにも、それぞれちがった言語をもちいる。わたしは、教師が読みおわるのを待って、できるだけうまく隠そうとしてはいたものの、青年のあらわになった手首を教師に示して、言った。

「あれはどういう意味なのか、教えていただけるでしょうか。」

教師は、青年がしたことに気がついて、笑いだし、満足げな様子で青年を抱擁した。そのあとで、青年の承諾をえてから、わたしがもとめていた説明をしてくれた。

かれはこういうことを教えてくれた。「いまジョンさんがひきさいた袖飾りは、この都のある御婦人が最近くれたものなんです。ところで、ジョンさんは、イギリスに許婚(いいなずけ)のお嬢さんがあって、その方を深く愛しているのですが、その方はもっともっと愛してあげていいお嬢さんだとお考えください。この手紙はその許婚の方のお母さまからきたのですが、あなたが見られたようなことの原因になった部分を訳してみましょう。

こんなことです。

『ルゥシーはジョンさんの袖飾りを手から離しません。きのうベッティ・ロールダム嬢がいらして、午後ずっとルゥシーと一緒にいて、どうしてもその仕事を手伝うというのでした。わたくしは、きょうルゥシーがいつもより早く起きたのに気がついて、なにをしているのか見にいったのですが、あのひとは、きのうベッティがやったところをすっかりほぐしてしまおうとしているのでした。あのひとは自分の贈り物にひとところでも自分とはちがう人の手でできたところがあるのをいやがっているのです。』」

すぐあとで、ジョン君が席をはずして別の袖飾りを取りにいったとき、わたしは家庭教師に言った。「あなたは性質のいい教え子をもっていらっしゃる。しかし、ほんとうのところ、そのルゥシー嬢のお母さまの手紙はこしらえたものではありませんか。袖飾りをくれた御婦人に対抗するためにあなたが考えついたことではありませんか。」「そんなことはありません」とかれは言った。「これはほんものです。わたしはそんな技巧を弄してあの方の世話をしてはいません。わたしは率直な態度と熱意をもってやっています。そして、神はわたしの仕事を祝福してくださったのです。」

その青年の面影はわたしの記憶から消えることはなかった。こういうことは、わたしのような夢想家の頭のなかになにも生みださないことになるはずはない。

もう終わりにしなければならない。ジョン君をルゥシー嬢のもとへ、エミールをソフィーのところへ、連れ帰ることにしよう。かれは、旅に出るまえに劣らないやさしい感情にみちた心をもって、あのころよりもさらに聡明な精神をもって、彼女のところへ帰っていく。また、いろいろな政府のあらゆる不徳と、いろいろな国民のあらゆる美徳を知ることになったという効果をおさめて、自分の国へ帰っていく。わたしはさらに、かれがあらゆる国でだれかすぐれた人と知り合いになって、古代人のように、たがいに快く客としてむかえる約束をすることになるようにしてやったが、手紙の交換によってその交友関係を深めていくのも悪いことではないと思う。遠く離れた国の人と文通するのは、役にたつこともあり、いつでも楽しいことでもあるばかりではなく、それは、一生のあいだわたしたちを攻めたてて、いずれはわたしたちに多少とも影響することになる国民的偏見の支配とたたかう一つのすぐれた手段にもなる。わたしたちが尊敬している良識のある人々、わたしたちの偏見をもたないで、かれらの偏見によってそれを非難し、たえずある偏見に別の偏見を対立させる手段をわたしたちにあたえてくれ、その結果、あらゆる偏見からわたしたちを護ってくれる人々との、利害をともなわない交際くらい国民的偏見の影響をなくさせるのに有効なことはない。わたしたちの国にいる外国人と話し合うのと、自分の国にいる外国人と話し合うのとは同じことではない。第一の場合には、いつでもかれらは、現に生活している国にたいして手心を加え、その国について考えていることを隠しているか、それとも、そこにいるかぎりは、好意的な考えかたをしている。自分の国に帰っていくと、かれらは評価をあらためるのだが、それで公平になっただけの話だ。わたしは、外国人になにか意見をきいてみるとき、その人がわたしの国を見ているなら、けっこうなことだと思うだろうが、その人が自分の国にいるときでなければわたしの国のことでかれの意見をきくつもりはない。

もう二年ちかくを、ヨーロッパの大国のいくつかと、多くの小国を見て廻ることについやし、二、三の主な外国語を修得し、外国の自然、政治、芸術、人物にみいだされるほんとうにめずらしいものを見たのちに、じりじりしているエミールは、わたしたちのきめた期限が近づいていることをわたしに注意する。そこでわたしはこう言ってやる。「では、友よ、あなたはわたしたちの旅行の主な目的を忘れはしまい。あなたは見てきた、観察してきた。結局、あなたの観察の結果はどういうことか。これからどうするつもりか。」わたしの方法がまちがっていなかったとするなら、かれはこんなふうに答えるはずだ。

「わたしはこれからどうするつもりか。わたしはあなたが育ててくれた者として生きていく。そして、自然と法がわたしにあたえている束縛に、好んでほかの束縛をつけくわえるようなことはしない。人間の制度のうちに、人間がつくりあげたものを検討してみればみるほど、人間は束縛を脱しようとしてかえって奴隷になっていること、そして、人間にあたえられている自由を確実にしようとむなしい努力をすることによって、その自由さえ損なっていることがよくわかってくる。事物の流れに押し流されまいとして、人間はさまざまのものに自分を結びつける。それから、歩きだそうとしても、一歩も動くことができず、あらゆるものにつながれていることにびっくりしている。自由になるためにはなにもすることはないのだ、とわたしには思われる。自由であることをやめようとしなければそれで十分なのだ。ああ、先生、あなたこそ、必然に従うように教えることによってわたしを自由にしてくれた。必然がいつやってきてもいい、わたしは、なんの拘束も感じないで、それにひっぱられていく。そしてわたしは、必然と戦おうとは思っていないから、自分をひきとめようとしてなにかにしがみつくようなことはしない。わたしたちが旅行しているあいだ、わたしは、自分が完全に自分のものになっていられるところがどこか地上の片隅にみいだされるかどうかさがしていた。けれども、どこへ行けば、人間にまじっていても、かれらの情念にしばられずにすむのか。すべてをよく考えてみると、わたしの願いそのものも矛盾していることがわたしにわかった。ほかのものには全然しばられないことになるとしても、少なくともわたしは、わたしが定住する土地にしばられることになる。樹木の精の生活がその樹木に結びつけられているように、わたしの生活はその土地に結びつけられることになる。わたしは、支配と自由とは両立しない二つのことばであって、どんなみすぼらしい家でもその家の主人になれば、かならず自分の主人ではなくなる、ということを知った。

わたしが求めているもの、それは、そう広くない一片の土地*。

わたしの幸福ということがわたしたちの探求の理由であったことをわたしは覚えている。あなたは、富と自由とをともにもちつづけることはわたしにはできないことをはっきりと証明していた。けれども、わたしが自由であるとともになんの不足も感じないでいられることを望んでいたあなたは、両立しない二つのことを望んでいた。人間の束縛からのがれようとすれば、どうしてもまた自然の束縛をうけなければならないのだ。わたしは両親が残してくれた財産をいったいどうしたらいいのか。わたしはまず、それをあてにしないことにする。わたしをそれに結びつけているあらゆる絆(きずな)をゆるめることにする。わたしの手に残されているなら、それはわたしのものになっているけれど、わたしの手から取り上げられるとしても、わたしはそれと一緒にひきずられはしない。それを自分の手にとどめておこうとじたばたするようなことはしないで、わたしは自分の場所に踏みとどまっていよう。金持ちであっても、貧乏になっても、わたしはいつでも自由でいる。ただ、あの国、あるいはこの国で自由でいるというのではなく、地上のあらゆるところで自由でいるだろう。わたしにとっては臆見の鎖はすべて断ち切られている。わたしが認めるのは必然の束縛だけだ。わたしは、それに耐えることを生まれたときから学んできたし、死ぬまでそれに耐えるつもりだ。わたしは人間なのだから。それに、なぜわたしは、自由でありながら、それに耐えられないというのか。奴隷になってもやっぱりそれに耐えなければならないのだし、奴隷になれば、さらに奴隷としての束縛をうけなければならないのだ。

地上における条件などわたしにはなんの意味もない。どこにいるかということなどわたしにはなんの意味もない。人間がいるところでは、いつでもわたしは兄弟たちの家にいるのだ。人間がいないところでは、いつでもわたしは自分の家にいるのだ。自由で財産家でいられるあいだは、わたしは暮らしていける財産をもって、生きていく。財産がわたしを支配することになったら、わたしはすぐにそれを捨てよう。わたしには腕がある、それで働いて生きていく。働く腕がなくなったら、だれかが養ってくれれば生きていくし、みんなから見捨てられれば、死んでいくだけのことだ。見捨てられないとしてもわたしはやっぱり死ぬことになる。死は貧しさの結果ではなく、自然の掟なのだから。いつ死がやってきても、わたしは恐れはしない。生きる準備をしているわたしに死がおそいかかるようなことにはけっしてならない。死はけっして、わたしが『わたしは生きた』と言えないようにすることはできない。

父よ、わたしはそんなふうにするつもりです。わたしは、恋をしていないとしたら、人間の状態にありながらも、神そのもののように、なにものにも依存していないことだろう。現にあるものだけを欲しているわたしは、運命と戦うようなことをする必要はないのだから。とにかく、わたしを束縛するものは一つしかない。わたしは、その束縛だけをいつまでもうけるつもりでいるし、それを自分の名誉と考えることもできる。だから、さあ、わたしにソフィーをください。そうすれば、わたしは自由になるのです。」

「エミール、きみの口から人間にふさわしいことばを聞いて、また、きみの心に人間にふさわしい感情があることを知って、わたしはたいへんうれしく思っている。そういう極端な無欲も、きみの年齢では、わたしを喜ばせないことではない。子どもをもてばそういう気持ちも薄らいできて、そのときさみは、一家のよき父親、賢明な人間がまさにそうでなければならないような者になる。きみが旅に出るまえから、旅行がどういう結果をもたらすか、わたしにはわかっていた。わたしたちの制度をよく見ることによって、それにふさわしくない信頼をきみがもつことにはとうていなるまい、とわたしは考えていた。法律の保護のもとに自由をもとめてもだめだ。法律！　どこに法律があるのか。また、どこで法律が尊重されているのか。いたるところできみは、法律の名のもとに個人の利害と人間の情念が支配しているにすぎないことを知った。しかし、自然と秩序の永遠の掟が存在する。賢い者にとってはそれが書かれた法に代わるものとなる。それは良心と理性とによって心の底に記されている。その掟にこそ、自由になるために、賢い者は従わなければならない。そして、悪いことをする者だけが奴隷なのだ。そういう人間はいつでも自分の意志に反して悪いことをするのだ。自由はどんな統治形態のうちにもない。それは自由な人間の心のなかにある。自由な人間はいたるところで自由をもっている。卑しい人間はいたるところで隷属している。卑しい人間は〔共和国〕ジュネーヴにいても奴隷であり、自由な人間は〔専制君主国の首都〕パリにいても自由でいる。

わたしが市民の義務について語るとしたら、きみはおそらく、どこに祖国があるのか、ときくだろう。そして、わたしをへこませたつもりでいるだろう。しかし、エミール、きみはまちがっていることになるだろう。祖国をもたない者にも、とにかく、国はあるからだ。やっぱり政府があり、見せかけでも法律があって、そのもとで人は平穏に暮らしてきたのだ。社会契約が守られたことはないとしても、一般意志がそうすべきだったように、個別的な利害がその人を保護してきたとしたら、公共の暴力が個人の暴力からかれを護ってきたとしたら、かれが目のまえに見た悪行がよいことを好ませることになったとしたら、わたしたちの制度そのものがそれに固有の不正をかれに認識させ憎悪させることになったとしたら、それでもけっこうではないか。ああ、エミール、自分の国に負い目を感じない有徳な人間がどこにいるだろう。それがどんな国だろうと、人間にとってなによりも大切なもの、その行動の道徳性と美徳にたいする愛を、かれはその国からうけているのだ。どこかの森の奥に生まれていたとしたら、かれはもっと幸福に、もっと自由に暮らしていられたかもしれない。しかし、なにものとも戦う必要を感じずに自分の傾向に従っていられるかれは、よき者であってもなんの功績ももたないことになったろう。有徳な人間にはなれなかったろう。ところがいまかれは、自分の情念を克服して、有徳な人間になれるのだ。秩序の見せかけでもかれにその秩序を認識させ、好ませることになる。公共の福祉は、ほかのすべての者にとっては口実として役だつだけだが、かれにとっては現実の動機になる。かれは自分と戦い、自分を征服し、自分の利益を共同の利益のために犠牲にすることを学ぶ。かれは法律からなんの利益も得ていないというのは正しくない。法律は、悪い人間のあいだにあってさえ正しい人としてふるまう勇気をかれにあたえている。法律はかれを自由にしてはくれなかったというのは正しくない。法律はかれに自分を支配することを教えたのだ。

だから、どこにいるかということはわたしにとってはなんの意味もない、などと言ってはならない。きみはきみのあらゆる義務を果たせるようなところにいる必要があるし、その義務の一つは、きみの生まれた土地にたいする愛着なのだ。きみが子どものとき、同郷の人々はきみを保護してくれた。大人(おとな)になったら、きみはその人たちを愛さなければならない。きみはその人たちのあいだで暮らさなければならない、あるいは、とにかく、どこにいてもきみの力でできるかぎりかれらの役にたつことができるところ、かれらがきみを必要とするようなことになったら、きみはどこにいるのかかれらにすぐわかるところで暮らさなければならない。ある人が祖国のうちにいるよりも外にいるほうが同国人にとっていっそう役にたつことになる場合がある。そういう場合には、その人はひたすら自分の熱意に耳をかたむけ、愚痴をこぼさないで異郷の生活に耐えなければならない。異郷の生活そのものがその人の義務の一つなのだ。しかし、善良なエミール、そういういたましい犠牲をきみは全然しいられていない、人々にむかって真実を説く悲しい役割をきみはひきうけているわけではない。*だから、きみは、同国人のいるところへ行って暮らすがいい。気持ちよくつきあって、かれらと友情をむすぶがいい。かれらに恩恵を施し、かれらのお手本になるがいい。きみが示す範例はわたしたちの書物のすべてよりもかれらのためになるだろうし、きみがよいことをしているのを見ることは、わたしたちのむなしいことばのすべてよりもかれらの心にふれるだろう。

それにしてもわたしは、大都会に行って暮らすことはすすめない。はんたいに、よい人間がほかの人間に実例を見せてやらなければならないことの一つは、田園の質朴な生活、人間の最初の生活、いちばん平和で自然な生活、腐った心をもたない者にとってはこのうえなく快い生活だ。若い友よ、人のいないところへ平和をもとめに行く必要がない国は、なんというめぐまれた国だろう。しかし、その国はどこにあるのか。情けぶかい人も都会の中心にいてはかれの心の傾向を有効に満足させることはできない。都会では、かれの熱意を示しても、たいていのばあい、なにか思惑をもっている人間か悪者のためになるだけだ。幸運をもとめてやってくる怠け者にあたえられる都会人の厚意は、地方を決定的に荒廃させるだけだ。そんなことをさせないで、都会の犠牲において地方の人口をふやさなければなるまい。花やかな社交界から身をひく人はすべて、そうするだけで、有益なことをしているのだ。社交界の不徳はすべて、あまりにも多くの人がそこに集まることから生じているからだ。生気がなくなっているところにふたたび農耕と人類の最初の状態にたいする愛とをもたらすことができる人は、さらに有益なことをしているのだ。世間を離れ、簡素な生活を送りながら、エミールとソフィーは、周囲の人々に多くの恩恵を施すことだろう、田園に活気をあたえ、めぐまれない農夫の消え去った熱意をよみがえらせることだろう、そう考えてわたしは感動する。人口はふえ、土地は豊饒になり、大地は新たな装いをつけ、多くの人々と豊かな産物は労働を祝祭に変え、ひなびた遊びごとが、それを復活させた愛すべき夫婦を中心にくりひろげられる、歓喜と祝福の叫びがあがる、そういう光景をわたしは見ているような気がする。人は黄金時代を幻想としているが、損なわれた心と趣味をもっている者にとっては、それはいつになっても一つの幻想にすぎないだろう。人はそれを残念に思っているというのも、ほんとうではない。残念に思っているといっても、けっしてどうするつもりもないのだから。黄金時代を再現させるには、いったい、なにをしなければならないか。ただ一つのことだ、しかし、不可能なことだ。それは、そういう時代を愛することだ。

そういう時代はもうソフィーの住居をめぐって再現しつつあるようにみえる。きみたちは一緒になって、あのひとの尊敬すべき両親が始めたことを完成するだけでいい。しかし、エミール、そういう快い生活のために、骨の折れる義務がいつかきみに課せられるとき、それをいやがるようであってはならない。ローマでは犂(すき)を握っていた者が執政官になったことを思い出すがいい。統治者または国家が祖国への奉仕をきみに要請しているなら、すべてを捨て、あたえられる地位について、市民の名誉あるつとめを果たすがいい。そのつとめがきみにとってやっかいなことになるとしたら、それをまぬがれる正当な、そして確実な方法がある。それは、つとめをできるだけ公正に果たして、そのつとめが長いあいだきみにまかされることにならないようにすることだ。もっとも、そういうわずらわしい仕事をたのまれることをそれほど心配しなくてもいい。こんにちのような人間がいるあいだは、きみのところへ国家のために働くことをたのみにくる者はいないだろう。」

エミールがソフィーのもとにかえってきたときのこと、二人の恋の終わり、というより、二人を結びつける夫婦の愛の始まりを、描くことが許されるとしたら、とわたしは思う。その愛は、生きているかぎりつづく尊敬、美しさが失われてもなくならない徳性夫婦の語らいを喜ばしいものにし、最初の交わりの魅力を老年にまでもちつづけさせる、天性の一致、そういうもののうえに築かれている。しかし、そういう細かいことはすべて、人を喜ばせはしてもたいして役にたたないことかもしれない。これまでもわたしは、こまごました楽しいことは、有益と思われたことだけをとりあげることにしていた。仕事の終わりにきてその規則を放棄していいものだろうか。そんなことはしまい。それにまた、わたしのペンも疲れてきたように感じられる。気力がなくて、こういう息の長い仕事にむかないわたしは、それほど進んでいなかったとしたら、この仕事も投げだしてしまいたいところだ。しかし、未完成のままにしておかないために、ここで結末をつけなければならない。

やがてわたしは、エミールの人生のもっとも魅力のある日、わたしの生涯のもっとも幸福な日がおとずれるのを見る。わたしの仕事が完成されるのを見、その成果を楽しむことになる。りっぱな二人は解くことのできない絆(きずな)によってむすばれる。二人の口は、けっしてむなしいことにならない誓いのことばを述べ、二人の心はそれを確認する。二人は夫婦になったのだ。神殿から帰ってくると、二人は人に言われるとおりのことをしている。自分たちはどこにいるのか、どこへ行くのか、まわりで人はなにをしているのか、二人にはわからない。二人は、なにも聞いていない。はっきりしないことばで返事するだけだ。混乱した二人の目にはもうなにも見えない。ああ、狂おしい喜びよ。ああ、人間の弱さよ。幸福感は人間を圧倒する。人間はそれに耐えられるほど強くない。

結婚の当日、新婚の夫婦にたいして適切にふるまうことをこころえている人はひじょうに少ない。ある者は重々しいもったいぶった態度をとり、ある者は軽口をきいているが、これはどちらもその場にそぐわないことだと思う。わたしはむしろ、若い二人をそっとしておいたほうがいい、静かに自分たちのことを考えさせ、十分に魅力のある心の動揺を感じさせておいたほうがいい、残酷にもそういうことから二人の心をそれさせ、うわべだけの礼節でいやな思いをさせたり、悪い冗談で困らせたりしてはならない、と思う。そういう冗談は、別の機会にはいつでも二人に喜ばれることであっても、こういう日にはかならず迷惑に感じられる。

わたしには、若い二人が、心を混乱させる快くものうい気分を感じながら、人から言われていることをなにひとつ聞いてはいないことがわかる。このわたしは、人が人生のすべての日々を楽しむことを願っているのに、二人にこういう貴重な日をむなしく過ごさせるようなことをするだろうか。そんなことはしない。二人がこの日を味わい、楽しむことを、この日が二人に歓びをあたえることをわたしは願っている。わたしは、二人をなやましている慎しみのない人々の群れからかれらをひきはなして、遠く離れたところへ散歩につれていき、かれら自身のことを話してやって、二人に自分たちのことを思い出させてやる。わたしは、ただかれらの耳にだけではなく、かれらの心に語りたい。そしてわたしは、きょうかれらに考えられるただ一つのことはどういうことか知らないわけではない。わたしは二人の手をとって、こう言ってやる。

「わたしの子どもたち、三年まえわたしは、あなたがたにきょうの幸福をもたらした、つよい、清らかな愛が生まれるのを見た。それはたえず激しくなっていくばかりだった。あなたがたの目を見れば、それはいまこのうえなく激しい状態にあることがわかる。これからはもうそれは弱まるだけだろう。」読者よ、あなたがたにも、エミールが興奮し、逆上し、そんなことはないと断言している様子が、軽蔑した面持ちでわたしの手をふりのけるソフィーの姿が、そして、最期まで愛し合うことを二人の目がたがいにやさしく誓い合っているのが見えるのではなかろうか。わたしは二人の好きなようにさせておいてから、また話をはじめる。

「わたしはたびたび考えたのだが、結婚してからも長く愛の幸福をもちつづけることができるなら、わたしたちは地上の楽園を手に入れることになるだろう。そういうことはこれまでいちども見られなかった。しかし、それがぜんぜん不可能なことではないとしたら、あなたがたこそ、だれにも見せてもらえなかった範例、少数の人々だけが見ならうことのできる範例を示すのにふさわしい人だ。あなたがたは、そのためにわたしが考えついた方法、それだけが有効だと思われる方法を、教えてもらいたいと思わないかしら。」

二人は微笑を浮かべて顔を見合わせ、わたしの単純な言いぐさをわらっている。エミールはわたしの処方をはっきりとことわって、ソフィーはもっとききめのある処方を知っているし、自分としてはそれだけで十分だと思っている、と言う。ソフィーはそれに同意する。彼女も同じように完全な自信をもっているらしい。それにしても、彼女のあざけるような面持ちには、多少の好奇心がみとめられるような気がする。わたしはエミールのほうをみる。燃えるようなかれの目は魅力にあふれた妻をむさぼるようにみつめている。それだけがかれの心をそそる対象なのだ、わたしがどんなことを言ったところで、かれはほとんど関心をもたない。そこで、わたしも笑いながら、心のなかでつぶやく。「いずれきみも耳をかたむけずにはいられないようにしてやるさ。」

二人の心の動きにみられるほとんど気がつかないくらいのちがいは、男女のひじょうに特徴的な、そして一般の偏見とはまったく反対の、ちがいを示している。それは、一般に男は女にくらべて変わらない心をもちつづけることが少なく、女よりもはやく愛の幸福に失望するということだ。女性ははやくから男性の心変わりを予感して、それに不安を感じている。(三三) それがまた女性をいっそう嫉妬ぶかくしている。男性の心が冷めてくると、女性は、かれをひきとめておくために、まえにかれが彼女に気に入られようとしてそそいだ心づかいを、かれに返さなければならなくなって、涙を流し、こんどは自分がへりくだった態度をとることになるのだが、男性と同じような成功を収めることはめったにない。愛着と心づかいは人の心をとらえるが、離れた心をとりもどすことはほとんどない。ところで、結婚生活における愛の冷却をふせぐわたしの処方について話そう。わたしは二人にこういってやる。

「それは簡単でやさしいことだ。夫婦になってからも恋人同志でいることだ。」その秘訣を聞いて、エミールは笑って言う。「なるほど。そういうことなら、わたしたちにはそうつらいことではないでしょう。」

「そんなことを言うあなたには、たぶんあなたが考えている以上につらいことなのだ。まあ、しばらくわたしに説明させてもらいたい。

紐をあまり固く結ぼうとすると、紐は切れる。結婚の絆にも、それにふさわしい力よりも大きな力をあたえようとすると、そういうことが起こる。結婚が夫婦に命じている忠実さはすべての権利のなかでもっとも神聖なものだ。しかし結婚が二人のどちらにもあたえている、相手にたいする権力はよけいなものだ。強制と愛は両立しないし、快楽はしいられるものではない。ああ、ソフィー、顔を赤くしなくてもいい、逃げだそうとしてはいけない。わたしは、つつしみぶかいあなたの心を傷つけるようなことはしたくない。しかし、これからのあなたの生活のことが問題なのだ。そういう大事な問題なのだから、夫と父親のいるところで、ほかでならがまんできないような話も、聞いてもらいたい。

楽しむことではなく、しいられることが、あきあきした思いをさせる。だから、男は妻よりも、世話をしている女にはるかに長いあいだ愛着をもっている。このうえなくやさしい愛撫を義務にするようなことが、また、愛のこのうえなく快いしるしを権利にするようなことが、どうしてできたのか。権利をあたえるのはおたがいの欲望なのだ。自然はそのほかに権利をみとめない。法も、その権利を制限することはできても、それを拡張することはできまい。官能の喜びはそれ自体ひじょうに快いものだ。それは、固有の魅力からはひきだせなかった力を、つらい強制のおかげであたえられることになるのか。そんなことはない。結婚によって心は結ばれても、肉体はしばられはしない。あなたがたはおたがいに忠実でなければならないが、御機嫌をとる必要はない。二人とも相手とは別の者に体を許すことはできないが、どちらも自分の気のむいたときでなければ相手にも体を許すべきではない。

だから、エミール、あなたがほんとうに妻の恋人でいるつもりなら、このひとはいつでも、あなたの主人、このひと自身の主人でなければならない。しあわせな恋人であれ。しかし、つつしみぶかい恋人であれ。すべてを愛によって手に入れるがいい。義務の名においてなにかをもとめてはならない。そして、あなたにあたえられるほんのちょっとした愛のしるしもけっして権利となってはならない、恩恵でなければならない。羞恥心はあらわに意志を告げることを避け、征服されることを願っている、ということはわたしも知っている。けれども、繊細な心とほんとうの愛情をもっていれば、恋人が相手のひそかな願いを思いちがいすることになるだろうか。口ぶりは拒絶していても、心と目が許しているとき、それを知らずにいるだろうか。二人とも、いつでも自分の体と愛情の支配者になっていて、かならず自分の意志でそれを相手にあたえる権利をもつことにするがいい。結婚していても、快楽は、おたがいに欲望を感じているときにだけ許されることをけっして忘れてはいけない。そういう掟（おきて）はあなたがたをたがいに遠ざけることになるなどと心配することはない。はんたいに、それはあなたがた二人に、いっそう気をくばって相手を喜ばせたいという気持ちを起こさせることになる。そして、倦怠を感じさせないことにもなる。たがいに相手のものになりきっていれば、自然と愛はあなたがたを十分に近づけることになる。」

こういう話とそのほかの同じような話に、エミールは腹をたて、抗議する。ソフィーは、恥ずかしそうに、扇を顔にあてて、なにも言わない。二人のうちよけい不満を感じているのは、おそらく、よけい苦情を申し立てているほうではないのだ。わたしは容赦（ようしゃ）なく話をつづけて、繊細な心づかいに欠けているエミールを赤面させ、ソフィーのほうは条件をうけいれることを保証してやる。わたしはソフィーになにか言わせようとする。わたしのことばを否認する勇気は彼女にはないことは、読者にもよくわかる。エミールは、不安そうに、新妻の目を見ている。当惑のうちに肉感的な悩みをたたえたその目に、かれは信頼を感じて安心する。かれは妻の足もとに身を投じて、彼女がさしのべる手に熱烈に接吻し、約束された忠実な心のほかには、彼女に対する権利をいっさい放棄することを誓う。かれは彼女にむかって言う。「妻よ、あなたはわたしの一生とわたしの運命を支配する人だが、わたしの快楽を支配する人にもなってもらいたい。あなたのきびしさがわたしの生命にかかわることになるとしても、わたしはなによりも貴重な権利をあなたに捧げる。わたしはあなたの親切のおかげでなにか手に入れようとはけっして考えていない。すべてをあなたの真心からうけとりたいと思っている。」

　善良なエミール、安心するがいい。ソフィーもまた寛大な女性だ、きみはきみの寛大な心の犠牲になって死ぬようなことにはならない。

　その晩、二人に別れるとき、わたしはできるだけまじめくさった口調で言ってやる。

「二人とも思い出すがいい、あなたがたは自由であることを、そして、ここで夫婦の義務などということは問題にならないことを。わたしの言うことを信じるがいい。お体裁などいらない。エミール、わたしと一緒に来ないか。ソフィーはそれを許している。」エミールは怒って、わたしをなぐりたくなる。「それで、ソフィー、あなたはなんと言うかしら、わたしはエミールを連れて行ったものだろうか。」ほんとうのことを言わない女は、赤くなって、「どうぞ」と言うだろう。魅力のある、快いうそ、それは真実よりも尊いうそだ。

　あくる朝……。幸福のイメージも、もう人々の心を喜ばせない。不徳の破壊作用は人々の心と同じように、趣味も腐敗させてしまった。人々は、心にふれるものを感じることも、愛すべきものを見ることもできなくなっている。あなたがたは、官能の喜びを描いてみせるとき、いつもただ、歓楽の波に溺れているめぐまれた恋人たちを思い浮かべるだけだが、あなたがたの絵はまだとうてい完全なものとはいえない。あなたがたは粗野な半面を描いているにすぎない。官能の喜びのもっとも快い魅力はそこには描かれていない。ああ、めぐまれた運命にむすばれた若い二人が、婚礼の夜のあくる朝、寝室から出てきたとき、ものうい、しかし、清らかなまなざしに、初めて味わった快楽の陶酔感と、純真な心から生まれる愛すべき安心感と、これからは一生ふたりですごすのだという、そのときは魅力にあふれている確信とを、同時に湛えているのを、かつて見たことがない人が、あなたがたのなかにいるだろうか。それこそ人間の心に示されるもっとも美しい対象だ。それこそ官能の喜びを描いたほんとうの絵だ。あなたがたはその絵を百回も見ていながら、それを見わけられない。あなたがたのひからびた心はそういうものを愛することができなくなっているのだ。ソフィーは、幸福に、安らかに、やさしい母親の胸に抱かれて一日をすごす。夫の腕にだかれて夜をすごしたあとの、ほんとうに快い休息。

次の日には、もういくらか様子が変わっているのにわたしは気がつく。エミールはやや不満らしい様子を見せようとしている。しかし、そのわざとらしい様子のうちにも、やさしい心づかいが、まったく従順な態度さえ、うかがわれるので、なにもそれほど心配することはないような気がする。ソフィーはといえば、彼女はまえの日よりも快活になって、その目には満足している様子がかがやいている。エミールと一緒にいる彼女は、いかにも楽しそうだ。彼女はエミールをからかうようなことさえする。しかし、エミールはもうおこるようなことはしない。

その変化ははっきりあらわれているわけではないが、わたしはそれを見のがさない。わたしは心配になって、エミールを一人だけ呼んで聞いてみる。エミールにとって大へん残念なことに、いくら懇願しても、ゆうべはベッドを別にしなければならなかった、というのだ。厳格なソフィーは、はやくもその権利を行使したのだ。そのことで二人に話をさせてみる。エミールは恨みがましいことを言う。ソフィーは軽くあしらっているが、やがて、かれが本気に腹を立てようとしているのを見て、やさしみと愛にあふれたまなざしをかれに注ぎ、わたしの手を握って、ただ一言(ひとこと)、しかし、いかにも切なげに、「わからない人ね」と言う。エミールは勘がにぶくてその意味がぜんぜんわからない。わたしにはすぐにわかる。わたしは、エミールを向こうへやって、こんどはソフィーと二人だけになる。わたしは彼女に言ってやる。

「わたしにはそういう気まぐれの理由はわかっている。あなた以上に繊細な気持ちをもっている人はいないだろう。しかし、それを、あなたのように、ふさわしくない時に示そうとする人もいないだろう。ソフィー、安心するがいい。わたしがあなたにあたえたのは、一人の男性なのだ。心配しないで、そういうものとしてうけいれるがいい。あなたはかれの青春の捧げものをうけたのだ。かれはその青春をだれにもあたえはしなかったし、あなたのためにそれを長くもちつづけることだろう。

わが子よ、おとといわたしたちが一緒に話をしたとき、わたしはどういうことを考えていたか、それをあなたに説明しなければならない。あなたはおそらく、あの話のうちに、あなたの楽しみを長つづきさせるためにそれを調整する一つの技術をみとめたにすぎない。ああ、ソフィー、そこにはわたしの心づかいにもっとふさわしいもう一つの目的があったのだ。エミールは、あなたの夫になることによって、あなたの主人になった。あなたのほうで服従しなければならない。そうすることを自然はもとめている。しかし、ソフィーのような女性のばあいには、男性が女性によってみちびかれるのはけっこうなことだ。これもまた自然の掟（おきて）だ。だから、かれが男性としてあなたの体にたいしてもっている権力と同じくらいの権力を、あなたがかれの心にたいしてもつことになるように、わたしはあなたを、かれの楽しみの支配者にしたのだ。それはあなたにみたされない思いの苦しさを感じさせることになる。けれども、自分を支配することができれば、あなたはかれを支配することになる。それに、もうあったことはそういうむずかしい技術もあなたの力にあまることではないことをわたしに証明している。あなたの愛のしるしをめずらしいもの、貴重なものにするなら、それを高価なものにすることができるなら、あなたは長いあいだ愛によって支配することになる。夫がたえずあなたのまえにひざまずくのを見たいと思うなら、いつもかれをあなたの身からいくらか離れたところにとどめておくがいい。しかし、きびしさのうちにも、つつしみを示すがいい。気まぐれなことをしてはいけない。いつもひかえめな態度を見せるがいい。しかし突飛な女と思わせてはいけない。かれの愛をおさえながらも、あなたの愛情に疑いをもたせないように気をつけなければいけない。愛のしるしをあたえることによってあなたを熱愛させ、拒絶することによってあなたに敬意をはらわせるのだ。夫が、妻の貞潔に尊敬を感じながらも、その冷たい態度に不満を感じることがないようにするのだ。

わが子よ、そういうふうにしてこそ、かれは、あなたに信頼を寄せ、あなたの忠告に耳をかたむけ、仕事のことでもあなたの意見をきき、あなたと相談せずにはなにごとも決めないことになる。そういうふうにしてこそ、あなたは、まちがったことをしようとしているかれを知恵の道に呼びかえし、やさしいことばでかれを連れもどすことができるのだ、愛すべき者になることによって役にたつ者になり、美徳に仕えるために媚態をもちい、理性の利益になることに愛をもちいることができるのだ。

それにしても、そういう技術でさえ、いつまでもあなたの助けになるものと考えてはいけない。どんなに慎重にしてみたところで、楽しむことは楽しみを、そしてほかのどんなことよりもはやく、愛の楽しみを失わせる。しかし、愛が長くつづいたあとでは、なごやかな習慣が失われた愛に代わるものとなり、信頼の魅力が情念の激しさに代わることになる。子どもたちは、かれらに存在をあたえた者を、愛そのものと同じように快く、しばしばもっと強い絆で結びつける。エミールの愛人でなくなったときにも、あなたはかれの妻、友なのだ。かれの子どもたちの母親なのだ。そうなったら、初めのころのひかえめな態度をすてて、あなたがたのあいだにこのうえなく親密な関係をつくりあげるのだ。もう、ベッドを別にしてはいけない、拒んではいけない、気まぐれなことをしてはいけない。すっかりかれの半身になりきって、かれはもうあなたなしではいられない、あなたのそばにいなくなれば、自分自身から遠ざかったように思われる、といったふうにするのだ。お父さんの家を家庭生活の魅力にみちあふれた家にしたあなたは、あなたの家にも同じような魅力をあたえるがいい。自分の家で楽しくしていられる夫はみんな妻を愛している。あなたの夫が自分の家にいて幸福であるなら、あなたも幸福な妻になる、ということを覚えているがいい。

現在のところは、あなたの恋人にあんまりきびしくしてはいけない。もっと素直にかれの言うことをきいてやってもよかったのだ。よけいな心配をするのはかれの心を傷つけることになる。そんなにひどくかれの健康を気づかって、かれの幸福をさまたげるようなことはやめて、あなたも幸福を楽しむがいい。いやになるのを待つのはいけないが、欲望をつきのけるのもよくない。拒むために拒んではいけない、あたえるもののねうちを大きくするために拒まなければいけない。」

それから、二人を一緒にして、わたしはソフィーのまえで若い夫に言ってやる。「とにかく、自分で自分に課した軛(くびき)には耐えなければならない。それをもっと軽くしてもらえるように努力するがいい。とくに、できるだけ愛想よくするのだ、ふくれっ面(つら)をすればもっと愛してもらえるなどと考えてはいけない。」和解をするのはむずかしいことではなく、その条件はどちらにもすぐに思いあたる。平和条約は接吻によって調印される。そのあとで、わたしは、わたしの教え子に言う。「エミール、人間には一生のあいだ助言と指導が必要だ。わたしはいままであなたにたいしてそういうつとめを果たすためにできるだけのことをしてきた。これで、わたしの長いあいだの仕事は終わって、別の人の仕事がはじまる。わたしはきょう、あなたがわたしにあたえていた権威を捨てる。ここに、これからのあなたの指導者がいる。」

すこしずつ初めのころの興奮はおさまって、二人は新しい境遇の魅力を落ち着いて楽しめるようになる。幸福な恋人たち、尊敬すべき夫婦。その美徳を讃えようとすれば、その幸福を描こうとすれば、二人の生涯の物語を書かなければなるまい。いくたびわたしは、かれらのうちにわたしの作品をながめながら、恍惚にとらえられ、胸をはずませている自分を感じることか。いくたびわたしは、二人の手をわたしの手のなかでにぎらせて、神に祝福を捧げ、熱いためいきをもらすことか。にぎりあっている二人の手にいくたび口づけすることか。二人はその手のうえにわたしが涙をそそぐのをいくたび感じることか。かれらもまたわたしと同じように興奮し、感動する。二人の尊敬すべき両親は、子どもたちの青春のうちにもういちど自分たちの青春を楽しみ、いわば子どもたちのうちにふたたび生きはじめる、というより、初めて人生の価値を知る。子どもたちの年ごろにこういうすばらしい運命を楽しむことを妨げた昔の富をかれらは呪わしく思っている。地上に幸福というものがあるなら、わたしたちが暮らしている隠れ家にこそそれをもとめなければならない。

何カ月かたって、ある朝、エミールは、わたしの部屋にはいってきて、わたしを抱擁して言う。「先生、あなたの子を祝福してください。あなたの子はまもなく父親になろうとしているのです。ああ、わたしたちは、熱意をこめて、重大な仕事をしなければばならなくなる。わたしたちにはどれほどあなたが必要になることだろう。父親を育てたあとでまた子どもをあなたに育ててもらうようなことをわたしはしたくない。たとえ、わたしのために選ばれた人と同じような人をわたしが子どものために選ぶことになるとしても、そういう神聖な快い義務がわたし以外の者によって果たされてはならない。しかし、若い教師たちの先生になっていてください。わたしたちに助言をあたえてください。わたしたちを指導してください。わたしたちは素直にあなたのことばに従うでしょう。生きているかぎり、わたしはあなたを必要とするでしょう。いま、わたしの人間にふさわしい役目がはじまるとき、わたしはこれまでのどんなときよりもあなたを必要としている。あなたはあなたの役目を果たした。あなたを見ならわせてください。そして、休息してください。もうその時が来たのです。」

原注

番号

一　すでに注意したように、見せかけや挑発のための拒絶は、ほとんどすべての女性に共通のこと、動物のあいだでさえみられることで、喜んで身をまかせようとしているときにさえみられることだ。それを否定する人は女性のやりくちを観察したことが全然ないにちがいない。

二　年齢と体力にひじょうなちがいがあって、実際の暴力行為が行なわれるばあいもあるかもしれない。しかし、ここでは自然の秩序に従って男女の相対的な状態を論じているのだから、わたしは、その状態を構成するふつうの関連において両者を考察する。

三　そうでなければ、人類は必然的に滅びてしまう。人類がつづいていくためには、結局のところ、女性はそれぞれ四人くらい子どもを産まなければならない。生まれる子どもの半数ちかくはその子どもをつくるようになるまでに死んでいるし、父親と母親になる二人の子どもが残らなければならないからだ。都会がそれだけの人口を供給してくれるかどうか、考えてみるがいい。

四　女性の臆病もまた自然の本能の一つで、妊娠中にであう二重の危険を防ぐものだ。

五　しつこくせがめば得をするからこそ、子どもはしつこくせがむ。ところが、最初の返事を取り消すようなことをけっしてしなければ、子どもは同じことをかさねてもとめるようなことはしないだろう。

六　レースなしですまされるくらい色の白い女性は、そんなものを身につけなければ、ほかの女性たちを大いにくやしがらせるにちがいない。流行をつくりだすのはたいてい醜い女性たちだが、その流行を追うというような愚かしいことを、美しい女性たちはしているのだ。

七　「知りません」としたところで、少女がちがう返事をするとしたら、けっしてその返事を信用しないで、よく気をつけてそれを説明させる必要がある。

八　少女がそう言うのは、人がそう言っているのを聞いたことがあるからだ。しかし、彼女が死についていくらかでも正確な観念をもっているかどうか、しらべてみる必要がある。死の観念は、人が考えているほど単純でもなければ、子どもにわかりやすいことでもないのだ。「アベル」という小詩篇〔当時もてはやされたスイスの牧歌詩人ゲスナー（一七三〇―一七八八）の作〕には、どんなふうに死の観念を子どもにあたえたらいいかの一つの例がみられる。この魅力のある作品には甘美な素朴さが感じられるが、子どもと話をするためには、できるだけそういう素朴さを身につけなければならない。〔フェヌロンは「女子教育論」第七章で、子どもに宗教の知識をあたえるために、死ということから問答をはじめている。〕

九　永遠の観念を人間の世代に適用しようとしても精神の承認をうることはできまい。数的継起の現実はすべてこの観念と両立しない。

一〇　ある点について公然とその態度を表明している女性たちは、その率直さによって自分をえらい者に見せるつもりで、そういうことを別にすれば自分たちには尊敬されるべきものはなにもないと断言していることをわたしは知っている。しかし、そういうことを彼女たちはばかな男だけになっとくさせているのだということもわたしは知っている。女性にとっていちばん強いブレーキとなるものが失われたとすれば、彼女たちを押しとどめるなにが残ることになるのか。そして、女性に固有の名誉感を捨て去ったあとでは、彼女たちはどんな名誉を重んじることになるのか。ひとたび女性の情念に好きなようにさせたとしたら、彼女たちはもうそれに抵抗するなんの関心ももたない。「女は恥を捨てたとき、もはやなにひとつ拒絶すべきものをもたない」〔タキトゥス「編年史」第四巻第三章〕。こう言っている著者以上によく男女とも人間の心を知っていた者があったろうか。

二　若いころの男の道は、賢者〔ソロモン〕にも理解できなかった四つのことの一つだった。五番目のことはみだらな女の恥知らずだった。「彼女は食べて、その口をぬぐって、わたしはなにも悪いことはしない、という」(旧約「箴言」第三十章第二十節)。

三　ブラントーム〔一一〇ページ訳注参照〕はこんなことを語っている。フランソワ一世〔一五一五—四七年フランス王〕の時代、ある若い女性におしゃべりの恋人がいたが、彼女はその恋人に、完全な、そして無期限の沈黙を命じた。その男は二年間じつに忠実にその命令に従っていたので、かれは病気のために口がきけなくなったのだと人々は思っていた。あるとき、人が大勢集まっているところで、ずっと恋が秘密にされていたので、その男の愛人であることを知られていなかったその女性は、自分は即座にかれの病気をなおしてみせると自慢して、ただ一言、「お話しなさい」といって、そのことばの通りにした。そういう恋には、偉大で悲壮ななにものかがあるではないか。ピタゴラスの哲学がどんな大げさなことを言ったところで、それ以上のどんなことができたろう。神のような者がただの一言で人間に発声器官をあたえる有様が想像されるではないか。たった一日でもそういう沈黙を期待できる女性が、こんにち、どこにいるだろう。女性があたえることのできるどんな褒美でそれにむくいることになるにしてもだ。〔異本――「たった一日でも……」以下がつぎのようになる。「いくら美しくても徳性をもたない女性にかつてそういう奇跡的なことができたとは、人がなんと言おうと、わたしには信じられまい。こんにち、パリのすべての美女があらゆる技巧を弄したとしても、そういうことをするにはひじょうに骨が折れることだろう。」〕

三 「宮殿を出ると、四エーカーの広い庭園がみいだされる。まわりをすっかり垣でかこまれ、花を咲かせている大きな木、梨の実、ざくろの実、そのほかの種類のみごとな実をならせる大きな木、あまい実のなるいちじくの木、緑したたるオリーヴの木が植えられている。一年じゅう、それらの美しい木が実をつけていない時はない。冬も夏も、西風の快い息吹きが、ある木の実を結ばせ、ほかの木の実を熟させている。梨やりんごの実はその木の枝に、いちじくの実はいちじくの木に、ぶどうの房は木の株のうえに、老熟し、乾燥していくのが見られる。無尽蔵のぶどう畠はたえずそこに新しい実をもたらす。一方では平らな地面の上で太陽の熱で煮られ、ジャムになる、他方では取り入れの最中、そしてぶどうの木には、まだ花の状態にあるもの、青い未熟のもの、黒くなりかけたものが残されている。一方の端には手入れの行き届いた二つの形の菜園があって、一年じゅう青々としている。それは二つの泉によって飾られ、その泉の一方の水は庭園に隈なくそそがれ、もう一方の水は宮殿内を通って町の高い建物にみちびかれ、市民の飲み水になっている。」

これが「オデュッセイア」第七巻にあるアルキノオス王の庭園の叙述である。この庭には、あの老夢想家ホメロスや当時の王たちにとって恥ずかしいことに、格子垣も、彫像も、滝も、芝生の球戯場もみあたらない。

一四　正直のところ、わたしは、ソフィーの母親が娘に石鹸をつかわせて、あんなになめらかなソフィーの手、エミールがたえず接吻することになる手を、いためさせるようなことをしなかったことに、いくらか満足を感じている。

一五　ここでわたしが言っているようないつわりは、女性にふさわしいいつわり、女性が自然から教えられていることとは反対のことだ。一方は、彼女たちが感じている感情をかくすことだが、他方は、感じてもいない感情をよそおうことだ。社交界の婦人たちはみんな、感受性と称するものをひけらかして一生を過ごしているのだが、自分自身のほかにはなにも愛してはいない。

一六　病気の農夫の手当てをするとは、下剤をかけたり、薬をのませたり、外科医を呼んできたりすることではない。病気になったとき、あの貧しい人たちに必要なのは、そういうことでは全然ない。必要なのはもっと栄養のある、もっとたくさんの食物なのだ。あなたがた紳士は、熱を出したら、絶食するがいい。しかし、あなたがたの農夫が熱を出したら、肉とぶどう酒をあたえるがいい。かれらの病気はほとんどすべて、貧困と疲労から起こるのだ。かれらの最良の煎薬はあなたがたの穴倉にある、かれらの唯一の薬剤師はあなたがたの肉屋であるはずだ。

一七　両者の上に立つ者がいるとしたら、両者に共通のその上長は、主権者にほかならないことになる。そして、そのばあいには、奴隷制は、主権にもとづくもので、主権の原理とはなりえない。

一八　これらの問題と命題は大部分「社会契約論」から抜萃されたもので、「社会契約論」そのものも、もっと大きな著作の抜萃で、その著作は、わたしの力を考えずに計画されたものだが、ずっとまえに放棄されてしまった。そこからぬきだした小著、その概要をここに示した小著は、別に出版されることになっている。〔予定とちがって「社会契約論」は「エミール」より一カ月あまり先に出版された。〕

一九　ここでわたしは、最高為政者、つまり、国民の首長についてだけ語ろうとしていることを念頭においていただきたい。それ以外の為政者はあれこれの部門における最高為政者の代理にすぎない。

二〇　これを書いて以後、可とする理由はその計画の抜萃のなかで述べられた。否とする理由、とにかくわたしにとって強固なものと思われた理由は、わたしの著作集のうちに、右の抜萃につづいてみいだされるだろう。〔ルソーの「サン・ピエール師の永遠平和論抜萃」は一七六一年に発表された。その「批判」はルソーの死後、一七八二年に発表された。〕

二一　わたしはこの通則の例外は一つしか知らないといっていい。それは中国だ。〔一八〇一年版に初めてあらわれた原稿による注〕

二二　フランスでは、妻のほうが先に離れていくが、これは当然のことだ。それほど欲情を感じないで、機嫌をとってもらうことだけを考えている妻は、夫が機嫌をとってくれなくなれば、夫の体にはそれほど関心をもたないからだ。ほかの国では、はんたいに、夫のほうが先に離れていく。これもまた当然のことだ。妻は、忠実だが、つつしみがなくて、その欲望によって夫をなやまし、いやにならせるからだ。この一般的な事実には多くの例外がみとめられよう。しかしわたしは、今では、これは一般的な真実だと信じている。〔一八〇一年版に初めてあらわれた原稿による注〕

訳注

ページ

一〇　アウグストゥス帝の娘ユリアのことは第四編でも言及されたが(中巻九四ページ訳注参照)、ここに暗示されているようなことは、ブラントーム(フランスの回想録作者、一五四〇頃—一六一四)の「艶婦伝」第一話に読まれる。

一四　旧約「申命記」第二十二章第二十三—二十七節。

一四　ギリシャ神話の英雄ヘラクレスはキタイロンの獅子狩りをしていたころテスピオス王の五十人の娘と交わったという話がある。またヘラクレスは一時リュディアの女王オムファレーの奴隷となり、糸をつむいでいたといわれる。

一四　旧約「士師記」第十三—十六章。サムソンはイスラエルの士師、怪力をもってペリシテ人と戦ったが、愛する女デリラのために力の宿る毛髪を切られ、敵にとらえられた。

三七　ミネルワ(アテナ)は学問・技芸の女神。

三九　フェヌロン「女子教育論」(一六八七)第五章。

四八　ユノー(ヘラ)は、神々の首長ユピテル(ゼウス)の妃、ウェヌス(ヴィーナス、ギリシャ神話のアフロディテー)は愛の女神。

四八　アレクサンドレイアのクレメンス(ヘレニズム時代の学者、一五〇—二一一頃)の著作「教育者」第二巻一二による。――ヘレネーはトロイア戦争の口実になった美人。

四八　デュシャプトは十八世紀に有名だったパリのモードの店。この店のことは「告白」第六巻にも見える。ヴォルテールのいくつかの手紙にも出ているとのこと。

五六　異本――以下つぎのようになる。「男性はそういう幼い女性たちに分別がついてくる時期を、いわば見はっていて、いつになったら彼女たちを愛することができるかを知ろうとしている。どうしても、わたしたちは、わたしたちを喜ばせる者を喜ばせたいと思うものだし、希望がなくなれば、その相手は長くわたしたちを喜ばせることにはならないのだ。」

六七　上巻四〇六ページ参照。

七四　第四編「サヴォワの助任司祭の信仰告白」(中巻一五六ページ)参照。

八三　タッソ「エルサレムの解放」第四巻八七。

八四　「ガラテアはわたしに林檎を投げて草原へ走って行く……」(ウェルギリウス「牧歌」第三の六四)。

八五　ニノン・ド・ランクロ(一六二〇―一七〇五)はその才気と美貌によって有名だった女性。その家には当時の文学者や社交界の人々が訪れていた。

九八　ここに挙げられている四つの例はつぎのようなこと。
前六世紀、貞女ルクレティアの自殺はタルクィニウス家を王位から追った革命のきっかけとなった。

前四世紀の護民官リキニウス・ストロは、平民の社会的条件の改善につとめ、執政官の一人に平民が就任できるようにしたが、それは、歴史家ティトゥス・リウィウスによれば、リキニウスの妻の考えをとりいれた結果であるという。

前五世紀の十大官の一人アピキウス・クラウディウスは、平民の娘ウィルギニアにたいする邪恋をとげようとしたが、ウィルギニアの父親は娘を殺し、民衆に訴えて、十大官を追放した。クラウディウスは牢獄で自殺した。

半ば伝説的な人物コリオラヌスはローマを追われて、ウォルスキ族のもとにのがれ、その軍隊をひきいてローマに迫ったが、ローマにあった母と妻に嘆願されて、故国征服を断念した。シェークスピアの悲劇、ベートーヴェンの序曲によって有名。

一〇一　ライスは第四編(中巻三八五ページ)にも出てきた古代ギリシャの遊女。

一〇一　異本——以下つぎの文章がはいる。「もし、わたしがしるした道がうけいれられるなら、けっこうなことだ。それはいっそう確実な道、自然にかなった道になるし、あなたがたはこの道を通ってのみ、目標に到達することになる。」

一〇三　オウィディウス「恋愛歌」第三巻、四。

一二五　ホラティウス「オード集」第一巻六。「ペレウスの息子」とはアキレウス。「いまわしい怒り」は「イリアス」の冒頭に読まれる、アガメムノンの不正にたいするアキレウスの怒りが、ギリシャ軍に大きな災厄をもたらすことになったことを暗示している。

一三一　フェビュス(アポロン)は、気どった青年を意味する。

一三三　異本——ここにつぎのような文句がはいる。「そして女性の愛の最初のしるしである」

一三八　「テレマークの冒険」(一六九九)はフェヌロンがルイ十四世の王太孫のために書いた教育小説。オデュッセウスの息子テレマコス(テレマーク)が、オデュッセウスの友人メントルの姿をかりた女神アテナにつれられて、父の行方をたずねて諸国を巡歴するという筋になっていて、オデュッセウスが去ったあとの女神カリュプソの島に漂着するところからはじまっている。つぎに出てくるエウカリスはカリュプソに仕えるニンフのひとり。テレマークと恋におちる。

一五一　マルティアリス、第十一巻、一九。

一五四　ベルトラン・フランソワ・バレーム(一六四〇—一七〇三)はフランスの数学者。その算術の本(一六八二)は当時ひろく用いられた。

一六〇　ルイ・ドーバントン(一七一六—一八〇〇)はフランスの博物学者で、ビュフォンの「博物誌」の協力者。

一六一　第四編の終わり(中巻四〇〇ページ)とその個所の原注四〇参照。

一六六　「テレマークの冒険」第十二巻。フィロクテーテスはトロイア遠征に参加したギリシャの将の一人だが、トロイアへ行く途中、蛇に咬まれ、その毒のため体からひどい臭気を発散したので、ギリシャ人たちは、オデュッセウスの意見をいれて、かれをレムノス島におきざりにした。しかし、十年後、トロイアを陥落させるには、フィロクテーテスがもっているヘラクレスの弓矢が必要であることがわかり、フィロクテーテスはギリシャ軍にむかえられて、トロイア征服に協力する。かれを主人公とするソフォクレスの悲劇が伝存している。

一七〇　タッソ「エルサレムの解放」第四巻三三。

一八四　オデュッセウスはカリュプソの島を去ってのち、また暴風雨におそわれ、まるはだかでコルキュラ島に上陸する。そこで、疲れはて、灌木の茂みのなかで眠りこんでしまったかれは、翌日若い娘たちの笑い声に目をさます。それはアルキノオス王の娘ナウシカアとその侍女たちで、水のほとりに洗いものをしにきていたのである。娘たちのおかげでオデュッセウスは王宮へ行き、鄭重なもてなしをうけ、王はかれに故郷イタケーへ帰る手段を提供する(「オデュッセイア」第六—七巻)。

一九七　フランチェスコ・アルバーニ(一五七八—一六六〇)はイタリアの画家。ボローニャの人。多くの祭壇画のほかギリシャ神話や牧歌文学に取材した明るい絵を描き、「絵画のアナクレオン」と呼ばれる。

二二一　「人間不平等起源論」第一部(岩波文庫版邦訳七二—七三ページ参照)。

二二七　ヘラクレスのこと。一四ページ訳注参照。

二二三　ヘロはヘレスポント海峡にのぞむトラキアの町セストスにある女神アフロディテーの神殿の巫女で、その愛人レアンドロスは対岸の小アジアの町アビュドスに住んでいた。レアンドロスはいつも海峡を泳いでヘロのもとに通っていたが、ある夜、レアンドロスをみちびいてくれるヘロの灯火が嵐のために消され、レアンドロスは溺死し、ヘロは愛人のあとを追って自殺する(ギリシャ神話)。

二三一　上巻三〇四ページ以下参照。

二三二　アタランテはアルカディアのリュクルゴスの子イアソスの娘。またはスコイネウスの娘。長じて快速の猟人となり、父に結婚をすすめられると、自分と競走して勝った者の妻になるが、負けた者は殺す約束で競走する。メイラニオンまたはヒッポメネスは、愛の女神アフロディテーからあたえられた黄金の林檎をつぎつぎに投げて、アタランテがそれを拾っているあいだに、勝利を得る(ギリシャ神話)。

二三五　一四ページおよび二一七ページ参照。

二三八　「オデュッセイア」第十巻。キルケーはアイアイア島に住む魔法使いの女で、自分のすみかにやってくる他国人をみんな動物に変えてしまう。

二五一　上巻五二ページ参照。

二六九　中巻三一七ページ参照。

二七一　「テレマークの冒険」第六巻の終わりで、メントルは、エウカリスに未練を感じているテレマークを海につきおとして、カリュプソの島を去らせる。

二七三　「スペクテーター」はアディソン(一六七二—一七一九)とスティール(一六七二—一七二九)がロンドンで一七一一年から一四年にかけて発行した新聞で、軽妙な風俗批評をのせた。

二七四　モンテスキュー作「ペルシャ人の手紙」(一七二一)の手紙三〇にある文句。

二七六　ライムンドゥス・ルルス(一二三五—一三一六)はスペイン生まれの学者。パリおよびモンペリエの大学で教えた。三角形や円をもちいて概念を組み合わせ、真理をみちびきだす理論的方法「ルルスの術」を考案した。宗教、哲学に関する著作のほか、詩や小説も書いている。

二七六　ポール・リュカス(一六六四—一七三七)はルーアン生まれのフランスの旅行家。エジプト、シリア、ペルシャ、アルメニアなどを旅行し、その見聞記を書いた。ジャン・バティスト・タヴェルニエ(一六〇五―一六八九)はパリ生まれのフランスの旅行家。トルコ、ペルシャ、インドを旅行し、その旅行記を書いた。

二六一　サーカシアはコーカサスの北方の古い名称。

二六二　アロブロゲス人は、カエサルの時代、フランスのドーフィネ、サヴォワ地方に住んでいた民族。

二六三　クテシアスは前四世紀後半のギリシャの歴史家。ペルシャ軍にとらえられ、アルタクセルクセス王の侍医となり、帰国後ペルシャ史やインド史を書いた。大プリニウス(二三―七九)はローマの著述家、尨大な「博物誌」の著者、ヴェスヴィオ火山の噴火の調査で死んだ。

二六六　これは第二編の終わり(上巻三六五ページ)で語られている少年、ジゾール伯のこと。ここに「一人の外国人」とあるのはルソー自身のことであろう、と思われる。

二九三　旧約「列王記」上、第二十章。ナボテはそのぶどう畠をイスラエル王アハブに譲ることをこばんだため、無実の罪をきせられて人民に石で打ち殺された。のち、アハブとその妻イゼベルは悲惨な最期をとげる。

二九四　フーゴー・グロティウス(一五八三―一六四五)はオランダの法学者、政治家で、その大著「戦争と平和の法」(一六二五)は国際法を合理主義的自然法によって基礎づけたもので広汎な影響を及ぼした。

二九六　以下三一五ページまで「社会契約論」の要約である(原注一八参照)。

二九七 「ハムの子はクシ……。クシの子はニムロデであって、このニムロデは世の権力者となった最初の人である。……」(旧約「創世記」第十章第六―十二節)。

三一四 セネカ「心の平安について」一。

三一五 上巻一〇二ページ訳注参照。

三一六 ここの人名はいずれも「テレマーク」に出てくる人物の名で、イドメネウス(クレタ島の王ミノスの孫で、イタリアにサレントゥムの都を建設する)は善き君主、プロテシラオスは王におもねり、他人を陥れようとする悪い臣、フィロクレスは賢明な臣、アドラストスは侵略的な狡猾な王、ということになっている。なお、ルソーは「告白」第十二巻で、プロシャのフリードリヒ二世について語りながら、つぎのように書いている。「……『エミール』のなかで、ダウニア人の王アドラストスの名のもとに、わたしがだれをさしていたかは読者に十分よくわかっていた……」

三一九 トゥーレーヌはパリの西南、ロワール川流域地方。マーシアはむかしアングロ・サクソン七王国の一つを形成していたイギリス中部の地方。ガリシアはスペインの西北部。

三一九 「法の精神」(一七四八)はモンテスキューの主著。

三二三 上巻の扉にあるセネカの句。

三二四 ルソーは一七四三年から四四年にかけてヴェネチア駐在フランス大使の秘書をしていた。

三三〇 ホラティウス「諷刺詩」第二巻六の一。この詩句は、シャルメット時代の幸福な生活を回想している「告白」第六巻の冒頭にも引用されている。

三云 「さらに、正直のところ、外国人としてフランスで生活しているわたしは、自分の境遇が大胆に真実を語るのにひじょうに有利であるとみていた。……『エミール』のなかでも言ったように、策謀家は別として、祖国のほんとうの福祉のために書物を書こうとするなら、祖国にあってそれを書いてはならない、とわたしは感じていた」(「告白」第九巻)。なお、付録「マルゼルブへの手紙」の四(四〇三ページ)を参照。

付　録——マルゼルブへの手紙

はしがき

「エミール」の原稿が正確にいつ完成されたかはわからないが、「告白」の記述から考えれば、一七六〇年の春にはできあがっていたのではないかと思われ、それは、当時ルソーの庇護者だったリュクサンブール公夫人に託された。夫人は、この著作がルソーになるべく多くの収入をもたらすことを望んで、その出版の世話をひきうけたのである。それからしばらくたって、ルソーは、パリのデュシェーヌ書店およびアムステルダムのネオーム書店との出版契約に署名し(一七六一年八月)、「エミール」は先にパリで印刷されることになった。ところが、「エミール」の解説でもふれたことだが、印刷の仕事が順調に進まなかったため、ちょうど持病に苦しんでいたルソーは、ひどい焦躁感にとらえられた。ルソーは、原稿がデュシェーヌからイエズス会士たちの手に渡り、学校教育に大きな勢力をもっていたかれらが、学校教育にたいする「エミール」の軽蔑した調子に怒って、そして、ルソーが余命いくばくもない状態にあるものと信じて、「エミール」の出版をおくらせ、ルソーの死をまって、原稿をつくりかえて出版させようとしているにちがいない、と思い込んだのである。そういう妄想にとりつかれて絶望したルソーは一七六一年の十月から十二月にかけて、デュシェーヌに、リュクサンブール公夫人に、また、夫人と同じように「エミール」の出版に便宜をあたえていたマルゼルブ(手紙四にもしるされているように、名門の人で、一七五〇年以来図書局長官の職にあって、進歩的な思想家に好意を寄せていた人、のち、ルイ十六世時代に大臣となり、革命のときに王を弁護して処刑される。一七二一―九四)にあてて、疑惑をぶちまけた何通かの手紙を書いた。そこで、リュクサンブール公夫人はデュシェーヌのところへ足を運んで、ルソーが心配しているような事実はないことをたしかめ、マルゼルブはルソーに長文の手紙を書き、また、モンモランシーにルソーをたずねて、かれを安心させようとした。ルソーも、十二月の末には平静をとりもどすことができた。

ルソーのすぐれた作品の一つとされている「マルゼルブへの手紙」は、そんなことがあったあと、十二月二十五日付のマルゼルブの手紙にこたえて書かれた。マルゼルブはその手紙のなかで、ルソーの突飛な行動(一七五六年以後、パリと友人たちを捨ててモンモランシーにひきこもっていたこと。モンモランシーはパリの北方四里のところ)が、多くの人から、きざな態度とみられていること、かれは哲人気どりの犠牲になってみじめな状態にあるのだと言われていることにふれ、自分としては、そういうあなたの行動、あなたの不幸は生まれつきの深い憂鬱症によるものと考えてはいるが、というようなことを書いていた。ルソーは、それを読んで、マルゼルブがパリの文学者連中、ルソーのかつての友人たち、が言いふらしていることを信じているのを残念に思い、その誤解をとくために四通の手紙をマルゼルブに書き送った、と述べている(「告白」第十一巻)が、すでにこのころ自伝を書く気持ちがあったルソーは、自分でもそう言っているように、ここでスケッチ風に自画像を描いているのである。

この「エミール」の訳本には、一般の読者のために、終わりにルソーの小伝をつけるつもりでいたが、あらためて「告白」のへたな要約のようなものをつくるより、ルソー自身が書いているものを読んでいただくことにしたほうがいいと思い、この有名な手紙の全文を訳して、かんたんな注をつけた。翻訳はプレイヤード版ルソー全集第一巻(一九五九年出版)に収められている原文に拠った。(一九六三年夏、訳者)

わたしの性格をありのままに描き
一切の行動のほんとうの動機を語っている

マルゼルブ院長あての四通の手紙(一)

一

一七六二年一月四日、モンモランシーにて

あなたがくださった最後の手紙はわたしに大きな喜びをあたえてくれました。その喜びにふさわしくすぐに返事をさしあげたとしたら、こんなにおそくなってお礼を申し上げることにはならなかったでしょう。けれども、わたしにはものを書くことがたいへん骨が折れるということのほかに、最近はいろいろと煩わしいことがおありのことと思い、さらにわたしがなにか申し上げることはしばらくつつしまなければならないと考えたわけです。さきごろ起こったことについては、わたしはなんともやりきれない思いをしておりますものの、あなたがそれを御承知になったことをわたしはたいへんうれしく思っています。それはわたしにたいするあなたの評価を失わせることにはならなかったのですから。あなたがわたしを、あるがままのわたしよりもすぐれたものと考えるようなことをやめられるとしたら、あなたの評価はもっとわたしにふさわしいものになるでしょう。

わたしが世間でいくらか名を知られるようになってからとりつづけている態度に、あなたが考えている動機は、不相応な名誉をわたしにあたえることになるのでしょうが、それはたしかに、あの文学者たちがわたしに押しつけているようなことよりも真実に近いのです。あの文学者たちは、すべてを名声のためと考え、自分たちの感情でわたしの感情を判断しているのです。わたしの心はほかのことに強い愛着を感じていますから、世間の評判というものにそれほど敏感にはなれません。わたしは自分の楽しみと自由を愛好していますから、かれらが考えているほど虚栄心の奴隷になることはできません。幸運や成功の期待がほかにあっても、楽しい語らいや夕食をあきらめる気にはけっしてなれなかった者は、当然のことながら、人の話の種にされたいという願いのために自分の幸福を犠牲にするはずはありませんし、自分にいくらかでも才能があることを感じていながら、それを世間に認めさせることを四十になるまで(三)おくらせていた人間が、愚かにも、ただ、人間ぎらいの評判を手に入れるために、人のいないところへ行って、やりきれない思いをしながら余生を送るなどということは、まったく信じられないことです。

けれども、わたしは不正と邪悪をこのうえなく憎んではいますが、その憎しみは、もし人々と交わりを絶つことがなにか大きな犠牲をはらわせることになるとしたら、その力だけでわたしにそういう決心をさせるほど強いものではありません。そうです、わたしの動機はそれほど高いところにあるのではなく、もっと身近なところにあるのです。わたしは孤独にたいする自然の好みをもって生まれました。それは人々をいっそうよく知ることによってますます強くなっていくばかりでした。わたしは、自分の周囲に架空の存在を寄せ集めて、それとつきあっているほうが、世間であう人々とつきあうよりもよっぽどうまくいくし、世間からはなれたところでわたしの想像が浮かびあがらせてくれる存在との交わりは、完全に、わたしが見捨てた人々との交わりをすべて嫌悪させることになるのです。あなたはわたしを、憂鬱症になやまされている不幸な人間だと考えている。ああ、あなたはなんという大きな思いちがいをしていることでしょう。パリにいたときこそわたしはそんなふうだったのです。パリにいたときこそわたしは暗い気持ちに心をむしばまれていたのですし、そのにがにがしい気持ちは、パリにいるあいだに発表したすべての著述(三)にあまりにもはっきりと感じられるのです。ところが、それらの著述を孤独のうちにわたしが書いたものとくらべてごらんなさい。わたしが思いちがいをしているのでなければ、孤独のうちに書いたものには、なにかしら明るい心が感じられ、それはわざとらしいものではなく、それによって著者の心の状態を確実に判断できるようなものであることがわかるでしょう。最近わたしが経験したひどい心の混乱を知って、あなたは反対の判断をくだされたのかもしれません。けれども容易にわかることですが、ああいう混乱は、わたしの現在の状況にその原因があるのではなく、なにごとにもすぐにおびえて、すべてを極端にもっていこうとする法外な想像力に原因があるのです。相次ぐ成功は名誉にたいしてわたしを敏感にしていますし、それに、いくらかでも心に誇りをもち、徳性をもっている人間なら、自分の死後、有益な著作が、自分の思い出をけがすような、そして多くの害悪をもたらすような、いまわしい著作にすりかえられて、自分の名で出されるということを考えては、このうえなく恐ろしい絶望を感じずにはいられないでしょう。ああいう激しい動揺はわたしの病気が悪化するのを助けることになったのでしょう。しかし、かりに、わたしがパリにいてああいう狂気の発作におそわれたとしたら、わたし自身の意志が自然の残された仕事をやめさせることにはならなかったとは言いきれません。(四)

人とつきあうことにたえず感じていた、どうにもならない嫌悪の原因については、長いあいだわたし自身もまちがって考えていました。わたしはそれを、気がきかないために人々と話しているときに自分にあるわずかばかりの才気も示すことができないという悩み、また、その結果、自分に当然あたえられていいと思っている地位を世の中で占めていないという恨みからくるものと考えていました。ところが、なにか書いてみたあとで、ばかげたことを言いながらもばか者とは思われていないことがはっきりしたとき、あらゆる人からもてはやされ、このうえなくこっけいな虚栄心をもっていたとしてもとうてい望めなかった尊敬よりもはるかに大きな尊敬をもたれるようになったとき、しかも、それにもかかわらず、その嫌悪が薄らぐよりも強くなっていくことを感じたとき、わたしは、結局、それが別の原因によるものであることを、そしてまた、ああいう種類の幸福はわたしが必要としている幸福ではないことをさとったのです。

ではいったい、その原因とはなんでしょうか。それはほかでもない、手のつけられないほど強い自由の精神、なにものにも打ち負かされなかったし、それにくらべれば、地位も財産も名声さえもわたしにとってはなんの意味もないものとなる、自由の精神です。この自由の精神は、たしかに、傲慢な心からきているというよりも、むしろ怠惰な性質からきているのです。けれどもそれは信じられないくらいの怠惰なのです。それはあらゆることにびくびくし、社会生活のほんのちょっとした義務にさえ耐えられないのです。なにかひとこと言わなければならない、手紙を一通書かなければならない、だれか人を訪ねなければならない、こういうことも、しなければならないこととなると、わたしには拷問の苦しみです。ですから、わたしにとっては、人々とのふつうのつきあいはいとわしいことなのです。ですから、親密な友情は貴重なものとなっているのです。そこにはもう義務は感じられないのですが、人は自分の思いどおりにしながらもすべてはうまくいくのです。だからまた、わたしはいつも恩恵というものをとても恐れていました。恩恵はかならず感謝をもとめているのですが、感謝が義務となるということだけで、わたしは自分のうちに忘恩の心を感じます。一言でいえば、わたしが必要としているような幸福は、自分が望んでいることをすることではなく、むしろ、望んでいないことはしないことにあるのです。活動的な生活にはわたしの心を誘うものはなにもありません。わたしはなにか心にもないことをするよりも、むしろ全然なにもしないでいることにいくらでも同意するでしょう。そして、わたしはいくたびとなく考えたものです、わたしは牢獄にいても、ただそこにとどまっているということのほかには全然なにごとも強制されないとしたら、そこに暮らしていてもそれほど不幸にはならなかったろう、と。

とはいえ、若いころにはわたしも成功するためにいくらか努力しました。けれどもその努力は、いつでも、老年の隠退と休息だけを目的としていましたし、それも、怠け者の努力で、気まぐれなことだったので、ほんのささやかな成功さえもたらすことにはなりませんでした。病気になると、それがいい口実になって、わたしは自分の強い好みに身をゆだねました。自分が行きつけるかどうかわからない時期のために身を苦しめるのははばかげたことだと考え、わたしは、そこにすっかり腰をおちつけ、いそいで生を楽しもうとしました。わたしは断言します、わたしがこうして世間から離れていることのほんとうの原因はそういうことにあるのです。ところがあの文学者たちは、そこに見せかけという動機をさがしだそうとしたのですが、そのためには、わたしの生まれつきの性格とは正反対のもの、つらいことに執着するねばりづよさ、というよりも片意地がなければならないでしょう。

あなたは言われるでしょう、そういう怠惰をみとめるとしたら、それは、わたしが十年まえから書物をかいてきたことと、また、わたしをそそのかしてそれを発表させた名誉欲と両立しない、と。その反論にお答えしなければならないのですが、そのためにはさらに長く手紙を書く必要がありますので、もう筆をおかなければなりません。いずれまたそのことを書くつもりでいます。わたしのなれなれしい調子にお気を悪くされなければ、です。心をうちあけてお話しするとき、わたしはどうしてもあらたまった調子で書くことはできないのです。わたしは飾りたてることもなく、遠慮することもなく、自分を描くつもりです。自分で見ているとおりの、あるがままのわたしをお目にかけるつもりです。自分と一緒に生活しているわたしは自分を知っているはずですし、わたしを知っていると考えている人々がわたしの行動、わたしの態度をどんなふうに解釈しているかをみているわたしは、かれらには全然なにもわかっていないということも知っているのです。わたしのほかにはわたしを知っている人はだれひとりいません。それが正しいかどうかは、わたしがすべてを語ったとき、お考えになってください。

わたしの〔これまでの〕手紙をお返しになるというようなことはどうかなさらないでください。保存しておくほどのものではないのですから、みんな焼き捨ててください。けれどもわたしにたいするお心づかいからそうなさる必要はありません。デュシェーヌのところにある手紙をとりかえすというようなことも、お考えにならないでください(五)。わたしの気ちがいざたのすべての痕跡を世の中から消し去らなければならないとしたら、とてもたくさんの手紙をかえしてもらわなければならなくなるでしょうが、わたしはそういうことのために指一本うごかしたくありません。不利になるにしても、有利になるにしても、わたしは自分があるとおりに見られることを恐れてはいません。わたしは自分の大きな欠点を知っていますし、自分のあらゆる不徳を痛切に感じてもいます。それにしてもわたしは、至高の神に多くの期待をかけて死んでいくでしょう。わたしが人生において知った人の一人として、わたし以上に善良な者はいなかったと固く信じて死ん

でいくでしょう。(六)

二

一七六二年一月十二日、モンモランシーにて

わたしは、はじめたのですから、つづけてわたしのことをお知らせします。わたしにとってなによりもぐあいの悪いことは、中途半端に知られることなのです。それに、わたしの過ちもあなたの評価を失わせることにはならなかったのですから、わたしの率直な話がそれを失わせることになるとは思っておりません。

気にかかることにはなにごとにもびくびくする怠惰な心と、激しく、怒りっぽく、すぐに心を動かされ、心にふれるあらゆることに極端に敏感な気質、それは一つの性格のうちに混り合うことができないもののようにみえますが、しかも、この二つの反対のものがわたしの性格の基礎になっているのです。この対立を原理的なものによって解明することはわたしにはできないのですが、しかもこの対立は存在しているのです。わたしはそれを感じています。それはなによりも確実なことです。そしてわたしには、とにかく、それを理解する助けになる歴史のようなものを、事実によって示すことはできます。

わたしは子どものころにはもっと活動的でした。しかし、けっしてほかの子どもと同じようにではありませんでした。あらゆるものにたいするやりきれない気持ちがはやくからわたしに読書をさせることになりました。六歳のときプルタルコスがわたしの手にはいりました。八歳のときにはそれを暗記していました。わたしはあらゆる小説を読みました。それはわたしにたくさんの涙を流させました、小説に心から興味を感じる年ごろになる以前にです。(七)そこからわたしの心には英雄的、幻想的な好みができあがり、それは今日にいたるまで強くなるばかりで、ついには、わたしの気ちがいじみた考えに似かよったことを別にして、いっさいのことに嫌悪を感じさせるようになったのです。若いころには、書物のなかで知ったような人たちが世の中にみつかるものと思っていたわたしは、なにかえらそうなことを言ってわたしに強い印象をあたえることができる人にであうと、すっかりその人にうちこんでしまい、いつもその人の言うことにだまされていました。わたしは気ちがいだったからこそ活動的だったのです。迷いがさめるにつれて、わたしの好み、愛着、考えは変わっていきましたが、変わっていきながらも、いつも、むだなことをし、時間をつぶしていました。たえずありもしないものをもとめていたからです。経験をつんでくると、だんだんわたしはそういうものをみつける希望を、したがってまたそれをもとめる熱意も、なくしてきました。自分で経験した不正、目にした不正に暗い思いをさせられ、他人のお手本と環境の力がわたしをひきずりこんだふしだらな行ないにたびたびみじめな思いをしたわたしは、現代と現代人を軽蔑するようになり、かれらのあいだには自分の心をみたしてくれるような状態をみいだすことはできまいと感じて、人間の仲間からだんだん心をひきはなしていき、わたしの想像によって別の仲間をつくりあげていったのですが、その仲間は、なんの苦労も危険もなしにつきあっていけるし、いつでも安心していられる、ちょうどわたしが必要としていたような仲間でもあったので、なおさらわたしの心を喜ばせてくれたのです。[八]

そんなふうに、自分にも他人にも不満を感じて暮らしながら四十をすぎたわたしは、わたしがそう高く評価していなかった上流社会、しかも必要によって——それは自然から生じる必要だとわたしは考えていたのですが、じつは臆見から生じる必要にすぎなかったのです——自分の好みにまったくあわない仕事をわたしにさせていた社会に、わたしをしばりつけている絆(きずな)をたちきろうとむなしい努力をしていました。[九] そのとき突然、めぐまれた偶然の機会が、わたし自身なにをなすべきか、わたしと同じ人間についてどう考えるべきかを明らかにしてくれることになりました。わたしと同じ人間について、わたしの心情はたえずわたしの精神と矛盾したことを感じて、わたしは、かれらを憎む多くの理由をもちながらも、それでもなお、かれらを愛したいという気持ちが自分にあることを感じていたのです。ああ、わたしの生涯にまったく異常な時期をもたらすことになったその瞬間、わたしが永久に生きているとしてもいつまでも忘れられないその瞬間のことを、描いてお目にかけることができたなら、とわたしは思っています。

そのころヴァンセンヌに監禁されていたディドロに会いに行く途中でした。(一〇) わたしはポケットに「メルキュール・ド・フランス」誌を入れておいたのですが、歩きながらそれを読みはじめました。ディジョンのアカデミーの課題が目にはいりました。わたしの最初の著作〔学問芸術論〕を書かせることになった課題です。なにか突然の霊感といったようなものがあったとしたら、その課題を読んだとき、わたしの内部に起こった動きはまさにそういったものです。急にわたしはあふれる光りに精神が照らされるのを感じました。いきいきとした無数の観念が同時に、ひじょうな力づよさと豊かさをもってそこにあらわれ、言いあらわしがたい混乱のうちにわたしを投げこみました。わたしは、酔ったときのように、頭がしびれるのを感じました。はげしい動悸がわたしをしめつけ、わたしの胸をふくらませました。歩きながら呼吸することもできなくなって、わたしは道ばたの木かげに倒れるように身を横たえ、そこでひどい興奮のうちに半時間をすごしました。立ちあがったとき気がついてみると、上着の前のほうがすっかり涙にぬれていたのですが、わたしは涙を流したことなど知らなかったのでした。ああ、あの木の下でわたしが見たこと、感じたことの四分の一でも書くことができたなら、わたしは、社会制度のあらゆる矛盾をどれほどはっきりと示したことでしょう。わたしたちの制度のあらゆる弊害をどれほど力づよいことばで述べたことでしょう。人間は生まれつきよい者であること、人々が悪くなるのはただその制度のためであることをどれほど簡明に示したことでしょう。十五分のあいだにあの木の下でわたしに光明をあたえてくれた無数の偉大な真理のうちからわたしがとらえることができたことのすべては、まったく弱々しい形で、わたしの三つの主な著作のなかにちらばっています。それは、あの最初の論文と「不平等論」と「教育論」で、これら三つの著作は分けられないもので、まとまった一つの全体を形づくっているのです。[二] ほかのものはみんな失われてしまいましたし、その場で書かれたものとしてはファブリキウスに語らせている文章[二二]があるだけです。こうしてわたしは、そんなことはぜんぜん考えてもいなかったときに、著作家になったので、心ならずも著作家になったと言ってもいいくらいです。最初の成功の魅力と、ものを書く連中の批判のために、わたしが大まじめに著述の仕事をはじめるようになったというのは容易に考えられることでしょう。わたしにはものを書くほんとうの才能がいくらかでもあったのでしょうか。わたしにはわかりません。わたしにとっては揺るぎない確信がいつも雄弁に代わるものとなっていたのですし、強い確信をもたないときには、わたしはしっかりしたことばでうまく書くことはけっしてできませんでした。ですから、わたしにあの標語(一三)（「真理のために身を捧げる」）をえらばせ、わたしをそれにふさわしい者にしたのは、そして、真理、あるいは真理と考えられたすべてのことに強い愛着をもたせたのは、たぶんひそかな自尊心のしわざなのです。書くために書いただけのことなら、だれもわたしの書いたものを読んでくれはしなかったろう、とわたしは信じています。

人々のまちがった意見のうちにかれらのみじめさと邪悪さの源を発見したあとで、あるいは発見できると考えたあとで、わたしは、わたし自身を不幸な者にしているのもそれらのまちがった意見にほかならないこと、わたしの不幸と不徳はわたし自身よりもむしろわたしがおかれている状況から生じていることをさとりました。同時に、わたしがすでに子どものころにその最初の発作を感じていた病気(一四)は完全に不治の病気であることがはっきりしました。藪医者たちはいいかげんなことを約束していたのですが、わたしは長いあいだそれにだまされてはいなかったのです。そこでわたしは、一貫した態度をとって、臆見の重い軛(くびき)をすっかり払いのけようとするなら、もうひとときもむだにしてはならないと考えました。突然、わたしは十分の勇気をだしてわたしの態度を決定しました(一五)。そして今日まで変わることなく十分にその態度をもちつづけてきました。それがどれほど骨の折れることであるかはわたしだけにわかっているのです。流れに逆らっていつもそこにとどまっているためには、どれほど大きな障害を克服しなければならなかったか、いまなお克服しなければならないかを知っているのは、わたしのほかにはだれもいないのです。それにしても、十年以来、いくらかもとの位置から離れてしまったことはよくわかっているのですが、しかし、まだこれからせめて四年ぐらい生きられるとしたら、わたしは第二の衝撃をあたえて、少なくとも最初の水準にまで自分をひきあげ、もう二度とそこから降りてくるようなことはしなくなるでしょう。重大な試練はすべて済んでしまっているのですし、わたしが自分を置いたような状態においてのみ人間は善良で幸福に生きられるということは、わたしにとっては、もう経験によって証明ずみのことなのです。それはあらゆる状態のなかでもっとも自由な状態であり、自分の利益のために他人に害をあたえる必要に迫られるようなことはけっしてない唯一の状態なのですから。

正直のところ、わたしの著述がわたしにもたらした名声は、わたしが決心したことの実行をひじょうに容易にしてくれました。へたな楽譜写しであっても人にとがめられないようになるためには、そのために仕事にありつけないということにならないためには、りっぱな著作家であると信じてもらう必要があるのです。こういう資格がないとしたら、わたしはへたな楽譜写しであるということをそのままうけとられることになって、それはわたしの心をくるしめることになったでしょう。わたしはおかしな奴と思われても平気でいられますが、軽蔑にはとても耐えられないでしょう。しかし、多少の名声がこの点でいくらかわたしの得になっているとしても、それは、名声の奴隷になろうとはしないで、人から離れて独立して生きようとするときには、その名声にむすびついているあらゆる不都合なことによって、十分相殺されてしまうのです。一面においてはそういう不都合がわたしをパリから追い出したのですが、それはさらにわたしの隠れ家にまで追っかけてきているので、すこしでも健康が立ち直るようになれば、確実にわたしをもっと遠くへ追い立てることにもなるでしょう。あの大都会でもう一つわたしを困らせていたことは、わたしをとりこにしていたあのたくさんのいつわりの友人たち、かれらの心でわたしの心を判断し、なんとかして、わたしの流儀でではなく、かれらの流儀でわたしを幸福にしてやりたいと思っていた友人たちでした。わたしが世間からひっこんだために絶望したかれらは、あとを追っかけてきて、わたしをひきずりだそうとしました。わたしは、そこにとどまっているためには、どうしてもいっさいの交わりを断たなければなりませんでした。そうしたときからやっとわたしはほんとうに自由に暮らしているのです。

自由！　いや、わたしはまだ自由ではありません。わたしの最後の著述(二六)はまだ印刷されていませんし、自分の体(からだ)のあわれな状態を思えば、わたしの著作集が印刷されたあとまで生きながらえる希望はもてなくなっています。しかし、予期に反して、そこまで行くことができて、決定的に世間に別れをつげることができるとしたら、そのときこそ、わたしは自由になるでしょう、でなければ、これまで自由になれた人などなかったものと信じてください。ああ、その日の来たらんことを！　ああ、めぐまれたる日よ！　いや、そういう日を見ることはわたしには許されはしないでしょう。

わたしはまだすべてを申し上げていませんし、あなたはさらにすくなくとも一通は手紙をうけとることになるでしょう。幸い、あなたにはそれを読む義務はぜんぜんありませんが、読まれるとしてもさぞ読みにくいことと思います。しかし、どうかお許しください。乱雑に書きつらねたこの手紙を清書するとすれば、すっかり書き直さなければならなくなるでしょうが、正直のところ、わたしにはその気力はありません。たしかに、あなたに手紙を書くのはわたしにとってたいへん楽しいことですが、体をやすめるのもやはり楽しいことですし、それにわたしの体の状態は長くつづけてものを書くことを許してはくれません。

三

一七六二年一月二十六日、世間を離れているわたしの精神的な状態について

わたしの行動のほんとうの動機をお知らせしたあとで、わたしは、もうその時期ではないとも感じています。けれどもわたしは、すっかり肉体にとらえられていると思います。わたしの魂は本来のものではなくなって、すっかり肉体にとらえられています。わたしのあわれな体のおとろえは、日ごとにいっそうつよく魂を体にしばりつけているのですが、やがては急激に魂は体からひきはなされることになるでしょう。わたしはわたしの幸福についてお話したいと思っているのですが、苦しんでいるときには幸福についてうまく語ることはできません。

わたしの病気は自然がつくりだしたものですが、わたしの幸福はわたしがつくりあげたものです。人がどう言おうと、わたしは賢明な人間でした。わたしの本性によって許されるかぎりわたしは幸福だったのですから。わたしは幸福を遠いところへ探しに行きはしませんでした。自分の身近なところに探し、それをみいだしたのです。スパルティアヌスが述べていることですが、トラヤヌス帝の廷臣シミリスは、個人的になんの不満もないのに宮廷を去り、いっさいの官職を捨て、田舎へ行って静かに暮らし、その墓に

次のようなことばを刻ませました。「わたしは地上に七十六年間とどまっていたが、七年間生きていた。」こういうことはある程度わたしにも言えることです。わたしの犠牲はもっとささやかなものだったにしてもです。わたしは一七五六年四月九日[二七]にやっと生きはじめたのです。

あなたがわたしをこのうえなく不幸な人間と考えていることを知って、わたしはどんなに悲しい思いをさせられたことか、それは申し上げることもできないくらいです。世間の人々は疑いもなくあなたと同じように考えるでしょうが、それも悲しいことです。ああ、わたしが楽しんだ運命をなんとかして世界じゅうの人にわかってもらえるなら！　だれでも同じような幸福を手に入れたいと思い、地上には平和が支配することになり、人々はたがいに他人に害をあたえるようなことは考えなくなり、だれも悪い人間になることになんの利益も感じなくなって、悪人などいなくなるでしょうに。それにしても、わたしは、ひとりでいるとき、いったいどんなことを楽しんでいたのでしょうか。自分を、世界ぜんたいを、存在するすべてのものを、存在しうるあらゆるものを、感覚の世界にある美しいすべてのものを、知的な世界に想像されるすべてのものを、です。わたしは心を喜ばせるあらゆるものをわたしの周囲に寄せ集めていたのです。わたしの願いがわたしの楽しみの限度だったのです。どんなに快楽を愛する人でもそれほどの享楽を経験した人はありません。そういう人たちが現実に楽しんでいることよりもはるかに多くのことをわたしは空想によって楽しんだのです。

体の痛みが長い夜をつらく感じさせるとき、熱になやまされてひとときの眠りも楽しむことができないとき、しばしばわたしは現在の状態からはなれて、生涯のさまざまなできごとを考えていると、にがい悔恨、快い追憶、恨めしい思い、感動させられたことが、交互に浮かびあがってきて、しばらくのあいだ苦しみを忘れさせてくれます。わたしが夢想にふけっているとき、いちばんひんぱんに思い出されること、なによりもうれしく思い出されることは、いつの時代のこととあなたはお考えになるでしょうか。それは若いころに楽しんだことではありません。そういうことはごくまれにしかありませんでしたし、たいていにがい思い出とまじりあっていますし、それに、もうわたしからあまりにも遠いところにあるのですから。それは世間を離れた生活のうちに楽しんだことです。ひとりで散歩したときのことです。たちまちすぎさって行ったにしても楽しかった日々、わたしの善良で単純な家政婦[二八]、わたしのかわいい犬、年とった猫、野原にいる小鳥、森にいる牝鹿、自然ぜんたいとそれをつくった不可解な存在者のほかにはわたし一人だけで一日をすごした日々のことです。太陽よりもさきに起き、庭に出て日の出をながめ、うっとりとして、すばらしい一日が明けていくのを見るとき、まず心に願うことは、手紙が来たり、客がやってきたりして、この日の楽しみをかきみださないでほしいということでした。つぎの機会にのばすこともできるからこそなにもかも喜んでやれるいろいろな仕事を午前中にしたあとで、うるさい連中をさけるために、また、いくらかでも長く午後の時間を自分のものにするために、いそいで昼食をすませます。一時まえに、どんなに暑い日でも、太陽の照りつける道を忠実なアシャート(二九)をつれてでかけることにして、逃げきらないうちにだれかわたしをつかまえにやってきはしないかという心配に、足をはやめて歩いていきます。しかし、なにごともなくある地点を過ぎてしまうと、胸をわくわくさせ、うれしさに小おどりしながら、救われた思いに息をついて、「これであとは一日じゅう自分の主人でいられるのだ」とつぶやくのでした。それからはもっとゆっくりした足どりで、どこか森のなかの野生のままの場所、人間の手が加えられたものは見られず、束縛や支配を感じさせるものはなにひとつ見あたらない人気ない場所、自分が最初にはいりこんだと思われるようなところ、自然とわたしとのあいだによけいな第三者がはいりこんでこないような隠れたところをもとめて行きます。そういうところでこそ自然はわたしの目にいつも新しい、すばらしい光景をひろげているように思われました。金色のエニシダ、紫のヒースが心をそそる豪華な姿でわたしの目を驚かせます。その木陰がわたしを覆っている堂々たる樹木、周囲にあるしなやかな灌木、足で踏んでいる驚くばかりに色とりどりの草や花、そういうものに捉えられたわたしの精神は、いつまでもたえまなく観察したり、驚嘆したりしていました。あらそってわたしの注意をひこうとしているそういうたくさんの興味ある対象は、たえずわたしをあるものから他のものへとひきつけ、わたしの夢想を好む怠惰な気分を助け、心のなかでたびたびこうつぶやかせるのでした。「栄華をきわめたときのソロモンでさえ、この花の一つほどにも着飾ってはいなかった。」(二〇)

そんなふうに飾られた大地を、わたしの想像力は長いあいだ人がいないままにしてはおきませんでした。やがてわたしはそこに自分の好みにあった存在を集め、臆見や偏見、あらゆる人為的な情念を遠くへ追いはらって、自然の隠れ家に、そこに住むにふさわしい人々を移し入れるのでした。そういう人たちで楽しい仲間をつくり、自分も当然それに加わる資格がある者と思っていました。わたしの空想で黄金時代をつくりあげ、わたしの生涯のなつかしい思い出を残してくれたあらゆる情景、これからもわたしが心に願うことのできるあらゆる情景でその美しい日々をみたし、人間のほんとうの喜び、じつに甘美な、純粋な喜び、こんにちではもう人々から遠いところにある喜びを考えて涙を流さずにはいられないくらいの感動を味わうのでした。(二一)ああ、そういうときに、パリや、わたしが生きている時代、著作家としてのわたしのけちくさい光栄、そういうものがふっと頭に浮かんできて、わたしの夢想をかきみだすようなことがあると、どれほど深い軽蔑をこめてすぐにそれを追いはらったことでしょう。そして、なにものにもさまたげられることなく、わたしの魂をみたしている快い感情に身をゆだねたことでしょう。しかし、そういう状態にありながらも、正直にいえば、ときにわたしの空想のむなしさを考えて急に心を悲しませることもありました。たとえわたしの夢がすべて現実になったとしても、それはわたしを満足させてくれることにはならなかったでしょう。わたしはさらに想像し、夢想し、希望したことでしょう。わたしは自分のうちに、なにものも満たすことのできない、説明しがたい空虚をみいだすのでした。どういうことかよくわからないくせに、その必要を感じている別の種類の楽しみのほうへ心が飛び立っていくような気がするのでした。ところで、そういうこともまた楽しいことだったのです。そのときわたしはひじょうにいきいきとした感情と、心をひかれる悲しみにひたされていて、その悲しみさえ、十分に好ましい感情だったのですから。

やがてわたしは、大地の表面から、自然のあらゆる存在へ、万物の普遍的な秩序へ、すべてを包容している理解しがたい存在者へとわたしの観念を高めるのでした。そのとき、精神はその広大な世界のなかに消え去り、わたしはなにも考えず、理性をはたらかせることも、思索することもしません。わたしは一種の快感を味わいながらこの宇宙の重みに圧倒されている自分を感じていました。混沌としたそれらの偉大な観念に身をゆだねてうっとりとしていました。想像によって空間のなかに自分を溶けこませようとしていました。存在の限界のなかに閉じこめられているわたしの心はあまりにも狭いところにいる感じがしていました。わたしは宇宙のなかで息づまる思いをしていました。できれば無限のなかに跳び込みたいと思っていました。もし自然のあらゆる神秘を明らかにしたとすれば、あのしびれるばかりの陶酔状態にあって感じたほど快い状況に自分を感じはしなかったろうとわたしは信じています。わたしの精神はすべてを捧げてその陶酔に身をゆだねていたのですが、それは、はげしい興奮のうちにあるわたしに、ときどき「おお、偉大な存在よ、おお、偉大な存在よ」と叫ばせるだけで、わたしはそれ以上なにを言うことも、考えることもできなかったのです。

そんなふうに、たえまない興奮のうちに、かつて人間が過ごしたこともないようなこのうえなく魅力的な日がすぎていきました。そして、夕日のかげに、もう帰らなければ、と考えさせられるとき、わたしは、時のすぎていく速さにおどろき、きょうの一日を十分有効にすごせなかったのではないかと考え、もっともっと一日を楽しむことができるのではないかと思い、むだにした時の埋めあわせに、「あしたまた来よう」とつぶやくのでした。

　頭はいくらか疲れをおぼえても、心はみちたりて、わたしはゆっくりと帰ってきます。家に帰ってくると、こころよく身を休め、いろいろな事物の印象に身をゆだねていましたが、なにも考えず、想像もせず、ただ、自分のおかれている状況の安らかさと幸福を感じているだけで、ほかになにもしませんでした。テラスに食事の支度ができているのをわたしはみいだします。旺盛な食欲を感じてささやかな家庭の夕食をとります。わたしたちの一家をむすびつけているあたたかい心をみだす束縛や依存を感じさせるものはなにもありません。わたしの犬もまたわたしの友だちなので、わたしの奴隷ではないのです。わたしたちはいつも同じ意志をもっているので、犬はけっしてわたしに服従したことはありません。晩、寝るまでわたしが愉快な気分でいることは、わたしがその日をずっとひとりで過ごしていたことを証明しているのでした。人に会ったときにはわたしはまったくちがったふうでした。わたしは他人に満足を感じたことはめったにありませんし、自分にはけっして満足できませんでした。晩になるとわたしはがみがみ言ったり、黙りこくったりしていました。そういうことはわたしの家政婦が気がついたことなのですが、そういうことを言われてから、わたしは自分を観察して、それがいつもほんとうであることを知ったのです。さて、それからまたしばらく庭を散歩するか、それともエピネットに合わせてなにか一ふし歌をうたってから、わたしは、眠りそのものよりもはるかに快い体と心の休息をベッドの上にみいだすのでした。

そういう日こそわたしの人生のほんとうの幸福、にがさも、倦怠も、心残りも感じさせない幸福、生涯の幸福のすべてをそれだけにとどめてもいいと思われるような幸福をもたらしてくれたのです。そうです、わたしにとってそういう日が永久につづくことになるとしても、わたしはそれとはちがった日を願いはしませんし、あのうっとりさせる観照にとらえられていたわたしも天使の幸福からははるか遠いところにあったとは考えられません。しかし、肉体の苦しみは精神から自由をうばいます。わたしはもうひとりではありません。わたしをなやます主人がいるのです。自分自身になるためにはその束縛からぬけださなければなりませんが、あの快い楽しみの経験も、今では、すべてを忘れてそれを味わえる時をそれほど恐ろしいとは思わずに待つ気にならせてくれるだけです。

それにしても、もう二枚目も終わりになりました。しかし、あと一枚は必要かと思います。ですから、もう一通だけ手紙をさしあげます。お許しください。わたしは自分の話をするのがたいへん好きなのですが、だれにでも話したいとは思っていません。ですから、その機会があると、喜んで話す機会があると、ついそれに甘えることになるのです。それがわたしのまちがいであり、言いわけでもあります。御諒承ください。

四

一七六二年一月二十八日、モンモランシーにて

わたしが世間を離れていることの、そしてわたしの一切の行動の、ほんとうの動機がわたしの心の隠れたところにあることを、わたしはお知らせしました。その動機は、たしかに、あなたが考えていたような、それほど高いところにあるのではないのですが、とにかくそれは自分自身に十分満足を感じさせ、自分は正しい秩序に従っていると感じている人間としての、また、そうあるために必要な勇気をもった功績を自分にみとめることができると信じている人間としての、心の誇りをわたしにあたえてくれるのです。ちがった気質、ちがった性格を自分にあたえることではなく、自分の性格から利益をひきだして、自分自身にとってよき者となり、他の人々にたいしてけっして悪い者にならないこと、それがわたしの力でできることでした。こういうことは大したことなのですし、こういうことが言える人は数すくないのです。ですから、正直に申し上げましょう、わたしは、自分の不徳を感じているとしても、自分を高く評価しているのです。

あなたの周囲にいる文学者たちが、ひとりでいる人間はすべての人にとって無用な人間で、社会にたいする義務をはたしていない、などとわめき立てたところでむだなこと

です。わたしは、週に六回アカデミーへおしゃべりをしにいって、人民からしぼりとったものをもらっているのらくら者の群れのすべてよりも、モンモランシーの農民たちのほうがずっと有益な社会の成員だと考えていますし、パリにいっぱいいるあのたくさんのけちくさい策謀家たち、いずれも地位を得た悪者という名誉にあこがれている連中、社会の福祉のために、かれらの仕合わせのためにも、みんな田舎へ追い返して土地を耕させることにしたらいいような連中、そういった連中の成功を助けてやれることよりも、わたしの貧しい隣人たちを、機会があたえられたとき、いくらかでも喜ばせてやれることに、わたしはいっそう大きな満足を感じています。だれでもそうすべき生活の実例を人々に示すというのは意味のあることです。自分の腕で働く体力も健康もなくなったとき、世間を離れたところからあえて真理の声を聞かせるというのは意味のあることです。人々にかれらをみじめな者にしている臆見の愚かしさを知らせてやるというのは意味のあることです。わたしたちを犠牲にしてヴォルテールの機嫌をとるためにダランベールがわたしたちの国〔ジュネーヴ〕につくらせようとした有害な施設ができるのをさまたげることに、あるいは少なくとも延期させることに、貢献できたというのは、意味のあることです。（二三）わたしは、ジュネーヴで暮らしていたとしたら、「不平等論」の献辞（二三）を発表することはできなかったでしょうし、劇場の設立に反対したときもわたしが語ったような調子で語ることはできなかったでしょう。わたしは、世間を離れているために、ときにはなんの役にもたたないことになるかもしれませんが、同国人のあいだで暮らしていたとしたら、かれらにとってもっと役にたたない人間になるでしょう。行動しなければならないばあいに行動しているなら、どんなところに住んでいてもいいのではないでしょうか。それにまた、モンモランシーの住民もパリの住民と変わりのない人間ではありませんか。そして、わたしは、だれかがその子どもをパリへやって堕落させようとするのを思いとどまらせるとき、子どもを都会から父親の家へ送りかえすことができたときと同じ程度によいことをしているのではないでしょうか。わたしの貧しさそのものがすでに、あの口達者な連中が考えているような無用な人間になるのをさまたげることになるではありませんか。そして、わたしはかせがなければ食べていけないのですから、生きていくために働かなければならず、社会からうけることになるあらゆる必要なものの代償を社会に払わなければならないのではありませんか。なるほど、わたしは自分にむかないつとめをことわりました。あなたが提供されようとした地位(二四)にふさわしい才能は自分にはないと考えたわたしが、それをうけたとしたら、だれか、わたしと同じくらい貧しい、しかし、そういう仕事にいっそう有能な文学者からそれを盗みとることになったでしょう。それを提供されたとき、あなたは、わたしには、抜き書きをつくる能力がある、自分にとってどうでもいいようなことに心をむけることができる、とお考えになったのですが、そういうことはないのですから、あのときしたようにしなかったとしたら、わたしはあなたをだまし、あなたの厚意にあたいしない人間になったことでしょう。人は自分の意志でしていることがうまくできなければ、けっして弁解の余地はありません。ですから、今ごろわたしは自分に不満を感じていたでしょうし、あなたも御同様でしょう。そしてわたしは楽しみを味わいながらあなたに手紙を書くこともできなかったでしょう。とにかく、わたしの力でできるかぎり、自分のために働きながら、わたしは、自分の能力に応じて、社会のためにできることをすべてしてきました。わたしは、社会のためにわずかなことしかしなかったにしても、もっとわずかなものしか社会にもとめませんでしたから、わたしがおかれた状態にあって、社会にたいする責任を十分にはたしていると信じていますので、今後、完全に休息して自分ひとりだけのために生きることができるとしたら、わたしは心にとがめられることもなくそうするでしょう。わたしはとにかくできるだけのことをして、うるさい世間の評判を自分から遠ざけることにします。たとえこれから百年生きているとしても、わたしは印刷させるためには一行も書かないでしょうし[二五]、完全に忘れさられたときにこそ、ほんとうにまた生きはじめたと考えるでしょう。

それにしても、正直のところ、わたしはもうすこしでまた社交界の仲間いりをするところでしたし、孤独な生活をみすててしまうところでした。それは孤独な生活にたいする嫌悪からではなく、同じように強い別の好みからで、そのために孤独な生活を犠牲にするところだったのです。リュクサンブール夫妻の申し出でと厚意が悲しみに閉ざされたわたしの心にあたえた印象がどれほど強いものであったかを知るためには、お二人がわたしと知り合いになることを望まれたころ[二六]、わたしがおかれていた、あらゆる友人から見捨てられ、置きざりにされていた状態、そしてわたしの魂が感じていた深い苦悩を、あなたは知る必要があるでしょう。わたしは瀕死の状態にあったのです。お二人がいなかったら、わたしは悲しみのために死んでいたにちがいありません。お二人はわたしを生きかえらせてくれたのです。わたしが余生を捧げてあの方たちを愛するのはまったく当然のことなのです。

わたしはとても人なつこい心をもっているのですが、その心は自分ひとりだけでも満足していられるのです。わたしはあまりにも人々を愛していますから、人をえらぶ必要を感じません。わたしはすべての人を愛していますし、すべての人を愛しているからこそわたしは不正をにくんでいるのです。すべての人を愛しているからこそわたしは人々をさけているのです。人に会わないでいるときには、わたしはそれほど人々の悪になやまされないのです。人類にたいするそういう関心はそれだけでわたしの心情をはぐくんでくれます。わたしは特別の友人を必要としませんが、そういう友人がいるばあいには、どうしてもそれを失わないようにする必要があります。友人が離れていくとき、わたしは心をひきさかれる思いをさせられるのです。それは罪ふかいことなのですが、わたしは友人に友情だけをもとめているのですし、友人がわたしを愛してくれ、そのことがわたしにわかっていれば、わたしはかれらに会う必要さえないくらいなのですから、なおさらのことです。ところがかれらはいつも感情のかわりに、世間の目に立つにしても、わたしにはなんの用もない心づかいや援助をもちだそうとするのでした。わたしはかれらを愛しているのに、かれらはわたしを愛しているように見せかけようとするのでした。なにごとにおいても表面的なことを軽蔑しているわたしとしては、それでは満足しませんでしたが、そういうことしかみとめられないので、もうなにも言うまいと思いました。正確にいえば、かれらはわたしを愛することをやめたのではなくて、かれらがわたしを愛していないことにわたしが気がついただけなのです。

そんなわけで、わたしはわたしの人生において、はじめて、突然、たったひとりになってしまいました。しかも、やはり世間を離れたところで、現在とほとんど同じような病気の状態で、ひとりぼっちになってしまったのです。こういう状況にあったころ〈リュクサンブール夫妻との〕新たな結びつきがはじまって、それがほかのあらゆる結びつきを十分つぐなってくれたのですし、わたしにとっては今後そのかわりとなるものはなにもないことでしょう。それは、わたしはそう願っているのですが、一生のあいだつづくことでしょうし、どんなことが起こっても、最後の結びつきになることでしょうから。わたしは、ほかの階級を支配している階級にたいして激しい反感をもっていることをあなたにかくしておくことはできない、となたにかくしておくことはできないのもちがっています。それをあなたにうちあけるのにわたしはなんの気がねも感じないのですから。輝かしい血統に生まれ、フランス国璽尚書の子息であり、最高法院の一つの首席院長であるあなたに、そうです、わたしという者を知らずにさまざまの恩恵をあたえてくれたあなた、そして、生まれつき恩知らずであるにもかかわらず、わたしがなんの苦痛も感じないで恩を感じているあなたにむかってそういうことを言うのにわたしはなんの気がねも感じていないのです。わたしは高貴な人たちは嫌いです。そういう人たちの階級に、そういう人たちの無慈悲、偏見、くだらなさ、あらゆる不徳に嫌悪を感じていますし、相手がそれほど軽蔑できない人たちなら、なおさらのことでしょう。こういう感情をいだいて、わたしは、モンモランシーの館(やかた)へ、いわばひっぱっていかれたのでした。わたしは館の主人たちに会いました。あの人たちはわたしを愛してくれました。そして、わたしも、あの人たちを愛しましたし、生きているかぎり、まごころこめて愛していることでしょう。わたしはあの人たちにわたしの生命を捧げたい、とは言いますまい。わたしの現在の状態にあってはその贈り物は大したことにはならないでしょうから。わたしの同時代人のあいだにおける名声を、とも言いません。そんなものにわたしはほとんど関心をもたないのですから。そんなものではなく、かつてわたしの心にふれたただ一つの光栄、わたしが後世に期待している名誉、後世がわたしにあたえてくれることになる名誉――それは当然わたしにあたえられるべきなのですし、後世はいつでも正しいのですから――それをあの人たちに捧げたいと思います。中途半端な愛着をもつことができないわたしの心は、すっかりあの人たちに捧げられていますが、わたしはそれを後悔してはいません。たとえ後悔したところでむだでしょう。いまとなってはもうとりかえすことはできないからです。あの人たちがわたしの心に呼び起こした強い感激にひたりながら、わたしはいくたびとなく、あの人たちのかたわらで余生を送るためにその家のなかに落ち着いていられるところをあたえてもらいたいとたのもうかと思いましたが、あの人たちは喜んでそれを許してくれたことでしょう。あの人たちがとられた態度から推して、あの人たちの厚意をあらかじめ知らされていたとまで考えるべきではないとしてもです。その計画はたしかにいちばん長いあいだ、そしてこのうえなく大きな喜びをいだいていてわたしが考えていた計画の一つでした。しかし、よく考えてみると、残念ながらそれは賢明なことではないと感じないわけにはいきませんでした。わたしは人と人との結びつきだけを考えて、わたしたちをひきはなしたままにしておく、あいだにはいってくるもののことを考えていなかったのですが、そういうものは、とくにわたしの病気にむすびついた不都合な状態にあっては、いろいろたくさんあるので、そういう計画はそれを思いつかせた感情を除いて考えれば許されないことになるのです。また、うけいれなければならなくなる生活の仕方は、わたしのあらゆる好み、あらゆる習慣とあまりにも直接的に衝突することですし、わたしはそれに三月(みつき)と耐えられなかったことでしょう。さらに、わたしたちがいくら住む場所を近づけたところでむだで、階級のへだたりはいつまでももとのままで、緊密なつきあいのなによりも大きな魅力となる甘美な親しみはわたしたちのあいだにはいつまでも欠けていたことでしょう。わたしはリュクサンブール元帥殿の友人でも召使いでもなく、あの方の客になっていたでしょう。自分の家にいるのではないと感じながら、わたしはたびたびもとの住処(すみか)をなつかしがっていたことでしょうが、愛する人々から離れたところにいて、あの人たちのそばへ行きたいと願っているほうが、反対のことを願うようなはめにおちいるより、ずっとましです。階級のちがいがもうすこし少なかったら、たぶんわたしの生活は大きく変わっていたことでしょう。わたしは夢をえがきながら、リュクサンブールの殿が公爵ではなくて、フランスの元帥であっても、どこかの古めかしい城に住んでいる親切な田舎貴族であり、ジャン・ジャック・ルソーが著作家、書物をかく人間ではなくて、平凡な精神の持ち主でも、多少は知識があって、お城の殿さまとその奥方のもとへ伺候し、お二人の気に入り、そのかたわらで人生の幸福をみいだし、お二人の幸福にも役だつ、といったようなことをいくたびとなく考えてみました。そういう夢をさらに楽しいものとするために、そこから半里のところへマルゼルブ(二七)の城を肩の一突きで押しやることをお許しいただけるなら、そういう夢を見ているわたしは、長いあいだ目をさましたいとは思わないだろう、という気がします。

しかし、もうおしまいです。わたしにはもう長い(二八)夢の終わりを見ることだけが残されているのです。そのほかの夢はすべていまとなってはその時期ではありませんし、モンモランシーの館（やかた）ですごした甘美な時をまだいくらかでも期待することができるなら、それだけでも大したことなのです。とにかく、これが、自分はそういうものだと自分で感じているとおりのわたしです。もしわたしにそれだけの価値があるなら、ごたごたと書きつらねた以上の手紙によって、わたしという者をお考えください。わたしにはもっと順序よくお話することができませんし、書き直す気力もないからです。正直すぎるこの記述があなたの厚意を失わせることになるとしたら、わたしは自分にあたえられていたわけではないものを不当に手に入れることをやめたことになるでしょう。しかし、つづいてあなたの厚意をうけることになるとしたら、それは、いっそうわたしにふさわしいものとして、わたしにとっていっそう貴重なものとなるでしょう。

付録訳注

番号

一 ルソーはモンモランシーを追われてスイスに行ったのち、一七六二年十月、マルゼルブに、この手紙の写しを送ってくれるようにたのんでいる。「わたしの性格と……」(Quatre lettres à M. le Président de Malesherbes contenant le vrai tableau de mon caractère et les vrais motifs de toute ma conduite)というタイトルは、現在ヌーシャテルの図書館にあるその写しの束の上にルソーの自筆で書かれているそうである。

二 青年時代の大部分をサヴォワで過ごしたのち、一七四二年、三十歳のとき、新しい記譜法についての論文を携え、成功を夢みて、パリに出てきたルソーが、数年間の不遇な生活ののち、「学問芸術論 Discours sur les sciences et les arts」を発表して一躍有名になったのは一七五〇年、三十八歳のとき。ディドロ、ダランベールら百科全書派(ルソーも最初はそのメンバーの一人)の活動が開始されたころである。

三 「学問芸術論」とそれにつづく論争から生まれた著作、ついで、「フランス音楽についての手紙 Lettre sur la musique française」(一七五三)、「人間不平等起源論 Discours sur l'origine de l'inégalité parmi les hommes」(一七五五)など。パリを去ってから「エミール」を完成するまでに発表した主な著作は「ダランベールへの手紙——演劇論 Lettre à d'Alembert sur les spectacles」(一七五八)、ついで、長編小説「新エロイーズ Julie ou La nouvelle Héloïse」(一七六一)、これによって、ルソーの名声は全ヨーロッパ的になった。

四 自殺していたかもしれない、という意味。

五 前年の秋、ルソーが妄想にとりつかれてデュシェーヌにあてて書いた手紙をマルゼルブがとりかえしてやりたいと言ってきたのにたいする返事。

六 「あるがままの自分を描いてみせる」、「わたしを知っているのはわたしだけだ」、「わたし以上に善良な人間はいなかった」、こういう意味のことはそのまま「告白 Les Confessions」(一七七〇年完成、死後出版)の冒頭に書かれている。

七 生まれてすぐ母を失ったルソーは叔母の一人に育てられたが、六、七歳のころから、時計職人である父の仕事場で、父と一緒に、母の残した甘い小説を読み、ついで、母が牧師だった叔父から譲られていた歴史家やモラリストの書物、とくにプルタルコスを読んだ。

八 ルソーの父は、ルソーが十歳のとき、ある人とけんかをしてジュネーヴを去り、ルソーは従兄とともにジュネーヴの近くの村の牧師の家に寄宿生として平和な二年間を送ったが、その後ジュネーヴに帰って彫金師の徒弟となり、親方の圧制に苦しみ、少年らしい悪癖をおぼえ、十六歳のときジュネーヴを去った。それからの十五年間は放浪の時代であり、修業の時代でもある。

九 ルソーは一七四三年にヴェネチア駐在フランス大使の秘書の職をえたが、翌年大使とけんかしてパリに帰り、それからはオペラを書いたり、デュパン家の秘書みたいなことをしたりしていた。

一〇　一七四九年十月のこと。ディドロは「盲人についての手紙」の無神論のために、その年の七月から囚えられていた。

一一　ルソーはここで「学問芸術論」「人間不平等起源論」「エミール」の三つをあげ、「エミール」とならんで、あるいはそれ以上に重要な「社会契約論 Du Contrat social ou Principes du droit politique」(一七六二)はあげていない。ルソーは政治問題にたいして大きな関心をもち、自信ももっていた。そして、ヴェネチアにいたときから構想を立てていた「政治制度論」に著作家としての名声を期待していたようである。いっぽう、シュノンソー夫人にたのまれて着手した教育論は、むしろ自分の好みに合わないものだったとルソーは言っているが、その具体的な構想を立てているうちに、政治問題よりもいっそう切実な問題、青年時代から考えていた倫理・宗教の問題の解明(「サヴォワの助任司祭の信仰告白」)を組みいれることによって、ルソーはそこに自分の考えを全面的に展開して、「エミール」を決定的な著作にするつもりになったので、結局、「政治制度論」は放棄して、その抜萃(「社会契約論」)を出版することになったのだと思う。ここで「社会契約論」をあげていないのは別に意外なことでもないように思われる。

一二　「学問芸術論」にある。前三世紀のローマの風紀監察官ファブリキウスの口をかりて社会の堕落を攻撃した文章。

一三　「真理のために身を捧げる」というユウェナリスの句をきざんだ印をルソーは(一七五九年以来?)つかっていた。

一四　ルソーは尿閉症になやまされていた。ルソーは病気も大げさに考えるくせがあったらしいが、それはじっさいに重大な病気だったとも考えられている。

一五　「学問芸術論」を発表したのち、ルソーは「自己改革」を企て、サロンから遠ざかり、一ページいくらで楽譜を写す仕事をしていた。それは青年の放浪時代に覚えた仕事だが、晩年パリに戻ってきてからもその仕事をしていた。

一六　「エミール」と「社会契約論」のこと。つぎに「著作集」とあるが、このころ、オランダの出版者レイ(「人間不平等起源論」や「新エロイーズ」の出版者)とのあいだにその計画があった。

一七　パリを去って、エピネー夫人が提供した「エルミタージュ」(モンモランシーの谷間の山荘)に住んだとき。ルソーはそこに一年半あまり住んだのち、エピネー夫人とけんかして、モンモランシーの村に移る。なお、ルソーの最後の作品「孤独な散歩者の夢想 Les rêveries du promeneur solitaire」(一七七六—七八年執筆、死後出版)の最後の章には「ウェスパシアヌス帝の時代、主君にうとまれ、田園に帰って悠々と生活を終えたという近衛隊長と同じように、わたしも、自分は地上で七十年を過ごしたが、生きていたのは七年にすぎない、と言うことができる……」と書いてあるが、ここの「七年」は、恩人であり愛人であったヴァラン夫人とともにすごした時期のこと。

一八　一七四五年以来一緒にいた女性、テレーズ・ルヴァスールのこと。ルソーは一七六八年になって、テレーズと正式に結婚する。

一九　犬の名である。

二〇　この一節はとくに「孤独な散歩者の夢想」第五、七、八章などの記述を思い出させる。「栄華をきわめたときのソロモンでさえ……」は「マタイによる福音書」第六章第二十九節のことば。

二一　こういう甘美な空想から「新エロイーズ」が生まれた。ルソーになつかしい思い出を残した情景とは、たとえば、「告白」第四巻に語られている、二人の若い女性との牧歌的な場面、など。

二二　ヴォルテールは一七五五年以後ジュネーヴの近くに住んでいたが、そこで劇を上演し、演劇を禁止しているジュネーヴの教会といざこざを起こした。ダランベールは一七五七年に出た「百科全書」第七巻の「ジュネーヴ」の項で、ジュネーヴで演劇が公認されるようになることを希望した。ルソーはそれを読んで、故国ジュネーヴにたいする危険な提案を反駁するために「ダランベールへの手紙」を発表した。同時に、ルソーは十数年来の友人ディドロと絶交した。

二三　ジュネーヴの国会にあてて、その共和制をたたえた文章。

二四　一七五九年マルゼルブはルソーに「ジュルナル・デ・サヴァン」(一六六五年創刊の公的な学界誌)の定期寄稿者の地位を提供しようとした。それは一流の著者にあたえられる地位だったが、その仕事は、月に二回、書物の要約をつくることだった。

二五　ルソーは「エミール」の出版後、弁明と論争の書「クリストフ・ド・ボーモンへの手紙 Lettre à Christophe de Beaumont」(一七六三)、「山からの手紙 Lettres de la Montagne」(一七六四)を発表し、また以前から手がけていた「音楽辞典 Dictionnaire de musique」(一七六七)を出版した。その後の重要な著作としては、自伝三部作ともいうべき「告白」、「対話、ルソーはジャン・ジャックをこう考える Dialogues, Rousseau juge de Jean-Jacques」(一七七二―七六年執筆)、「孤独な散歩者の夢想」を残しているのだが、これらは生前には出版されなかった。

二六　モンモランシーの領主であるリュクサンブール公が初めてルソーの住居を訪ねてきたのは一七五九年の春のこと。その後、ルソーはモンモランシーを去るまで、公夫妻と親しくしていた。しかし、「エミール」の断罪にさいしては、リュクサンブール公夫妻の態度にはあいまいなところがあり、その点はマルゼルブも同様だった、とルソーは考えている(「告白」第十一巻)。リュクサンブール公はルソーがスイスに去ってから二年後(一七六四年五月)に亡くなった。

二七　パリの南方、現在のロワレ県にある町。

二八　「孤独な散歩者の夢想」執筆のためのメモと考えられるもののなかに次のような文句がある。

「……わたしの一生は一つの長い夢想にすぎなかったともいえる……」

エミール（下）〔全3冊〕
ルソー著

1964年7月16日　第1刷発行
2007年10月4日　第65刷改版発行
2008年6月25日　第66刷発行

訳　者　今野一雄（こんのかずお）

発行者　山口昭男

発行所　株式会社　岩波書店
〒101-8002 東京都千代田区一ツ橋2-5-5
案内 03-5210-4000　販売部 03-5210-4111
文庫編集部 03-5210-4051
http://www.iwanami.co.jp/

印刷・理想社　カバー・精興社　製本・桂川製本

ISBN4-00-336223-3　　Printed in Japan

読書子に寄す

――岩波文庫発刊に際して――

岩波茂雄

真理は万人によって求められることを自ら欲し、芸術は万人によって愛されることを自ら望む。かつては民を愚昧ならしめるために学芸が最も狭き堂宇に閉鎖されたことがあった。今や知識と美とを特権階級の独占より奪い返すことはつねに進取的なる民衆の切実なる要求である。岩波文庫はこの要求に応じそれに励まされて生まれた。それは生命ある不朽の書を少数者の書斎と研究室とより解放して街頭にくまなく立たしめ民衆に伍せしめるであろう。近時大量生産予約出版の流行を見る。その広告宣伝の狂態はしばらくおくも、後代にのこすと誇称する全集がその編集に万全の用意をなしたるか。千古の典籍の翻訳企図に敬虔の態度を欠かざりしか。さらに分売を許さず読者を繫縛して数十冊を強うるがごとき、はたしてその揚言する学芸解放のゆえんなりや。吾人は天下の名士の声に和してこれを推挙するに躊躇するものである。このときにあたって、岩波書店は自己の責務のいよいよ重大なるを思い、従来の方針の徹底を期するため、すでに十数年以前より志して来た計画を慎重審議この際断然実行することにした。吾人は範をかのレクラム文庫にとり、古今東西にわたって文芸・哲学・社会科学・自然科学等種類のいかんを問わず、いやしくも万人の必読すべき真に古典的価値ある書をきわめて簡易なる形式において逐次刊行し、あらゆる人間に須要なる生活向上の資料、生活批判の原理を提供せんと欲する。この文庫は予約出版の方法を排したるがゆえに、読者は自己の欲する時に自己の欲する書物を各個に自由に選択することができる。携帯に便にして価格の低きを最主とするがゆえに、外観を顧みざるも内容に至っては厳選最も力を尽くし、従来の岩波出版物の特色をますます発揮せしめようとする。この計画たるや世間の一時の投機的なるものと異なり、永遠の事業として吾人は微力を傾倒し、あらゆる犠牲を忍んで今後永久に継続発展せしめ、もって文庫の使命を遺憾なく果たさしめることを期する。芸術を愛し知識を求むる士の自ら進んでこの挙に参加し、希望と忠言とを寄せられることは吾人の熱望するところである。その性質上経済的には最も困難多きこの事業にあえて当たらんとする吾人の志を諒として、その達成のため世の読書子とのうるわしき共同を期待する。

昭和二年七月

《イギリス文学》

ユートピア　トマス・モア　平井正穂訳
完訳カンタベリー物語　全三冊　チョーサー　桝井迪夫訳
ヴェニスの商人　シェイクスピア　中野好夫訳
ジュリアス・シーザー　シェイクスピア　中野好夫訳
お気に召すまま　シェイクスピア　阿部知二訳
十二夜　シェイクスピア　小津次郎訳
ハムレット　シェイクスピア　野島秀勝訳
オセロウ　シェイクスピア　菅泰男訳
リア王　シェイクスピア　野島秀勝訳
マクベス　シェイクスピア　木下順二訳
ソネット集　シェイクスピア　高松雄一訳
ロミオとジューリエット　シェイクスピア　平井正穂訳
リチャード三世　シェイクスピア　木下順二訳
対訳シェイクスピア詩集 —イギリス詩人選(1)　柴田稔彦編
失楽園　全二冊　ミルトン　平井正穂訳
ロビンソン・クルーソー　全二冊　デフォー　平井正穂訳

モル・フランダーズ　全二冊　デフォー　伊澤龍雄訳
桶物語・書物戦争　他一篇　スウィフト　深町弘三訳
奴婢訓　スウィフト　深町弘三訳
ガリヴァー旅行記　スウィフト　平井正穂訳
墓畔の哀歌　グレイ　福原麟太郎訳
トリストラム・シャンディ　全三冊　ロレンス・スターン　朱牟田夏雄訳
海賊　バイロン　太田三郎訳
対訳ブレイク詩集 —イギリス詩人選(4)　松島正一編
ワーズワース詩集　田部重治選訳
キプリング短篇集　橋本槇矩編訳
対訳コウルリッジ詩集 —イギリス詩人選(7)　上島建吉編
高慢と偏見　全二冊　ジェーン・オースティン　富田彬訳
説きふせられて　ジェーン・オースティン　富田彬訳
エマ　全二冊　ジェーン・オースティン　工藤政司訳
ジェイン・オースティンの手紙　新井潤美編訳
中世騎士物語　ブルフィンチ　野上弥生子訳
イノック・アーデン　テニスン　入江直祐訳

対訳テニスン詩集 —イギリス詩人選(5)　西前美巳編
虚栄の市　全四冊　サッカリー　中島賢二訳
床屋コックスの日記・馬丁粋語録　サッカレ　平井程一訳
デイヴィッド・コパフィールド　全五冊　ディケンズ　石塚裕子訳
ディケンズ短篇集　小池滋　石塚裕子訳
オリヴァ・ツウィスト　全二冊　ディケンズ　本多季子訳
ボズのスケッチ　全二冊　ディケンズ　藤岡啓介訳
アメリカ紀行　全二冊　ディケンズ　伊藤弘之　下笠徳次　隈元貞広訳
鎖を解かれたプロメテウス　シェリー　石川重俊訳
アイルランド —歴史と風土　オフェイロン　橋本槇矩訳
ジェイン・エア　全二冊　シャーロット・ブロンテ　遠藤寿子訳
嵐が丘　全二冊　エミリー・ブロンテ　河島弘美訳
クリスチナ・ロセッティ詩抄　入江直祐訳
エゴイスト　全二冊　メレディス　朱牟田夏雄訳
サイラス・マーナー　ジョージ・エリオット　土井治訳
アルプス登攀記　全二冊　ウィンパー　浦松佐美太郎訳
アンデス登攀記　全二冊　ウィンパー　大貫良夫訳

テス 全二冊 ハーディ 井上宗次・石田英二訳
ハーディ短篇集 井出弘之編訳
はるかな国 とおい昔 ハドソン 寿岳しづ訳
宝島 スティーヴンスン 阿部知二訳
ジーキル博士とハイド氏 スティーヴンスン 海保眞夫訳
旅は驢馬をつれて 他一篇 スティヴンソン 吉田健一訳
怪談 —不思議なことの物語と研究 ラフカディオ・ハーン 平井呈一訳
心 —日本の内面生活の暗示と影響 ラフカディオ・ハーン 平井呈一訳
東の国から 全二冊 —新しい日本における幻想と研究 ラフカディオ・ヘルン 平井呈一訳
サロメ オスカー・ワイルド 福田恆存訳
ウィンダミア卿夫人の扇 ワイルド 厨川圭子訳
ヘンリ・ライクロフトの私記 ギッシング 平井正穂訳
短篇集 蜘蛛の巣の家 全二冊 ギッシング 吉田甲子太郎訳
闇の奥 コンラッド 中野好夫訳
密偵 コンラッド 土岐恒二訳
西欧人の眼に 全二冊 コンラッド作 中島賢二訳
コンラッド短篇集 中島賢二編訳

二人の女の物語 全三冊 アーノルド・ベネット 小山東一訳
月と六ペンス モーム 行方昭夫訳
読書案内 —世界文学 W・S・モーム 西川正身訳
世界の十大小説 全二冊 W・S・モーム 西川正身訳
人間の絆 全三冊 モーム 行方昭夫訳
ダブリンの市民 ジョイス 結城英雄訳
マンスフィールド短篇集 幸福・園遊会 他十七篇 崎山正毅・伊沢龍雄訳
文芸批評論 T・S・エリオット 矢本貞幹訳
恋愛対位法 全二冊 ハックスリ 朱牟田夏雄訳
悪口学校 シェリダン 菅泰男訳
カタロニア讃歌 ジョージ・オーウェル 都築忠七訳
対訳 キーツ詩集 —イギリス詩人選(10) 宮崎雄行編
キーツ書簡集 佐藤清選訳
ギャスケル短篇集 松岡光治編訳
20世紀イギリス短篇選 全二冊 小野寺健編訳
オルノーコ・美しい浮気女 アフラ・ベイン 土井治訳
ローソン短篇集 伊澤龍雄編訳

イギリス名詩選 平井正穂編
タイム・マシン H・G・ウェルズ 橋本槇矩訳
透明人間 H・G・ウェルズ 橋本槇矩訳
解放された世界 H・G・ウェルズ作 浜野輝訳
大転落 イヴリン・ウォー 富山太佳夫訳
果てしなき旅 全二冊 E・M・フォースター 高橋和久訳
夢の女・恐怖のベッド 他六篇 ウィルキー・コリンズ 中島賢二訳
さらば古きものよ 全二冊 ロバート・グレーヴズ 工藤政司訳
ピーター・シムプル 全三冊 マリアット 伊藤俊男訳
完訳 ナンセンスの絵本 エドワード・リア 柳瀬尚紀訳
対訳 ブラウニング詩集 —イギリス詩人選(6) 富士川義之編
灯台へ ヴァージニア・ウルフ 御輿哲也訳
世の習い コングリーヴ 笹山隆訳
曖昧の七つの型 全二冊 ウィリアム・エンプソン 岩崎宗治訳

《アメリカ文学》

フランクリン自伝 松本慎一・西川正身訳
アルハンブラ物語 全二冊 アーヴィング 平沼孝之訳

ウォルター・スコット邸訪問記　アーヴィング　斎藤昇訳
完訳 緋文字　ホーソーン　八木敏雄訳
黒猫・モルグ街の殺人事件 他五篇　ポオ　中野好夫訳
対訳 ポー詩集 ―アメリカ詩人選(1)　加島祥造編
黄金虫・アッシャー家の崩壊 他九篇　ポオ　八木敏雄訳
森の生活（ウォールデン）　ソロー　飯田実訳
白鯨 全三冊　メルヴィル　八木敏雄訳
ビリー・バッド　メルヴィル　坂下昇訳
幽霊船 他一篇　メルヴィル　坂下昇訳
ホイットマン詩集 草の葉 全三冊　杉木喬　鍋島能弘　酒本雅之訳
ホイットマン自選日記 全二冊　杉木喬訳
対訳 ホイットマン詩集 ―アメリカ詩人選(2)　木島始編
対訳 ディキンソン詩集 ―アメリカ詩人選(3)　亀井俊介編
不思議な少年　マーク・トウェイン　中野好夫訳
王子と乞食　マーク・トウェーン　村岡花子訳
人間とは何か　マーク・トウェイン　中野好夫訳
ハックルベリー・フィンの冒険 全二冊　マーク・トウェイン　西田実訳

新編 悪魔の辞典　ビアス　西川正身編訳
ねじの回転 デイジー・ミラー　ヘンリー・ジェイムズ　行方昭夫訳
赤い武功章 他三篇　クレイン　西田実訳
本町通り 全三冊　シンクレア・ルイス　斎藤忠利訳
熊 他三篇　フォークナー　加島祥造訳
喪服の似合うエレクトラ　オニール　清野暢一郎訳
日はまた昇る　ヘミングウェイ　谷口陸男訳
ヘミングウェイ短篇集 全二冊　谷口陸男編訳
オー・ヘンリー傑作選　大津栄一郎訳
フィッツジェラルド短篇集　佐伯泰樹編訳
アメリカ名詩選　亀井俊介　川本皓嗣編
20世紀アメリカ短篇選 全二冊　大津栄一郎編訳
開拓者たち　クーパー　村山淳彦訳

《法律・政治》

人権宣言集　高木八尺・末延三次・宮沢俊義 編
君主論　マキアヴェッリ　河島英昭 訳
リヴァイアサン 全四冊　ホッブズ　水田洋 訳
哲学者と法学徒との対話 ―イングランドのコモン・ローをめぐる　ホッブズ　田中浩・重森臣広・新井明 訳
法の精神 全三冊　モンテスキュー　野田良之・稲本洋之助・上原行雄・田中治男・三辺博之・横田地弘 訳
ローマ人盛衰原因論　モンテスキュー　田中治男・栗田伸子 訳
人間知性論 全四冊　ジョン・ロック　大槻春彦 訳
市民政府論　ロック　鵜飼信成 訳
フランス二月革命の日々 ―トクヴィル回想録　トクヴィル　喜安朗 訳
アメリカのデモクラシー 全四冊　トクヴィル　松本礼二 訳
犯罪と刑罰　ベッカリーア　風早八十二・五十嵐二葉 訳
ヴァジニア覚え書　T・ジェファソン　中屋健一 訳
権利のための闘争　イェーリング　村上淳一 訳
法における常識　P・G・ヴィノグラドフ　末延三次・伊藤正己 訳
近代国家における自由　H・J・ラスキ　飯坂良明 訳
外交談判法　カリエール　坂野正高 訳
近代民主政治 全四冊　ブライス　松山武 訳
ザ・フェデラリスト　A・ハミルトン、J・ジェイ、J・マディソン　斎藤眞・中野勝郎 訳
フランス革命についての省察 全二冊　エドマンド・バーク　中野好之 訳

《経済・社会》

国富論 全四冊　アダム・スミス　水田洋監訳　杉山忠平訳
道徳感情論 全二冊　アダム・スミス　水田洋 訳
法学講義　アダム・スミス　水田洋 訳
人間の権利　トマス・ペイン　西川正身 訳
戦争論 全三冊　クラウゼヴィッツ　篠田英雄 訳
自由論　J・S・ミル　塩尻公明・木村健康 訳
女性の解放　J・S・ミル　大内兵衛・大内節子 訳
ユダヤ人問題によせて・ヘーゲル法哲学批判序説　マルクス　城塚登 訳
経済学・哲学草稿　マルクス　城塚登・田中吉六 訳
新編輯版 ドイツ・イデオロギー　マルクス、エンゲルス　廣松渉編訳　小林昌人補訳
共産党宣言　マルクス、エンゲルス　大内兵衛・向坂逸郎 訳
賃労働と資本　マルクス　長谷部文雄 訳
賃銀・価格および利潤　マルクス　長谷部文雄 訳
マルクス 経済学批判　武田隆夫・遠藤湘吉・大内力・加藤俊彦 訳
マルクス 資本論 全九冊　エンゲルス編　向坂逸郎 訳
文学と革命 全二冊　トロツキイ　桑野隆 訳
ロシア革命史 全五冊　トロツキー　藤井一行 訳
トロツキー わが生涯 全二冊　森田成也・志田昇 訳
空想より科学へ　エンゲルス　大内兵衛 訳
家族・私有財産・国家の起源　エンゲルス　戸原四郎 訳
イギリスにおける労働者階級の状態 ―一九世紀のロンドンとマンチェスター 全二冊　エンゲルス　一條和生・杉山忠平 訳
改訳 婦人論 全二冊　ベーベル　草間平作 訳
帝国主義　レーニン　宇高基輔 訳
金融資本論 全二冊　ヒルファディング　岡崎次郎 訳
ローザ・ルクセンブルクの手紙　L・カウツキー編　川口浩・松井圭子 訳
価値と資本 ―経済理論の若干の基本原理に関する研究 全二冊　J・R・ヒックス　安井琢磨・熊谷尚夫 訳
シュムペーター 経済発展の理論 全二冊　塩野谷祐一・中山伊知郎・東畑精一 訳
シュムペーター 経済学史 ―学説ならびに方法の諸段階　中山伊知郎・東畑精一 訳
租税国家の危機　シュムペーター　木村元一・小谷義次 訳
理論経済学の本質と主要内容 全二冊　シュムペーター　大野忠男・木村健康・安井琢磨 訳

近代経済学の解明 全二冊　杉本栄一
世界をゆるがした十日間 全二冊　ジョン・リード／原光雄訳
ロシヤにおける革命思想の発達について　ゲルツェン／金子幸彦訳
古代社会 全二冊　L・H・モルガン／青山道夫訳
有閑階級の理論　ヴェブレン／小原敬士訳
社会科学と社会政策にかかわる認識の「客観性」　マックス・ヴェーバー／富永祐治・立野保男訳／折原浩補訳
プロテスタンティズムの倫理と資本主義の精神　マックス・ヴェーバー／大塚久雄訳
職業としての学問　マックス・ウェーバー／尾高邦雄訳
社会学の根本概念　マックス・ヴェーバー／清水幾太郎訳
職業としての政治　マックス・ヴェーバー／脇圭平訳
古代ユダヤ教 全三冊　マックス・ヴェーバー／内田芳明訳
宗教生活の原初形態 全二冊　デュルケム／古野清人訳
社会学的方法の規準　デュルケム／宮島喬訳
金枝篇 全五冊　フレイザー／永橋卓介訳
マッカーシズム　ロービア／宮地健次郎訳
世論 全二冊　リップマン／掛川トミ子訳
産業者の教理問答 他一篇　サン＝シモン／森博訳

《自然科学》

改訳 科学と方法　ポアンカレ／吉田洋一訳
光学　ニュートン／島尾永康訳
ガリレオ・ガリレイ 新科学対話 全二冊　ガリレオ・ガリレイ／今野武雄・日田節次訳
星界の報告 他一篇　ガリレオ・ガリレイ／山田慶児・谷泰訳
種の起原 全二冊　ダーウィン／八杉龍一訳
自然発生説の検討　パストゥール／山口清三郎訳
ギルバト・ホワイト セルボーン博物誌 全二冊　寿岳文章訳
完訳 ファーブル昆虫記 全十冊　ファーブル／山田吉彦・林達夫訳
大脳半球の働きについて ―条件反射学 全二冊　パヴロフ／川村浩訳
メンデル 雑種植物の研究　岩槻邦男・須原準平訳
アインシュタイン 相対性理論　内山龍雄訳・解説
因果性と相補性 ―ニールス・ボーア論文集1　山本義隆編訳
量子力学の誕生 ―ニールス・ボーア論文集2　山本義隆編訳
ハッブル 銀河の世界　戎崎俊一訳
パロマーの巨人望遠鏡 全二冊　D・O・ウッドベリー／関正雄・湯澤博・成相恭二訳
生物から見た世界　ユクスキュル、クリサート／日高敏隆・羽田節子訳
ゲーデル 不完全性定理　林晋・八杉満利子訳

《音楽・美術》

- 音楽と音楽家　シューマン　吉田秀和訳
- モーツアルトの手紙 —その生涯のロマン　全二冊　柴田治三郎編訳
- 美術の都　澤木四方吉
- レオナルド・ダ・ヴィンチの手記　全二冊　杉浦明平訳
- ゴッホの手紙　全三冊　硲伊之助訳
- ロダンの言葉抄　高村光太郎訳　高田博厚・菊池一雄編
- ビゴー日本素描集　全二冊　清水勲編
- ワーグマン日本素描集　清水勲編
- 河鍋暁斎戯画集　山口静一・及川茂編
- 岡本一平漫画漫文集　清水勲編
- うるしの話　松田権六
- ドーミエ諷刺画の世界　喜安朗編
- 河鍋暁斎　ジョサイア・コンドル　山口静一訳

《哲学・教育・宗教》

- ソクラテスの弁明・クリトン　プラトン　久保勉訳
- ゴルギアス　プラトン　加来彰俊訳
- 饗宴　プラトン　久保勉訳
- テアイテトス　プラトン　田中美知太郎訳
- パイドロス　プラトン　藤沢令夫訳
- メノン　プラトン　藤沢令夫訳
- 国家　全二冊　プラトン　藤沢令夫訳
- プロタゴラス —ソフィストたち　プラトン　藤沢令夫訳
- パイドン —魂の不死について　プラトン　岩田靖夫訳
- クセノフォーン　ソークラテースの思い出　佐々木理訳
- アリストテレス　ニコマコス倫理学　全二冊　高田三郎訳
- アリストテレス　形而上学　全二冊　出隆訳
- アリストテレス　アテナイ人の国制　村川堅太郎訳
- アリストテレス　弁論術　戸塚七郎訳
- アリストテレース詩学・ホラーティウス詩論　松本仁助・岡道男訳
- 物の本質について　ルクレーティウス　樋口勝彦訳
- 人生の短さについて　他二篇　セネカ　茂手木元蔵訳
- 人さまざま　テオプラストス　森進一訳
- 老年について　キケロー　中務哲郎訳
- 友情について　キケロー　中務哲郎訳
- 弁論家について　全二冊　キケロー　大西英文訳
- キケロー弁論集　小川正廣・谷栄一郎・山沢孝至訳
- 方法序説　デカルト　谷川多佳子訳
- 哲学原理　デカルト　桂寿一訳
- 精神指導の規則　デカルト　野田又夫訳
- スピノザ　知性改善論　畠中尚志訳
- スピノザ　エチカ（倫理学）　全二冊　畠中尚志訳
- スピノザ往復書簡集　畠中尚志訳
- デカルトの哲学原理 —附 形而上学的思想　スピノザ　畠中尚志訳
- スピノザ　神・人間及び人間の幸福に関する短論文　畠中尚志訳
- 単子論　ライプニッツ　河野与一訳
- ノヴム・オルガヌム（新機関）　ベーコン　桂寿一訳
- ベーコン随想集　渡辺義雄訳
- ニュー・アトランティス　ベーコン　川西進訳
- デイヴィッド・ヒューム　人性論　全四冊　大槻春彦訳
- エミール　全三冊　ルソー　今野一雄訳

孤独な散歩者の夢想　ルソー　今野一雄訳
人間不平等起原論　ルソー　本田喜代治・平岡昇訳
社会契約論　ルソー　桑原武夫・前川貞次郎訳
ディドロ・ダランベール編 百科全書 —序論および代表項目　桑原武夫訳編
ラモーの甥　ディドロ　本田喜代治・平岡昇訳
ディドロ 絵画について　佐々木健一訳
道徳形而上学原論　カント　篠田英雄訳
啓蒙とは何か 他四篇　カント　篠田英雄訳
純粋理性批判 全三冊　カント　篠田英雄訳
カント 実践理性批判　波多野精一・宮本和吉・篠田英雄訳
判断力批判 全二冊　カント　篠田英雄訳
永遠平和のために　カント　宇都宮芳明訳
プロレゴメナ　カント　篠田英雄訳
フィヒテ 全知識学の基礎 全二冊　木村素衛訳
シュライエルマッハー 独白　木場深定訳
小論理学 全二冊　ヘーゲル　松村一人訳
精神哲学 全二冊　ヘーゲル　船山信一訳

ヘーゲル 政治論文集 全二冊　金子武蔵訳
歴史哲学講義 全二冊　ヘーゲル　長谷川宏訳
自殺について 他四篇　ショウペンハウエル　斎藤信治訳
読書について 他二篇　ショウペンハウエル　斎藤忍随訳
知性について 他四篇　ショーペンハウエル　細谷貞雄訳
将来の哲学の根本命題 他二篇　フォイエルバッハ　松村一人・和田楽訳
反復　キルケゴール　桝田啓三郎訳
死に至る病　キェルケゴール　斎藤信治訳
西洋哲学史 全二冊　シュヴェーグラー　谷川徹三・松村一人訳
眠られぬ夜のために 全二冊　ヒルティ　草間平作・大和邦太郎訳
幸福論 全三冊　ヒルティ　草間平作・大和邦太郎訳
悲劇の誕生　ニーチェ　秋山英夫訳
ツァラトゥストラはこう言った 全二冊　ニーチェ　氷上英廣訳
道徳の系譜　ニーチェ　木場深定訳
善悪の彼岸　ニーチェ　木場深定訳
この人を見よ　ニーチェ　手塚富雄訳
純粋経験の哲学　W・ジェイムズ　伊藤邦武編訳

デカルト的省察　フッサール　浜渦辰二訳
創造的進化　ベルクソン　真方敬道訳
笑い　ベルクソン　林達夫訳
思想と動くもの　ベルクソン　河野与一訳
時間と自由　ベルクソン　中村文郎訳
人間認識起源論 全二冊　コンディヤック　古茂田宏訳
ラッセル 幸福論　安藤貞雄訳
存在と時間 全三冊　ハイデガー　桑木務訳
学校と社会　デューイ　宮原誠一訳
民主主義と教育 全二冊　デューイ　松野安男訳
我と汝・対話　マルティン・ブーバー　植田重雄訳
アラン 幸福論　神谷幹夫訳
四季をめぐる51のプロポ　アラン　神谷幹夫編訳
アラン 定義集　神谷幹夫訳
文法の原理 全三冊　イェスペルセン　安藤貞雄訳
天才の心理学　E・クレッチュマー　内村祐之訳
日本の弓術　オイゲン・ヘリゲル述　柴田治三郎訳

似て非なる友について 他三篇　プルタルコス　柳沼重剛訳
エジプト神イシスとオシリスの伝説について　プルタルコス　柳沼重剛訳
夢の世界　ハヴロック・エリス　藤島昌平訳
ヴィーコ学問の方法　上村忠男　佐々木力訳
ソクラテス以前以後　F・M・コーンフォード　山田道夫訳
ハリネズミと狐 —『戦争と平和』の歴史哲学　バーリン　河合秀和訳
言語 —ことばの研究序説　エドワード・サピア　安藤貞雄訳
論理哲学論考　ウィトゲンシュタイン　野矢茂樹訳
自由と社会的抑圧　シモーヌ・ヴェイユ　冨原眞弓訳
全体性と無限 全二巻　レヴィナス　熊野純彦訳
フランス革命期の公教育論　コンドルセ他　阪上孝編訳
隠者の夕暮・シュタンツだより　ペスタロッチー　長田新訳
旧約聖書 創世記　関根正雄訳
旧約聖書 出エジプト記　関根正雄訳
旧約聖書 ヨブ記　関根正雄訳
新約聖書 福音書　塚本虎二訳
キリストにならいて　トマス・ア・ケンピス　大沢章　呉茂一訳

聖アウグスティヌス 告白 全二冊　服部英次郎訳
新訳 キリスト者の自由・聖書への序言　マルティン・ルター　石原謙訳
コーラン 全三冊　井筒俊彦訳
エックハルト説教集　田島照久編訳
シレジウス瞑想詩集 全二冊　植田重雄　加藤智見訳
霊操　イグナチオ・デ・ロヨラ　門脇佳吉訳・解説
ある巡礼者の物語 —イグナチオ・デ・ロヨラ自叙伝　門脇佳吉訳・注解
神を観ることについて 他二篇　クザーヌス　八巻和彦訳
アリストテレース 動物誌 全二冊　島崎三郎訳

岩波文庫
33-622-3

エミール

下

ルソー著
今野一雄訳

岩波書店